1. 在庆祝霍懋征从教六十年暨八十华诞大会上

2

3 4

2. 带领学生参加校外活动
3. 师生亲切交谈
4. 指导班干部工作

5 6
7

5. 指导学生朗读课文
6. 听同学们背古诗词
7. 参加课上同学小组讨论

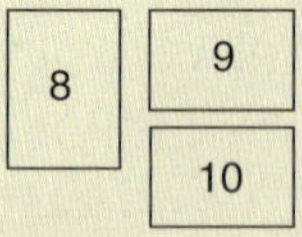

8. 学生们看望霍老师
9. 在甘肃天水农村小学
10. 和北京第二实验小学一年级新生在一起

每一个孩子都是我的骄傲

霍懋征和她的学生们

赵萱 张小武◎编著

语文出版社

图书在版编目(CIP)数据

每一个孩子都是我的骄傲:霍懋征和她的学生们/张小武,赵萱编著.—北京:语文出版社,2010

ISBN 978-7-80241-447-1

Ⅰ.①每… Ⅱ.①张… ②赵… Ⅲ.①霍懋征—纪念文集 Ⅳ.①K825.46-53

中国版本图书馆CIP数据核字(2010)第191336号

每一个孩子都是我的骄傲

——霍懋征和她的学生们

赵萱 张小武 编著

*

语文出版社出版

100010 北京朝阳门南小街51号

E-mail:ywp@ywcbs.com

新华书店经销 北京鑫海达印刷有限公司印刷

*

787毫米×1092毫米 2插页 异16开本 16印张 262千字

2010年10月第1版 2010年10月第1次印刷

印数:1-5,000 定价:38.00元

目 录

附　录

序

记得是一个仲夏的夜晚，我去拜访霍懋征大姐，她正准备出访日本，应邀参加日本友人为支持建立一所中国的农村学校而募捐的活动。那时她已年逾七十，但仍然精神矍铄。她和她的丈夫——也是一位优秀的特级教师，两人一起兴致勃勃地谈起了这所心中的学校。从校舍到设备，从教师到教学，像是在精心描绘一幅美丽的画图，谈话间，笑得那么坦荡，笑得那么深情。

后来，我们又一起到北京的郊区，去看学校的选址，去看学校的设计模型，去和主管领导同志协调。她完全像一个年轻人，虽然早已退休，但比在职的同志还忙碌，还操心。当时，我暗暗地想，只有永远追逐梦想的人，才会永远年轻。

我和霍懋征大姐是好朋友，在教育战线共同战斗多年，但我始终把她当成我的老师。她是一本教师教育的教科书，也是一首谱写人间真爱的诗篇。从她那里，我们知道了什么是伟大的平凡。我们现在推进素质教育，但有些同志误解为素质教育仿佛是在80年代以后才开始有的。其实，从霍老师那里，我们可以得出结论，素质教育就是高素质老师进行的教育。在没有素质教育这个概念的时候，就已经有许多像霍懋征老师一样的高素质的老师，一直在进行着卓有成效的素质教育，培养了许许多多高素质的人才。如果没有高素质的老师，素质教育将永远是一句空谈。

霍老师的一生为中国的教育事业积累了宝贵的财富，这本书正是怀着对这位平凡的教师，伟大的教育家的崇高敬意，进行的初次开掘。但这些激动人心的故事，已经使我们深深地感动，受到深刻的启迪。

爱与尊重是教育的核心，这是霍老师教育思想根本的价值取向，也是贯穿于她全部教育活动的红线。

教师对学生的爱是勇于和善于承担起教育责任的基础，没有爱就没有教育，但又不是所有的爱都等于教育。霍老师那么深沉的爱，正是体现在她用情感与科学对孩子一点一滴的浸润之中。

她爱学生重在了解。对孩子成长的规律，对孩子每种能力发展的敏感期，她都善于把握。她告诉我们，多观察孩子，多研究孩子，要知道孩子在想什么，生活是否快乐，需要何种呵护，渴望哪些帮助，多多了解孩子，是对孩子实实在在的爱的前提。

她爱学生重在交流。她将深藏于内心的爱，转化为师生之间的深厚情感。那种师生之间的交谈，嬉戏，一举一动，甚至一个微笑，一个眼神，都在滋润着孩子健全的人格和丰满的人性。

她爱学生重在引导。教育孩子的首要任务是让孩子学会做人，而在孩子成长的过程中，是非观念的形成，道德情操的涵养，良好行为习惯的养成不是一个自然发生的过程，需要不断引导。教师对孩子的放纵或者掉以轻心，常常造成孩子是非的模糊，道德的缺失，甚至行为的失范。所以，她从不忽视对孩子发展的引领作用。

她爱学生重在尊重。孩子的人格是一个从生命开始为起点的成长过程，孩子的主动发展源于自信，健康成长源于自强。而对孩子的人格的尊重，是培养孩子自信、自强的动力。因此，孩子的任何错误、缺点的出现，都是成长道路上留下的足迹。霍老师从不以自己的意气用事，伤害孩子的心灵，从不用自己的好的动机作为取代不良后果的借口。

她爱学生重在示范。学生是教师行为、情感、意志、性格、为人的翻版。小学时代是一个人最佳的模仿期，教师希望孩子成为什么样的人，不必用过多的说教，只要自己去做，学生也会亦步亦趋。霍老师正是将追求完美的自我作为教育孩子的最好途径。

我们常常把"没有爱就没有教育"挂在嘴边，但又常常将它变成不着边际的宣言。爱是点点滴滴的，情是实实在在的，正是那点点滴滴所渗透的深深的爱，那实实在在所融入的浓浓的情，才是教育的真谛，才是教育工作者神圣的追求。

霍老师的伟大在于她不仅爱孩子，而且会爱孩子，会科学地爱孩子。使爱真正成为发挥教育功能的爱，使爱内化为学生成长的方向和力量。

胡锦涛同志指出，希望广大教师"静下心来教书，潜下心来育人"，这体现了对教师职业心态的高度关注。霍老师不仅重视专业知识的拓展、专业能力的提高，更重要的是始终保持良好的职业心态。而教师的职业心态，是教师专业发展的基础，也是教师专业发展应有的内涵和重要目标。正是始终保持这种心态，霍懋征老师才能潜心研究教育教学规律，进行孜孜不倦的探索，不断有所发现，有所创新。她在语文教学、班主任工作，以及学校管理方面所取得的宝贵经验，是一座教育科学的宝库。她告诉我们，静心才能精心，潜心才出智慧，任何教育科研的成果都来自辛勤的耕耘。

新中国成立以来，我国的学校教育经历了改革、发展、转型的历程，社会和家长对基础教育的要求越来越高，学校教育所肩负的责任也越来越重。霍老师作为一位普通的小学教师，站在自己的岗位上，踏踏实实地为孩子们的成长服务，没有做什么惊天动地的事，是平凡的。但她秉承国家意志，面对社会期望和家长重托，以高度的热情、饱满的精神、超人的智慧、完美的艺术，培养了一代又一代的社会主义建设者和接班人，成为人民教师的楷模，又是一座伟大的丰碑。霍老师一生有许多社会职务，有许多光荣称号，但她坚持对教育事业爱我所爱、无怨无悔，这种对国家和民族教育事业的忠诚，才是她最高的荣誉。

霍老师是一位名人，名人在许多人的心目中都有一道神圣的光环，名人的一言一行、一举一动似乎都应当不同凡响。但是，这本书中的霍懋征老师给我的感觉却是那么朴实，那么平和。她和我们普通人一样与大家相处，她尽自己的力量做了一个有良知的人应该做的事。但正是这种朴实与平和，使她赢得了那么多的人对她发自内心的热爱和尊敬。这就是她平凡而伟大的人格的魅力。

霍老师带着对无数孩子的无限的爱离开了我们，但她平凡而伟大的身影，将永远鼓舞着教育工作者沿着她的道路前行。我想，这是对霍懋征老师在天之灵的最好告慰！

陶西平

2010年7月24日

一、爱是教育的根本

没有爱就没有教育

霍老师说，爱孩子是父母的本能，爱学生则是老师的品德。我选择教师的职业，就因为我爱孩子、爱学生，没有爱就谈不上教育。

同学们，我来提个问题。
你们有几个妈妈？
小朋友们一定会笑话：
妈妈只有一个，这还用回答？
不，同学们，你说得不对，
我自己就有两个妈妈：
一个是亲生母亲，
一个是她，我们敬爱的霍妈妈。
你，我，他，咱们大家，
从小就在她的教育下。
像一株株茁壮的小松树，
像一朵朵鲜艳的小红花。
吮吸着知识的雨露，
在爱的怀抱中长大。
霍老师爱每一个学生，
她是我们大家的妈妈。

上面这首小诗是在霍老师案头的一本书里发现的。清秀的字迹和本来洁白的信纸虽然已经褪色，但那朴实的诗句里充盈着浓情厚爱，着实令人感动。

诗的作者叫小翻，现在已经六十多岁，是1960年毕业的一位学生。1979年参加母校校庆，与老同学相聚时，他即兴朗诵了这首诗。事后，他工工整整地抄在这张信纸上，留了下来。这已经是三十多年前的事了。霍老师叹了口气说："这是个不幸的孩子，但又是个有志气的人。他曲折的经历和坚定的志向足够写一部小说的。"

小翻的父母都是军人，是解放北京的功臣。他本该有一个幸福的童年，但是在那战争年代，他没有家，是由住在山区的姨妈抚养大的，是个典型的山里娃。山风，吹黑了手和脸；山路，练就了耐劳；而姨妈的宠爱却使他变得任性。新中国成立后，他应该有一个幸福的家了，但是，当他第一次来到北京的时候，不知为什么，在战火中走过来的父母却离婚了。父母的离异对小翻伤害很大，他开始变得浮躁和自卑。爸爸住的虽然是一处漂亮的大房子，但他却有一种莫名其妙的压抑和孤独。于是，他又哭着回到了姨妈身边——那充满温情和自由的山村。直到1954年，该上学了，他才由姨妈陪着又来到了北京，住在学校旁边的一个简陋的小院里。他从小没有享受过父爱和母爱，也不承认爸爸的大房子是他的家。

在这个世界上，小翻说自己最亲的人有两个：一个是抚育他长大的姨妈，一个是培养他成材的霍老师。

开学的第一天，他是拉着姨妈的手战战兢兢地走进学校的，一个土里土气的山里娃，突然走入城里的孩子群中，他感到胆怯和紧张。那一天，他们没有见到霍老师，只是听一位老师说，过几天将有一位从教育部来的老师当他们的班主任（其时，霍老师被借调到教育部编写教材），并给他们上语文课。"教育部"是个什么地方？一定比学校大吧？这个老师肯定了不起，同学们都在猜测中等待着这位老师。

一天傍晚，小翻正在院子里玩儿，忽然有人敲门。他赶快开门，只见一位阿姨微笑着站在门口。她个子挺高，穿着一件很长很长的衣服——后来才知道那叫"旗袍"。

"你就是小翻吧？你姨妈在家吗？"这位陌生的阿姨竟然认识他，他惊喜地把她领进屋里。坐定后，她对姨妈说："我叫霍懋征，是小翻的老师。小翻家离学校最近，今天先来看看，认识一下，明天就要上课了。"

姨妈含着眼泪介绍了小翻的情况。霍老师把他拉到身边，抚摸着他的头，轻声说："我看小翻是个好孩子。姨妈很爱你。爸爸妈妈虽然不在身边，但他们也是爱你的。老师也爱你。老师的家也是你的家，以后可以经常到老师家里去玩儿。老师给你做好吃的。"霍老师甜甜的笑容和亲切的话语令小翻至今难忘。他当时想，自己要有这样一个妈妈该多好啊！

霍老师是个充满爱心的人。对于一个虽然有父有母却酷似孤儿的孩子，她投入了更多的关爱。在班里，小翻总觉得自己是最"土气"的学生，心中老有一种被别人看不起的感觉。特别是看到许多同学早晨牵着爸爸妈妈的手来上学，晚上由爷爷奶奶领着回家的那种亲昵劲儿，心中就更觉悲凉和孤独。那时候，霍老师是最理解他的人。她一方面劝同学们帮助他，跟他玩儿；一方面又鼓励他，给他创造表现的机会。他们班上有个"自然角"，养着几种花和蝌蚪、蚕什么的。在去公园里挖蚯蚓、捞蝌蚪的活动中，小翻比其他同学都干得麻利。霍老师就表扬他不怕脏不怕累，愿意为班集体做好事，还号召同学向他学习。

到了星期六和星期天，霍老师就把他和另外一个住校的同学接到家里，给他们包饺子，做红烧肉吃。霍老师的家是个大院子，院中有一棵大槐树。他们就常常坐在大树底下听老师讲故事，什么董存瑞、黄继光、刘胡兰，还有卓娅、舒拉、阿辽莎的故事，都是霍老师告诉他们的。她还教学生们背诗、朗诵。她有一间书房，书架上摆着很多书，这对于一个从山里来的孩子而言很有诱惑力。小翻心想，要是将来自己也能有那么多书，那该多了不起呀。在老师的关爱和引导下，他不知不觉地爱上了读书和朗诵。稍大一点后，小翻还学着写诗，尽管写得很幼稚，也没有什么诗味儿，但老师总是鼓励他，后来又让他参加了班里的写作组和朗诵组，在学校的朗诵比赛中他还得过几次奖呢。

为了拉近小翻和爸爸妈妈的距离，霍老师还专门给他讲战斗英雄的故事，让他知道爸爸妈妈这代人为了建立新中国南征北战，出生入死，全国人民都感谢他们。她告诉小翻，今天能到北京来上学也是无数的"爸爸妈妈"们用鲜血和生命换来的，劝他回到爸爸妈妈身边，不要再伤他们的心。霍老师还亲自带他去找爸爸，去看妈妈。在老师的努力下，五年级的时候，他终于回到了爸爸身边。但是，星期六和星期天他仍然常常住在霍老师家，因为他离不开这位好妈妈。

霍老师的爱，温暖了小翻孤寂的心灵，也激励了他读书的热情。现在想起来，那时候，他有一个信条：只要是霍老师的话他都听。老师教他们怎么刷牙，怎么洗耳朵、洗脖子，小翻就改变了在农村的习惯，认真洗漱；老师教他们洗手绢儿、叠手绢儿的方法，小翻就把手绢儿洗得干干净净，叠得方方正正。霍老师还教他们做手工，不论男生、女生都要学会绣花。当时有些男生觉得学绣花是女孩子的事，男孩子绣花没出息，但小翻不这样看，他认真地跟霍老师学，很快便学会了，成了一个手巧的男孩子。当时看似没出息的活儿后来可帮了小翻大忙，几十年后，他作为一家公司的总经理坐车去外地出差，有很多老总在等他，可是不小心他的新裤子破了，没法下车。他就让司机把车停在一个偏僻的地方，用几十年前绣花的本领把裤子缝好了，没留下明显的痕迹，也没有因裤子破了而尴尬。他结婚时，给爱人做了一件小套裙，朋友生了小孩儿，他给做了一件童装。这些针线活都是霍老师教的，他一生都没忘记。

霍老师让他们做一个热爱劳动的好孩子，他就认真地参加值日扫除，主动浇花儿，扫厕所，尤其是下乡劳动，无论是挥锄头锄草，还是舞镰刀割小麦，他干得都很出色。在这些方面，他从不吝惜力气和智慧，愿意帮助每个同学，所以，在劳动的时候，同学们都愿意跟他在一个小组。霍老师对他的朴实厚道和不怕吃苦的精神十分赏识，常常在班上表扬他。于是，他的朋友一天天多了起来，心中的自卑和孤寂也慢慢地被驱散了。

爱玩儿是孩子们的天性，有时候一旦玩儿起来，就常常会出格，这时候很多老师往往会提出批评，这样一来，玩儿的乐趣就没有了，长此以往，他们的学习和成长就会受到影响。霍老师深知这一点，她在不违反大的原则和规定的情况下，尽量让学生们玩儿得开心，这一点小翻深有体会。那时候，他们经常做游戏，比如玩骑马打仗，在学校的操场上，男生当马，女生就骑在男生身上当骑手，直到把对方的骑手拽下来为止。还有一次，他们在北海公园打水仗。那次本来是霍老师带领他们去公园踏青呢，可是他们利用难得的机会打开了水仗。那天晴空万里，天气炎热，霍老师担心学生们晒着了，让他们都带了伞。当男女生分乘两只船在湖上划的时候，忽然就有男生把水“哗哗”地往女生那边扬。水来土掩——女生见状纷纷把伞撑开当做护身符，晶莹的水滴全部落在了伞上，女生们躲在伞后得意地大笑，霍老师也跟着笑。许是笑得太开心了，船突然来回摇晃起来，站在岸边的霍老师不停地叮嘱她们：“注意安全啊，注意安全啊！”这情景就像一位妈妈在叮嘱淘气的孩子，看起来温馨极了。

为了得到霍老师更多的爱，小翻有时候故意制造事端让霍老师来管。比如他就故意和同学吵架，制造矛盾，不做作业，让同学们去向霍老师告状，一有同学喊“小翻，霍老师叫你呢”，他就特别高兴地跑去霍老师的办公室，跟她坐在一起，在那儿做作业什么的，霍老师也不批评他，爱待多久就待多久。几天下来，霍老师看他表现挺好的，就让他回去了。于是小翻就大模大样地回教室了，显得风光极了，像是得到了老师的表扬似的。

小翻虽然淘气，也爱和同学们吵架，可从不骂人——因为霍老师不允许他们嘴里带一个脏字儿。可是有一次，他却骂人了。那次班干部小祥在出黑板报，小翻发现他有一个字写错了，就给小祥指了出来，可是小祥不听他的，还说他多管闲事。小翻硬要坚持，小祥就生气了：“你管得着吗?”就这样他们吵了起来，小翻不会骂人，想了半天，憋出一句在他看来最厉害的骂人的话：“你是狗。”小祥一听“哇”的一下就哭了，边上的毛毛、小汀见状都煽风点火，说要告诉霍老师。这可乐坏了小翻，他正巴不得这样呢。最后，他被霍老师叫到教研室“罚坐”——就是让学生们坐在教研室里做作业，接受老师的“特别监督”。这是一种特别新鲜又蕴含爱心的方法，小翻特别喜欢，因为每当霍老师这样“惩罚”他的时候，他就能在老师身边多待一会儿了。

夏天学校有午睡的安排。教室里，两张课桌一并，学生们就能趴着睡了。为了让同学们每天都能午休一会儿，霍老师每天牺牲自己的午睡时间，到教室里检查他们的午休情况。小翻总是不想睡，不是玩儿“拍三角”就是叠飞机，闹得其他同学也睡不着。有一次他正在那里“拍三角”呢，霍老师来了，他二话没说就一溜烟地躲进了男厕所里。在里面躲了差不多有半个小时，以为霍老师早离开了，谁知刚一出去，就有一个男老师告诉他：“快回去吧，你们霍老师正在教研室等你呢!”小翻硬着头皮回去后，霍老师并没有批评他，只是说：“小翻，以后一定得睡个午觉，睡好了下午才有精神上课呀，你看你下午不是老打盹儿吗?”后来，小翻不在学校里睡了，回到家里睡，霍老师便天天到家去检查，直到小翻后来好好午睡为止。

那时候，戴上红领巾，加入少先队是每个孩子梦寐以求的事，可是小翻的入队经历却一波三折，发生了很多小插曲，最后还是在霍老师的帮助下，才得以成为少先队员的。当时在班上，小黎和小翻都是挺淘气的孩子，后来，为了分出谁最“淘”，两个孩子总是一起争，可是小黎却总是落败。一次在运动场上，小翻看见小黎欺负女同学——他从小就见不得女孩子受欺负，就跑过去管他，可是小黎不服气，两个人就打了起来。其实这时候小翻就快要入队了，但因为这次打架给吹了。结果他成了小学六年班上最后一个入队的同学，就连和他差不多淘气的小黎都比他入队早。为帮他入队，霍老师下了很大工夫，不仅多次帮小翻改正错误，在学习和生活中督促他进步，而且还动员其他同学帮助他。最后，他们班终于成了“红领巾班”，被评为北京市优秀班集体，还在人民大会堂被授予“优秀班集体”奖状。

霍老师给了学生们一个非常宽松的环境，平时作业很少，暑假几乎没有作业，要求他们自我充实。小翻除了玩儿，就到图书馆看书，一看就是半天，把好文章抄下来，开学后霍老师便表扬他，三年级时霍老师称赞他都会写排比句了。霍老师还表扬他字写得好，其实，那些字是父亲写在他的本子上让他临摹的，霍老师也知道不是他写的，但还是表扬他：“你们看小翻这字儿，写得多工整，多漂亮。”霍老师的表扬总是恰到好处，得到表扬的小翻总是特别高兴。“大跃进”时，霍老师教他们写诗，到现在他还清楚地记得写诗的平仄规律。为了让霍老师高兴，他写字、写文章更加用心，奠定了很好的基本功。霍老师还鼓励他们在全班同学面前讲故事，锻炼胆量，后来小翻在几千人面前做报告都不感到紧张。

霍老师爱学生，不是爱几个，更不是专爱好学生，她爱的是所有的学生。实验二小是高干子弟和平民孩子混合编班的学校，霍老师无贵无贱，无偏无向，一视同仁地把她的爱倾注在每个学生身上。住校同学病了，她就去煎药，做饭，看护；学生的爸爸妈妈出差了，工作调动了，她就把学生接到自己家里食宿；有些离家近的同学中午在家午睡，她就舍弃自己的休息时间，骑车去检查午睡情况。至于为贫困学生交午餐费、买书、买笔、买本子，甚至买衣物的事那就更多了。霍老师家书多，院子大。每逢星期天，同学们就去找老师。看书，做游戏，听老师讲故事，老师的家简直成了他们的第二校园。对于淘气和犯了错误的同学，霍老师从不责罚，她总能从这些学生身上找到优点，耐心地启发引导他们认识错误，改正缺点，追求进步。正因为老师真诚地对待每个学生，所以每个学生都说霍老师最爱自己，把霍老师当做自己的妈妈并不是小翻一个人的感受，而是他们全班同学的心声。几十年来，每年春节，他们常常是二三十人一起去给老师拜年，好多已经当了干部、学者的女同学一见面还抱着霍老师叫“妈妈”呢。

2001 年夏天，小翻心脏病复发，单位领导把他送到北京做手术。那是一次性命攸关的手术，不知是哪个同学把这个消息捅给了霍老师，结果，手术之前，霍老师给小翻打电话：“你们都是我的孩子，孩子动手术哪有妈妈不在身边的？我得去守着你。”

接完电话，领导都很奇怪：“你跟谁打电话呢？怎么哭了？”

“跟我的老师，就是我常跟你们提起的小学老师。”

他们沉默了良久才说：“原来你没说谎啊，你真有这么个老师啊！”

手术前，小翻对主刀医生说：“你们认真点啊，我老师还要来见我呢！”这虽然是一句玩笑，但医生们都感受到了他们师生之间的浓浓情意：“放心，我们不会让你老师失望的。”

80 岁的霍老师硬是和小翻当年的同学以及现在的同事们在手术室外焦急地等了一个上午。这是什么样的师生感情啊？那天，当他从病床上醒来，看到老师焦虑的样子，叫出一声“妈妈”之后，便泪如雨下。在场的人都被这师生之情、母子之情震惊了，他们静静地注视着，默默地流下了感动的泪水。

“这就是我的霍老师，这就是我的第二个妈妈！”小翻说，“母亲的爱是没有标签的，是无私的，是发自内心的，是不可替代、无处不在的。我们是霍老师的学生，我们每一个人的成长，就是对霍老师教育成果的最好体现。”

启　示：

疼爱自己的孩子是本能，而爱别人的孩子则是神圣的使命与责任使然。亲生母亲疼爱自己的孩子是人的天性；而像霍老师那样充满母爱的教育却出自教师的职责。因为这个“妈妈”的爱在性质上是一种只讲付出不计回报的、无私的、广泛且没有血缘关系的爱，而且在原则上是一种严慈相济的爱。这种爱是神圣的，这种爱是教师教育学生的感情基础。学生一旦体味到这种感情，就会“亲其师”从而“信其道”。于是，学生便会在伟大的“母爱”教育中茁壮成长，也正是在这个过程中，教育实现了其根本的功能。因此，霍老师所提倡和实践的大爱就是师魂。

爱，从心底生发

霍老师说，老师对学生的关爱不是挂在嘴上的一个词，而是装在心中的一盆火。

不论是什么样的孩子，霍老师总能在他们身上找到可赞赏的优点。回想在霍老师身边的日子，小汀感慨不已地说，霍老师爱学生是无偏无向，学生爱霍老师是真心诚意。

小汀是个东北小姑娘。爸爸是当时东北地区最年轻的医院院长，一家人生活得很幸福。可是天有不测风云，爸爸突然病倒了，而且病得很重。在领导的安排下，妈妈和她一起陪着爸爸来到北京，住进了一家医院。妈妈除了看护爸爸，还在医院找了一份搞卫生的工作。晚上，她就跟妈妈住在病房区的一间小屋里。从这时起，她们家便开始了一种面目全非的惨淡生活。

小汀随着不幸的家庭来到北京，却幸运地转入了北京第二实验小学，更幸运的是恰巧进入了霍老师的班。

一个身体粗粗笨笨、说话土里土气的东北小姑娘，突然转入北京的这样一所名校，而且没有留级，继续四年级的学业，她和爸爸妈妈都有一种不可言状的紧张。但是，这个新的班集体迎接她的不是想象中的冷漠和歧视，而是热情友好的帮助。尤其是女同学，不但主动给她介绍学校和班里的情况，帮她矫正东北口音，还热情地带她玩儿，没有几天她就融入这个新的集体了。

也许是家庭的变故使她突然成熟了吧，那时的她觉得自己特别懂事。为了不让爸爸妈妈操心，不仅拼命地学习，而且还努力地为集体做好事。放学回到医院，不是伺候爸爸，就是替妈妈搞卫生——小小年纪的她就下定决心，绝不能让妈妈本来就柔弱的身体再憔悴下去。为了看护爸爸，几乎每天夜里妈妈都不能睡个踏实觉，她也常常被病人们的各种声音吵醒，有几次她竟被奇怪的声音吓得大哭起来。但为了不让妈妈伤心，更多的时候她是在黑暗中自己躲在被窝里抽泣。

忽然有一天，霍老师把她叫到办公室，开门见山地说：“小汀啊，老师去医院看过你爸爸妈妈了。太难为你了，孩子。为了保证你的学习，你妈妈想让你住校。老师已经跟校长商量过了，给你增加了一张床，也不用交住宿费。明天你就来学校住吧。这样，你就不会在上课的时候打瞌睡了。”老师的话还没说完，小汀的眼泪已经止不住了。她一句话也没说，便一头扎在老师怀里呜呜咽咽地哭了起来。霍老师替她擦去泪水，用一种只有在妈妈身边才能听到的声音说：“不哭了，不哭了，高兴点儿。走，老师带你去看看咱们的新家吧!”

不知是为了感谢老师，还是为了报答妈妈，住校以后，小汀学习成绩更好了，为集体做好事的时间也更多了，而且她的性格也变得更开朗、更活泼了，星期天回到医院，也可以踏踏实实地替爸爸妈妈做更多的事了。

小汀住校不久，班里便传出一个消息，中队宣传委员兰兰的父母要调离北京，兰兰也得跟着走。兰兰是少先队的好干部，也是全班同学的好朋友。听说兰兰要转学，同学们可是一百个舍不得。为了给兰兰送行，全班召开了一次隆重的欢送会。在依依惜别的氛围中，班长突然说还有一件事要跟大家商量，欢腾的会场马上安静了下来。什么事呢？大家交头接耳，谁也猜不出她要讲什么事。看着同学们骚动的情绪和疑惑的眼神，这个从一年级就开始主持全班工作的“老班长”不紧不慢地说道：“兰兰同学要离开北京了，我们都舍不得，但又留不住。我们班委和中队委员们商量过了，兰兰走了以后，让小汀同学来接替宣传委员的工作。大家说怎么样?”听到自己的名字，小汀的头“嗡”的一下就大了，不知所措地嚷着“不行，不行”，但她的声音早已淹没在大家的掌声中了。身边的两个女同学竟然搂住她的脖子跳了起来。掌声过后，霍老师笑着走上讲台，第一句话就说：“我同意，我拥护班委和中队委员们的决定。请大家再用掌声鼓励鼓励咱们的小汀吧。”霍老师是同学们最信任和最喜欢的老师，一年级、二年级的时候，好多同学还叫她“妈妈”呢。大伙儿见霍老师都同意了，又纷纷鼓掌，教室里又沸腾了。

那天晚饭后，霍老师让小汀陪她去操场散步。老师拍着她的小手问：“小汀啊，你知道同学们为什么同意你当中队委员吗?”

“不知道。”小汀仰着头，充满疑问地看着霍老师。

“不知道？这条路可是你自己走出来的呀。”老师的话更使她摸不着头脑了。她傻乎乎地听着老师的解释。

“你这个东北丫头啊，有很多优点。第一，你学习努力，不怕吃苦；

第二，你热爱集体，愿意为大家做好事；第三，你性格开朗，又会关心同学；第四……”老师忽然弯下腰来，抚摸着她仰起的小脸蛋儿说，“你还有一颗善良的心，是个孝顺爸爸妈妈的好孩子。今天，看起来是同学们推选你当了干部，其实啊，你早就用自己的表现告诉大家你可以当干部了。怎么样，有信心吗?”小汀羞怯地说了个“有”，然后又补充道：“还有老师的帮助呢。”霍老师拍了一下她的头：“小丫头，还挺会说话的啊。”

岁月如梭，尽管往昔的时光一去不返，但霍老师的教导却至今回响在小汀的耳畔，那段幸运的经历也时时浮现在眼前。霍老师的关爱使她在困境中得到了温暖，霍老师的赏识、赞许更给了她日后进取的勇气。志从赏识来，泪因关爱流。几十年来，她没有忘记霍老师，更没有辜负老师的关爱和赏识。长大后小汀成了一名科学工作者，在学术领域里走出了自己的路。

启　示：

老师的爱是学生进步的动力。爱，不是广告上的装饰语，而是行动的指南针。霍老师对学生的爱是从心底里生发出来的，并指向每一个学生。她真诚的爱是学生可以触摸到的实际行动，更是可以心领神会的深切感情。她的做法启示我们，只有根据学生的具体情况，按照教育的客观规律去做，爱的教育才能收到理想的效果。这不但需要老师有充分的学识和修养，更需要高超的教育艺术。

不是母亲，胜似母亲

霍老师说，教育是爱的事业，要成为一名优秀教师，首先要做一个充满爱心的人，把爱心献给孩子。

60年代“困难时期”，霍老师到一个学生家里家访。这个孩子没有父母，跟亲戚一起生活，她看孩子在大人谈话时站在床边，像“受气包”似的，心里很难过。对这样一个没有父母的孩子，一种责任感油然而生，她觉得应予更多的关心。从那以后，每天早晨她就买两份早点，一份给自己的女儿，一份给这个孩子。每天下午，这个孩子到少年宫打球，她就给他买一份点心带上，为他健康成长补充能量。那时霍老师的生活也很困难，但她却把学校发的黄豆、白糖、鸡蛋等给这个孩子送去，甚至有时还抽出时间给他做衣服。后来这个学生进步很大，学习很好，尤其写得一手好字。

70年代，有一次学校组织学生去拉练，考虑到路途遥远，条件艰苦，她便风尘仆仆地先去打前站，把学生的住房打扫干净，安排妥当，让学生一到宿营地就能休息。已经快60岁的她，每天不仅陪着学生走很多路，还要照顾学生，替他们背东西。北京郊区的冬天狂风呼啸，寒气逼人。有些娇嫩的女学生带的被子少，晚上睡在大教室里，冷得直发抖。霍老师就把她们一个又一个地轮流抱到自己的被窝里，用自己的体温温暖她们冻僵的手脚。

学生们感动得热泪盈眶，激动地说："霍老师就像我们的妈妈……"对学生来说，霍老师不是母亲，但胜似母亲。

当时，北京的干部大批"下放"，霍老师遇到了这样一件事情。

一个星期天的中午，她刚吃完饭，学生小慈带着妈妈走进了她家的小院。学生见到老师迎出屋门，便飞也似的跑过去，双手紧紧地抱住她，委屈地说："霍老师，爸爸妈妈要带我去青海了，我不去。"话音未落，仰着的脸上便流下了两行泪水。

霍老师急忙把母女俩让进屋，还没等她开口，小慈妈妈便说话了："霍老师，我们今天是向您道别的。我和她爸要下放到青海去了，下星期就得去报到。"停了一会儿，她用十分诚恳的语气说："霍老师，这几年多亏您的教育，我这疯丫头长进多了，谢谢您。"

小慈依偎在她的怀里，转头瞪了妈妈一眼，嘟囔着："谁是疯丫头呀！霍老师才不说我是疯丫头呢！反正我不走！"

这个倔强的小姑娘，在霍老师刚刚接班的时候，确实像个疯丫头。她性格直爽，爱说爱动，天不怕地不怕，男孩子都畏惧她三分，像个假小子似的，真没少惹祸。就说上课吧，常常因为男同学的书放过了她在桌子上画出的中线，就把人家的书摔到地上。但是，每次家访霍老师总是把她改正错误后的进步表现讲给她爸爸妈妈听。所以，小慈很信任霍老师，有什么事都敢跟她说，也很听她的话。一年多来，她已经排名到好学生的行列了。

面对这突如其来的事件，面对着这个依偎在她怀里的学生，霍老师真不忍心让她离开北京去外地上学。于是她说："小慈她妈，你们小慈现在确实是个懂事的孩子了，如果你相信我，就别带她去了，让孩子住在我家吧。你看我家挺宽绰的，让她跟我女儿住在一起。”

她妈妈连连摇头：“那怎么行呢？您还有自己的孩子要管，再说我这丫头又淘，会给您添麻烦的。”最后，她还是从霍老师怀里把小慈拉走了。

她们母女走后，霍老师心情十分沉重。“下放”“外调”是国家的政策，以后或许还能调回北京的。对于国家干部这是很正常的事，可是对于自己的学生，这绝不是……况且她现在已经很有进步了，这一转学肯定会耽误学业的。不能让小慈走！就在当天晚饭后，霍老师带着小女儿找到了小慈家。

霍老师的突然出现让小慈的爸爸妈妈很意外。坐定后，她说：“这件事我仔细想过了。如果你们放心，就把小慈留给我，这不，我女儿都来接她了。我不能看着孩子到外地耽误了学业。”

小慈听老师这么一说，好像来了“救星”一样，立刻扑到她怀里，喊着说：“我不走了，我不走了。”小慈的爸爸叹了口气，说：“哎，那边的学校肯定没有北京的条件好，我们就一个女儿，也怕耽误学业。把孩子交给您，我们当然放心，只是那四十多个学生已经够您累的了，家里再给您添这么个累赘，我们于心不忍啊。”

“叔叔阿姨，没事儿的。小慈是我的好朋友，别让我们分开吧。”霍老师的女儿拉住小慈的手，打断了她爸爸的话。

就这样，小慈留在了北京，住在了霍老师家。

经过这样的转折，小慈好像长大了许多，学习比以前更努力了。两年后，她以品学兼优的表现进入了一所寄宿制中学。那些年，霍老师成了她的家长，她的家也真的成了小慈的家了。同事们都说，霍老师又多了个女儿。后来，当小慈爸爸妈妈重新调回北京的时候，小慈已经初中毕业了。

霍老师就是这样一个人，几十年来，学生在她心中都是至高无上的，不管什么样的学生，她都愿意为他们操劳，甚至为家长解忧。

启 示：

霍老师爱学生不仅出于职业的要求，更是其人品高尚的具体体现。她所热爱的不是少数条件优越的孩子，而是班级所有的学生。这在“精英教育”占统治地位的时期尤为难能可贵。在中国教育改革和发展的今天，更应将这种热爱每一个学生的精神发扬光大。

特别的爱给特别的孩子

霍老师说，我和学生平等相处，爱他们，尊重他们，帮助他们解决渴望解决的一切问题。他们也爱我，尊重我，听我的话。所以我知道，在老师面前，没有不可教育或教育不好的学生。

“文革”后期，霍老师恢复了组织生活，接任了六年级一个班的班主任和语文、数学课的教学工作。这种安排等于她把这个班“承包”了。一年以后这40多个孩子就要升中学，她感到压力很大。前任班主任老师向她介绍情况时说，班里有个男孩叫小晋，是个典型的小捣蛋儿。课堂上常常大喊大叫洋相百出，课下疯跑疯闹，打人骂人，自称是“英雄”。几乎所有的老师都说这是个软硬不吃、刀枪不入的顽石，是一颗“蒸不熟、煮不烂、炒不爆”的“铜豌豆”。有的还说这是根不可雕琢的“朽木”。果然，她第一次进课堂的时候，这小家伙竟然在讲台前翻了两个跟头，显出了一副“英雄”的架势。霍老师没有训斥，也没有批评，只是露出了不在意的笑容。这一下，小晋有点儿“毛”了。

12岁，本来是个天真、听话、可塑的年龄，可小晋为什么失去了这种天性呢？善恶本非天性，都是受环境习染而成。在那个年代，小晋的父母常年忙于搞“运动”，从小就忽略了对孩子的教育。等到孩子成了天不怕、地不怕的小顽童，父母又以打骂来矫正，把孩子管“炸”了。

霍老师带着一大堆问题去找家长共同寻求教育的办法，结果更糟：小晋的妈妈正要下放农村干校，爸爸又要到外地巡回演出。孩子呢？正商量着如何托付邻居代管。这可真是屋漏偏逢连夜雨。她不假思索地说：“把孩子交给我，你们放心地走吧。”他妈妈难为情地说：“不行，不行，我这个野孩子会给老师添乱的。”

“不会的。我相信小晋是个懂事的孩子，你们放心吧。”霍老师说着，一手把孩子拉到怀里。小晋仰起头，眼睛里射出了疑惑、求助的目光，好像在问：“老师，我是好孩子吗？”

从此，霍老师上下班的自行车后座上，便多了一个12岁的小男孩。小晋比霍老师的小女儿小3岁。霍老师嘱咐孩子们要关心爱护这个小弟弟，就像关心被红卫兵打死的亲弟弟一样（霍老师的小儿子赵鸣在“文革”中被红卫兵打死），谁也不许看不起他，更不许欺负他。小晋有遗尿的毛病，霍老师几乎每天上班前都要为他把被褥晾出来。她更不让自己的孩子拿这件事“羞”他。男孩子爱吃肉，吃饭的时候，霍老师就多做个肉菜。这样，不到一个星期，他就跟霍老师的孩子混熟了。小晋来霍家的时候，还带来了他爸爸报废的一把小提琴。每天放学回家，霍老师的小女儿在屋里练钢琴，他就在院子里“吱吱”地拉小提琴，尽管无腔无调，但他拉得很开心。一天晚上，霍老师的小女儿正在练琴，小晋问霍老师：“老师，我可以到姐姐屋里看她弹钢琴吗？”嗬，这小家伙，还有这雅兴呢。霍老师大声说：“去吧，还要向姐姐学习唱歌啊！”在这样一个摆满了图书，充满着琴声的新环境里，孩子渐渐变得驯良了，规矩了。老师和同学们也好长时间不向霍老师“告状”了。

忽然有一天，班长对她说：“霍老师，小晋又出洋相了。真给咱们班丢脸。”原来，在自然课上，当老师讲到“乔木”“灌木”的时候，小晋大喊一声：“乔老爷上轿了，乔老爷上轿了！”在同学们的哄笑声中，他又指手画脚地讲起了“乔老爷上轿”的故事。那天下午，在回家的路上，当霍老师问起自然课上的情况时，小晋一本正经地说：“老师，同学们都说我让您打败了。我才不信呢！谁也打不败我！”好一个天真的孩子！这话让霍老师哭笑不得。

对这样的反复，霍老师并不觉得意外，反倒觉得他的“英雄”行为有点儿可爱。教育的路与生活的路一样，不可能是平坦的、直线的。遇到挫折和反复就灰心的态度不是她的作风，她决不放弃一个学生。离六年级学生毕业只有一个多学期了，霍老师下了决心，不但要让小晋成为一个合格的毕业生，而且还要让他考上个好学校。

一天晚饭后，霍老师跟小晋和小女儿坐在院子里聊天儿。霍老师问他们：“你们长大了想做什么工作呀？”她女儿说，要学好钢琴，将来当个音乐家。小晋一听，也抢着说：“我要跟姐姐学唱歌，还要学会拉小提琴，长大了像爸爸那样，去演节目。”霍老师想，时机到了，必须用唱歌、弹琴来激励他努力学习，于是趁机说：“小晋呀，你想学唱歌，学拉小提琴，长大了像你爸爸一样当演员，这很好。但是你现在必须好好学习，按照老师的要求写作业，复习功课，要不然，我不许你听姐姐弹钢琴，也不教你唱歌。”两个孩子伸手一拉钩，齐声说：“我们同意！”

小晋找到了自己的兴趣爱好，霍老师就因势利导，告诉他，要学习唱歌弹琴，首先要做一个像小姐姐那样的好孩子：不打架，不骂人，到学校好好上课，回家认真写作业。明年毕业的时候考个好成绩，上个好中学。她还告诉他：“老师家里还有很多很多书，你都可以看，一个人看的书越多，就越聪明。如果你现在能做个好学生，长大了一定是个好演员。”“你敢跟小姐姐比赛吗？”最后，霍老师试探性地向他提出了这个具有“挑战性”的问题。小晋听老师说让他跟姐姐比赛，对着她的耳朵小声说：“老师，你不要告诉姐姐，我要偷偷地跟她比赛。”

其实，刀枪不入、软硬不吃的孩子是没有的，即便是再淘气的孩子，也有理想，也有可爱的地方，也有着极大的可塑性。小晋真的变了，这个被他妈妈叫做“野孩子”的顽童一天天变乖了。每天早晨霍老师骑车带他上学，白天，没有谁来“告状”，她的耳朵也清净了。下午，她又骑车带他回家，老师们说，霍老师又有了一个儿子。晚上，他和小姐姐一样，可以安安静静地坐在灯下做作业、读书，或者听霍老师讲故事了。当悠扬的琴声和稚嫩的歌声在夜空回荡的时候，她感到了无比的欣慰和幸福。

为了督促他自觉学习，也为了巩固他的成绩，霍老师还用一块小黑板写一些诗文警句，挂在院子的墙上让他和小姐姐识记背诵。例如：

玉不琢，不成器。人不学，不知义。
犬守夜，鸡司晨。苟不学，曷为人。
蚕吐丝，蜂酿蜜。人不学，不如物。

百川东到海，何时复西归。
少壮不努力，老大徒伤悲。

三更更鼓五更鸡，正是男儿读书时。
少年不知勤学早，到老方恨读书迟。

这种做法，虽然近于零敲碎打，但却很有效果。学了《三字经》的句子以后，小晋忽然问她：“老师，我要不好好学习，真的还不如鸡狗和蜜蜂吗？那我可要好好学习了。”

霍老师爱每一个学生，对于那些淘气的、“讨人嫌”的学生投入的关心和爱护就更多。现在的父母几乎都只有一个孩子，这孩子是家庭的宝贝，是希望。如果老师放弃一个学生，家庭失去的就是百分百！所以，再不好的学生，做老师的也不可放弃对他们的教育。就这样，经过两个学期的努力，小晋戴上了红领巾升入了中学。后来他参了军，又考入了一个部队的文工团，实现了他长大后“演节目”的理想。

在一个春节的前夕，霍老师收到了小晋的一封信。信上说，他们文工团要来北京演出，到时候一定接霍老师和小姐姐去看他的节目。还说小姐姐是他进入音乐殿堂的引路人呢。

好像是正月初三傍晚吧，小晋用吉普车把霍老师和女儿接到了北京民族文化宫剧场，并将她们安排在特殊的贵宾座位上。当小晋穿着崭新的军人演出服坐在首席小提琴的座椅上向她们投来微笑的目光时，霍老师的心头涌起一股热浪，泪水润湿了眼眶。“这就是我的淘气的小晋吗？”那一夜，她感受到了做教师的又一种说不出的幸福。

启　示：

所谓特别的孩子，是指在某一阶段存在问题的孩子，或是习惯不好，或是信心不足，或是遇到困难，或是个性较强，总之都是孩子们在正常的成长过程中会遇到的问题。对于这样的孩子，霍老师不是嫌弃，而是充满爱与智慧地与之沟通，百倍耐心地加以引导。中国有句老话，叫做“浪子回头金不换”，而要“浪子”回头，教师就要付出更多的爱与心血。霍老师用自己的实践证实了这一道理，我们的教育事业就需要这样深沉和宽容的大爱。

爱如阳光

霍老师说，在我的眼里，没有高干子弟和平民子弟之分，我对待所有学生都是真诚的、无私的、一视同仁的。不管是谁家的孩子，犯了错误，我一样要批评，取得了成绩，我也一样要表扬。

实现教育的公平和公正一直是社会各界的共同期盼。在北京第二实验小学这所高干子弟和平民子弟兼收的学校，霍老师经常面对如何处理高干子弟和平民子弟的关系，如何让所有学生都站在一条起跑线上，公平地接受教育的问题。她是如何做的呢？下面的几个故事即可见一斑。

1

小朝是一位中央领导的后代，在霍老师的班上，他个子最小，也最淘气。有一次，霍老师看见小朝抢了一个同学的篮球，扑腾着练投篮，她觉得机会来了。

霍老师跑过去跟他一起玩儿篮球。霍老师上中学时是篮球队队员，玩儿球很有一手。抢球时，谁也抢不过小朝，可是带球跑的时候，很容易就被霍老师断掉了。只见霍老师一个大步，轻轻一伸手，篮球就进筐了。如此几次后，小朝不服气了："你个子高，我肯定打不过你。"

"那我们来个定点投球比赛吧，那和个子高低没关系。"霍老师笑着说。

"投就投，我才不怕你呢！"小朝满不在乎的样子。

小朝先投，"哐当"一声，球弹出了框，没进。

轮到霍老师投了，只见她轻轻一瞄，再一扔，啪的一下，篮球划出一道弯弯的抛物线，进筐了。

小朝还是不服气，再投，还是没进。霍老师再投，球进了。

如此反复了好几次，都是霍老师进球，小朝只进了一个，他有些佩服霍老师了。

"老师，你投球怎么那么厉害啊，跟谁学的？"

霍老师放下球，说："跟老师学的呀！"

"哦，"小朝说，"那你教教我吧！我也想跟你一样。"

"那好啊，那你答应老师一个条件，如果以后上课不调皮了，老师就教你打球。"

"好，那咱们一言为定！"小朝信誓旦旦地说。

"一言为定！"霍老师拍拍小朝。

此后，霍老师每天抽出时间教小朝打球，小朝也说到做到，上课很少再调皮了。

2

还是小朝的事。一次，小朝借了同学小婷心爱的钢笔，不知怎么就弄坏了。让小婷难过的是，小朝不赔，大有"赖账"的架势。回家后，说起钢笔的事，小婷的爸爸说只是一支钢笔，不赔就算了。

这事霍老师知道了，她把小朝叫到了办公室，问了情况后，对他说，无论是谁，损坏了别人的东西是一定要赔偿的，小学生从小就应该养成这样的习惯，否则将来就不能成为一个真正的社会主义接班人。小朝刚开始不服气，和霍老师"磨"了半天，最后不得不按照老师要求，给小婷赔了一支一模一样的新钢笔。

这件事让同班同学小伟知道了。他由此想起了三年级时的一件事。当时也是小朝拿了他的钢笔，用笔尖在桌子上戳，结果戳坏了。小伟知道让小朝赔是很难的，就去找了班主任。当时霍老师还没接这个班，班主任是一位姓刘的老师。刘老师看了笔，就说先放着吧。小伟觉得刘老师肯定会处理，过了一段时间，老师说修好了，让他去拿。小伟高兴地拿回来一看，钢笔根本没修，还是坏的。时隔多年后，小伟说："同样一件事，两位老师处理的方式不一样，对学生的影响就不一样。这可能也是教育大家和一般老师的差别吧。"

3

有一次，霍老师带领学生在天安门广场参加完活动后，让学生排队往学校走。当时天气炎热，长安街两边有卖冰棍儿的，学生都想买，可老师有要求，谁也不能离队，大家只好望着冰棍儿摊咽口水。走着走着，队列中的两个高干子弟学生突然嚷了起来："渴死了，渴死了！我们要买冰棍儿！"他们一喊，大家都不走了，扭过头看着霍老师。

“出来时早都定好了要求，怎么能不走了呢?”霍老师问他俩。

两个学生互相看了一眼：“渴死了，走不动了，老师，我们要买冰棍儿!”

霍老师就知道他们会这么说，但她没发脾气，还是和蔼地说：“老师知道你们口渴，但这是长安街，我们出来是代表学校形象的，也是代表班级形象的，如果每个同学都像你们俩这样，那我们的形象就没了，就不是听话的好孩子了!”

其他同学听了这话，都觉得应该自觉维护班级形象，已经决定继续走了，可是两个高干子弟学生不仅不走，还故意躺在地上，说如果老师不让买冰棍儿，就一直躺着不起来。

没想到两个孩子会这样，霍老师有点着急了，甚至有些生气了，但她还是忍住了，没让自己发脾气：“你们俩要是不走的话，那你们就留下，我把其他同学送到学校后，再回来接你们俩，你们看行吗?”

两个孩子还是不起来，霍老师一挥手：“那咱们先走吧!”说着带领其他同学按照原来的队形，继续往学校走。他俩看到这样做“刁难”不住老师，更怕万一被住在附近的家长看到了挨骂，赶紧爬起来屁颠屁颠地加入了队伍，跟着同学们一起往学校走。霍老师没理他们，以她多年的经验，这招儿肯定管用。可是没想到两个学生还是故意闹，在路上遇到解放军时，同学们都喊“解放军万岁”，他们俩却喊“冰棍儿万岁”，还使劲儿把声音吊得很高，惹得同学们哈哈大笑，队形乱得不成样子了。

回到学校，霍老师没理他俩，他们反倒觉得不对劲了。等到了周五，霍老师召开了一次主题为“做遵守纪律的好孩子”的班会，她在会上先是列举了不遵守纪律的种种危害，然后话题一转，提到了两个高干子弟学生的事。说完，其他学生也发了言，接着她又让两个高干子弟学生发了言。他俩在发言中承认了自己的错误，并向全班学生道了歉，决心做一个遵守纪律的好孩子。在霍老师的引导和其他学生的“监督”下，两个孩子变化很快，后来都顺利毕了业，长大都成了国家栋梁之才。

启　示:

人格平等是教育平等的前提，没有哪个学生是不如别人的，也没有哪个学生高人一等。霍老师对学生的爱是真挚的，公平的，她把自己的爱均匀地洒向了每一个学生，像阳光普照大地，又如皓月高悬夜空，给每一个角落送去光明。学生们就像青青芳草，在霍老师阳光般爱的温暖下，茁壮成长。

二、尊重是教育的前提

自尊心是需要呵护的

霍老师说，人皆有自尊心，皆有人格尊严，处在成长期的学生的自尊心更是敏感与脆弱，更需要老师的呵护。在此前提下，学生才会在一种健康、自由、愉快的环境中接受教育，自觉学习。

学生总是各种各样的，面对不同的学生，面对不同的问题，霍老师总是能找出恰当的方法引导、教育他们，培养他们健康成长。

小玲是四年级时转学到霍老师的班上的。她长得乖巧可爱，霍老师很喜欢她。为了活跃课堂气氛，霍老师经常在课堂上提问，小玲也经常举手，可是叫了小玲好几次，小玲却连一次也回答不出来。霍老师觉得很奇怪，她决定找小玲聊聊。

一天下课，霍老师约小玲在操场上散步。

“老师上课提问时你举手很积极，但是好几次你都答不上来。既然不会回答，你为什么要举手呢?”霍老师边走边问。

小玲的脸上突然泛起红晕，她停下脚步，想了想说：“老师，我刚到班上时，就发现同学们都积极举手回答问题，那我也得跟着举手。我要不举手的话，同学们就该笑我了，说我学习不好。”

霍老师很吃惊，想不到这个看起来娇小玲珑的姑娘这么好强，这么好“面子”。这话让她对小玲有了新的了解、新的看法，她为有这样的学生感到高兴。可是问题随之而来，这样下去也不行啊，得找个办法，否则久而久之会打消小玲的积极性，伤害她的自尊心的。

“你的想法老师非常理解，但是你想过没有，只有会才能举手，你不会怎么办呢?”霍老师问她。

师生面面相觑。不一会儿，霍老师就有了主意。她对小玲说：“以后这样吧，当老师提问题的时候，你会的，就举右手，你不会的，就举左手。这样咱俩知道，别人谁也不知道，就算我们俩之间定的‘秘密协议’，好吗?”

小玲没想到老师想出了这样一个方法，既保护了她的积极性，又维护了她的自尊心，真是太好了。她觉得特别高兴，立刻点头答应。

从那以后，当小玲举右手的时候，霍老师就一定把她叫起来，当她举左手的时候，霍老师就不叫她了。经过一段时间的锻炼，小玲有了很大进步，她再也不用担心被同学们笑了。

霍老师对她和小玲之间的秘密一直守口如瓶，几十年之后才说了出来。这时小玲已经成为一位著名的医生，霍老师晚年病重的时候，她专门从国外回来，为老师诊断病情。她常回忆和老师之间的“秘密协议”，说这件事影响了她的一生。

启　示:

左右手的约定，一个美丽的秘密，一位教育家的智慧。其重要意义在于，它在保护了学生自尊的前提下，完成了一个特殊的促进学生学习与成长的教育过程。霍老师的教育以浓浓的“爱”为基础，在教育实践中却根据不同学生、不同情境有着多种多样的表达方式。不论这种“爱”以何种方式呈现，都是殊途同归!

倾听每一个孩子的心声

霍老师说，教师不仅不能在教学工作中先入为主，而且在教育和处理孩子的各种问题上，也不能失之主观。孩子们的情况天天在变化，发生的问题常常各不相同，具体问题要具体分析。尊重客观实际，秉公处理问题，这是做好班主任工作的一条基本原则。

“教师处理孩子的问题，一定要公允，是非分明，实事求是，以理服人。”霍老师说，“这一点非常重要，因为教育孩子是很细致的工作，如果对孩子的问题处理不恰当，或者对孩子说了不应当说的话，就会在孩子幼小的心灵上留下不好的印象，甚至会产生很不好的影响。”

小鸣是霍老师最小的一个孩子，他在上幼儿园时，对班上两位老师的态度截然不同：对其中一位女老师很喜欢，也肯听老师的话；而对另一位男老师印象很不好，在他面前特别不听话。有一次开家长会，老师向她反映这个情况，她想这里面一定有问题，回来就问：“小鸣，你喜欢班上的两位老师吗？”

小鸣不假思索地回答：“我喜欢高老师，不喜欢李老师，李老师坏极了！”

霍老师不等他说下去，就问他：“李老师怎么坏极了？”

“他偏心眼，不了解情况，随便瞎说。”小鸣气愤地说。

“是怎么回事呢？能不能给妈妈说说？”

小鸣说：“有一回，我和一个小同学爬到滑梯顶上下象棋。等下完棋，就该吃饭了。那个小同学赶快跑去排队，我留下来收拾棋子、棋盘，并且把掉在地上的棋子也收拾起来，一起装进盒里。这样耽搁了不少时间，再回到班上就晚了。李老师问也不问一声，就说我淘气，不听话，说我到该吃饭的时候了还不回来吃饭，让我站着想一想，承认错误。我当时很生气，我想我没有犯错误。老师说过玩具玩儿完了，都要收拾好，为什么我收拾好了老师还说犯了错误呢？从那以后，我就是不喜欢他。”

小鸣那时候只有5岁，但是他对许多问题已经有了自己的看法。听了小鸣的话，霍老师觉得虽不一定完全符合事实，但也由此感到，教师对待孩子的问题一定要仔细、冷静、耐心，不能凭主观揣测，也不能感情用事。幼儿园小孩子的问题处理不恰当，尚且会对他们产生很不好的影响，如果遇到较大一些的孩子，像五六年级的学生，那情况就更复杂了。所以教师对孩子的各种问题都不能马马虎虎，随便处理。当然，这话说起来简单，但要在工作中落实，却是很难的。

上学期一开始，学校就规定学生放学回家时，要根据各班同学回家的路线排队一起走。这样做的目的是让孩子们互相有个照应，防止单独走发生问题。这个办法实行后，大家都很满意。但有一天，霍老师忽然在班上的好事信箱里发现了一封给一个小队长的批评信，责问她为什么放学回家时不排队，下面署名是小奇和另外两个男孩子。看完信，霍老师想：小奇和那两个男孩子平时都是小淘气，而小队长是个很好的孩子，平常在同学中威信很高，一向是很听话的，她不会有什么问题，一定是小奇和那两个男孩子有问题。于是她就把信交给小队长去处理，自己忙着开会，没有认真过问这件事。

过了两天，好事信箱里第二次出现了给小队长的批评信，责问她为什么放学回家还不排队，并且向她提了意见。霍老师找来那个小队长，问她为什么没有排队，当时小队长说是要等她的姐姐一块走。霍老师觉得跟姐姐一块走也没有什么错呀，于是，又没有细究。

接着，好事信箱里第三次出现给小队长的批评信。这封信比前两次提的意见更多，问她是否对放学回家排队走有意见，为什么两次向她提出批评还没有改正，最后他们向小队长提出了“严重警告”，署名还是小奇和那两个男孩子。这时，霍老师感到对这个问题要认真处理，不能凭自己主观臆断。她找相关的几个孩子开了一个会，了解到作为路长的小奇提出了排队回家的路线，可是小队长不同意，就闹起别扭来，结果小奇和那两个男孩子一直排着队回家而小队长则没有，看来他们向小队长提意见是对的。霍老师和小队长谈了话，小队长承认了自己不对，后来放学回家都听路长小奇的安排，这件事很快就解决了。但霍老师再次意识到，如果不根据情况分清是非，实事求是地进行处理，就会使他们的问题越来越深，矛盾越来越大，这样班主任工作就变得被动了。

这件事过去不久，又发生了一件事，让霍老师越发认识到实事求是处理问题的重要性。

小明是一个淘气的孩子，他有着充沛的精力，似乎永远都闲不住，课间游戏时经常“逗”低年级的小同学，好几次都把小同学惹哭了，霍老师为此还找小明谈了话。为了帮助小明改掉这个毛病，霍老师一方面给他讲团结友爱、助人为乐的故事，让他认识到自己已经是高年级的大哥哥了，有责任去关心帮助低年级的小同学，而不是去“逗”人家；另一方面，通过中队分配他到“妹妹班”上去带领小同学活动——当时，实验二小的高年级和低年级结成“姐妹班”，“姐姐班”有带“妹妹班”的义务。

一天，两个低年级的小同学哭着来找霍老师，说她班上一个大哥哥抢走了她们的帽子，把帽子挂到小树上跑了。霍老师一听非常生气，马上想到这准是小明干的，认为他又犯老毛病了。她立即叫班上的同学把小明找来，打算好好地批评他一番。可是当小明拉着两个小同学高高兴兴地跑来，很有礼貌地向她问好时，霍老师马上意识到可能是错怪他了，但又不确定，于是就指着小明问：“你们看，是不是他抢你们的帽子了？”两个小同学摇摇头。小明一看到这种情况，笑嘻嘻地对她说：“老师，这回你可想错了，我现在已经不干这事儿了。”听到这话，霍老师突然感到悔恨不已：孩子的一句话，给了自己多么严厉的批评！作为一个老师，怎么能不进行调查研究，就凭主观臆断把错误推到某个孩子的头上呢？尤其是当自己已经意识到可能错怪了小明时，仍不肯放弃错误的想法，这是怎样的一种失误呢？她进一步反思到：教师往往就因为凭主观猜想办事，挫伤了孩子的积极性，不仅没有起到教育的效果，而且降低了教师的威信，使工作陷于被动，这是教育工作的大忌。

霍老师向小明道了歉，师生二人“冰释前嫌”，误解就此过去了。

启　示：

对孩子的教育是需要耐心细致的，任何草率与鲁莽的判断都可能造成误会与误导，使教育的效果大打折扣。霍老师对学生的爱不仅像父母那样真诚，更有教育者的理智，因此她懂得去倾听每一个孩子的心声，用心去感受和理解孩子们的处境，使随之进行的教育与引导更能因人而异，更能触动孩子们心灵深处的那份真诚。

从不“告状”

霍老师说，要求学生不犯错误是不现实的，学生犯了错误就去找家长“告状”，更非明智之举。使学生从错误的教训中学会做人，正是教师的责任。

小彬是霍老师的学生，讲起霍老师教育他的故事，他觉得从自己的孩子讲起最好，这样更有对比性。20多年前，儿子上小学的时候，他这个当家长的可没有少尴尬。记得有一天，他儿子的班主任来家访，还带着他们的小班长。这已经不是第一次了。几句寒暄之后，他静静地等待着坏消息。

原来，那天上语文课的时候，小彬的孩子总是侧着脸看旁边女同学的书。语文老师发现后，就说：“你们说什么呢？不好好上课。”孩子回答说：“我们没说话。我看她的书来着。”

老师说：“你没书吗？干吗看别人的？”

孩子说：“我的书忘带了。”

老师于是发怒：“忘带了？回去拿！你怎么没忘了带嘴来呀！”

孩子说：“我家远，我不去拿。我跟她看一本书怎么了？”

这事很快就被告到了班主任那里。班主任老师对小彬说：“你这孩子也太拧了，竟敢当堂顶撞老师。下课后，我让他找老师承认错误，他不但不认错，还说我不公平，向着语文老师。”

小彬只好向班主任道歉，替孩子承认了错误。

老师走了以后，小彬就想，怎么办呢？批评儿子吗？不行，那等于“告”了老师一“状”，这样做会扩大儿子跟老师的矛盾。他走进儿子的小屋，果然发现儿子的书还在桌子上躺着呢。

那天，儿子也许是因为犯了错误，回来得比较晚。他见爸爸拿着课本，马上说：“爸爸，我今天忘带书了，老师批评我来着。”

小彬强压着“气”说：“你上学可以忘了带书，如果解放军战士上战场忘了拿枪，行不行？学生上学第一件不能忘的事就是拿上书和本子。懂吗？你向老师承认错误没有？”

儿子小声说："爸爸，我跟老师顶嘴来着。"停了一下，又气呼呼地加了句："那老师干吗说我'怎么没忘了带嘴'呀？他侮辱人。"

"上学不拿书是你自己错了，应该接受老师的批评，干吗要跟老师顶嘴？明天要好好向老师认个错，以后别再丢三落四的了。"

小彬认为这样教训了儿子，事情就可以解决了。不料，一个星期以后，班主任又来找他"问罪"了。这次是因为儿子知道了小班长陪班主任来家访的事后，就骂班长是"挑事的婆子"，是"马屁精"。结果，班长哭了，于是班主任便又找他这位做父亲的来了。

小彬很尴尬，也很生气。如果儿子当时在场，他很可能当着老师的面把儿子揍一顿。他一个劲儿地向老师赔礼，并说："这孩子真是错上加错，全怪我们管教不严。我一定配合老师好好教育他，请老师原谅。"

应该承认，这是一位很负责任的班主任。为了这件事一次次地登门找家长，也真够辛苦的。可是不知她想没想过，倘若小彬把家访的事告诉了儿子，并因此把儿子骂一顿，打一顿，抑或是心平气和地说几句，就真的会解决问题吗？

俗话说，"有其父必有其子"，其实，小彬小时候比自己的儿子淘气多了，他可是没有少给霍老师添麻烦，但是，霍老师从来没有因为他的错误而向家长"告状"。

有一天课间，小彬等几个男生在和其他班的同学玩"打仗"的游戏。突然上课铃声响了，一个同学大声喊："上课了，快撤！"大家都往教室跑，就在对方一个同学从他身边跑过的瞬间，他把右脚一伸，暗中使了个绊儿，那个同学向前趔趄了几步，就一头栽倒在地。他见势不好，便飞也似的跑进了教室。当时，他虽然装出一副若无其事的样子，可心里害怕极了，坐在教室里，连头也不敢抬。

下课以后，他没有出教室，突然一个同学叫道："小彬，霍老师叫你去备课室。"

小彬本来就紧张的心，现在跳得更快了。他不情愿地走进备课室，只见那个同学的下巴上贴着一块纱布，委屈地站在霍老师旁边。他低下头，轻轻地说了声："霍老师，我错了。"

"你自己说说，这是怎么回事？"老师指了指受伤的同学，给了他个"申辩"的机会。

他一五一十地承认了自己的错误。霍老师平静地听着，手里还握着批改作业的红色蘸水笔。他说完后，霍老师说：“课间，你们追一追，跑一跑，本来不是什么大事，可你干吗要在人家不注意的时候使绊儿啊？你看把同学摔的。”

“刚才‘打仗’的时候，我们班没赢，我想在‘撤退’的时候给他们放个暗箭，所以就……”

“什么‘明枪暗箭’的！反正错误是你犯的，你说怎么办吧。”霍老师打断了他的话。

当时，小彬不知怎么想的，对着那个同学双手抱拳，单膝跪地，说了声：“对不起，我错了。”

他的举动把备课室的老师全逗乐了，霍老师大声说：“快起来！犯了错误了，还淘气。”

小彬低头站在老师身边说：“老师，你别告诉我爸爸，行吗？”

“你已经是懂事的大孩子了。只要你能从这次错误中吸取教训，争取做个好学生，老师是不会找你爸爸，给他心里添堵的。”

“谢谢老师，我再也不犯错误了。”小彬的心一下轻松了下来。

下午放学以后，霍老师领着他来到那个同学家，向他爸爸妈妈承认了错误。问题就这样解决了。

还有一次，在四年级的时候，班上组织同学们去春游，霍老师让每人自带一顿午饭。那时候，因为小彬家穷，妈妈给他准备了两个馒头和两大片腌萝卜。可就是这顿饭，小彬也忘了带，第二天到了学校，他去找霍老师请假，要回家拿午饭。霍老师一听便说：“算了吧，离家那么远，你再跑一趟，万一耽误了怎么办？今天算我‘倒霉’，中午跟老师一块儿吃吧。”

“倒霉”两个字是霍老师双手捧着小彬的头笑着说的，声音拉得很长。那天中午，他们全班同学是在颐和园的长廊下吃午饭的。小彬坐在霍老师身边，吃的是面包夹香肠——现在回想起来他心中还甜甜的。

小彬班上的同学都知道，霍老师总是在学校解决学生的问题，从来不向家长“告状”。她的“名言”是：“你们上学了，就是大孩子了，要学会自己解决问题，给家长添麻烦的孩子不是好学生。”

小彬说把儿子的事与自己的事进行比较，不是要批评儿子的班主任，只是想说明，小孩子淘气、犯错误是难免的，抓住学生的错误进行教育，使他们从错误中明白事理，学会做人，这正是老师们神圣的义务。防患于未然固然很好，但是不摔跤不知路滑，错误之后的教育对孩子们更为现实，也会更有效果。因为犯了错误的学生绝大多数都是心虚的，都有一种恐惧感，甚至后悔，这时候的学生也是最虚心、最容易接受批评和劝告的。错误往往是教育的契机。教师的能力和形象常常是在处理学生问题的过程中显露出来、树立起来的。所以，教师应该自信，要相信自己处理问题的能力，也应该相信学生有改正错误的愿望，相信每个孩子都能在老师的正确引导下做个好学生。如果学生在学校出了问题便诉诸家长，不但容易伤害学生的自尊心，而且也会有损于教师自身的形象。

霍老师是一位著名的教育家，也是每一位家长的好朋友。她告诉家长的不是孩子们的错误，而是改正错误之后的进步。她把“喜”送给家长，而把“忧”留给自己。对于淘气的学生，霍老师倾注的精力和感情是最多的，所以小彬这些“淘气鬼”对老师的感情也最深。这种真挚的师生感情，更多的是在霍老师帮助他们认识错误，引导他们不断进步的过程中建立起来的。有一次同学们在教室里争论起霍老师最爱谁的时候，小彬这些“淘气鬼”们嗓门最高，都抢着说：“霍老师最爱我！”“霍老师最爱我！”这就是霍老师在学生们心目中的地位。

启　示：

心理学的相关研究认为，一个人心理健康的核心含义是自尊。而对学生尊重、理解和信任是培养其自尊心的重要基础。霍老师从不“告状”的做法正是因为她知道要尊重那些犯错孩子的自尊心，她相信那些孩子自己有能力从过错中学习，也相信自己的爱和能力能通过“告状”之外的途径对他们产生更积极的影响。正是她对于学生的这种尊重和信任，使得相关的教育能消除孩子们不必要的心理戒备，从而使一个又一个淘气的孩子在形成自尊的过程中自信与快乐地成长。

平等是尊重的前提

霍老师说，学生没有好坏之分，也没有先进、后进之分，更没有贫富贵贱之分。在老师面前，所有的孩子都是一样的。

根据当时几个出身普通家庭的同学回忆，在霍老师的班上，高干子弟很多，甚至有中央领导的孩子——其中很多都是他们小学毕业几十年后才知道的，当时在班上，除了几个特别有名的，大家并不知道自己的身边有如此多的高干子弟学生。他们觉得每个同学都一样，老师只以学习成绩和思想品德“论英雄”，不会特别偏向谁，更不会落下谁。这点固然和当时的风气有关，但最重要的是霍老师一直坚持公平公正的教育观。

霍老师的学生回忆，在霍老师的引导下，只有“学习好、品德好、行为好”的学生才能在班上树立威信，而且这也是选学生干部的基本标准。

另一位学生回忆说：“霍老师经常在班上讲，我不管你是谁家的孩子，你犯了错误，我一样要批评你，你取得了成绩，我也一样表扬你。所以从小在我们的心目中，大家都觉得是平等的，从来不管出身好或不好，既不炫耀自己的家庭，也不会因为出身不好感到自卑。直到现在，我们也从来不会以自己取得的成绩自居，也不会因自己的失败自卑。这就是霍老师对我们的影响。”

严归严，霍老师对高干子弟学生同样充满了爱。“文革”期间，很多高干子弟家庭受到严重冲击，他们的孩子也被关进“牛棚”。“文革”后期被“解放”后，有的失去了亲人。霍老师在自己也受到冲击的情况下，不顾当时环境的影响，冒着被红卫兵批斗的危险，把他们接到家里，照顾他们的饮食起居，给予妈妈一样的关爱，帮助他们走出了成长的阴影，重新找回面对生活的勇气。他们小学毕业时，霍老师把他们叫到一起，对他们说：“你们已经是大孩子了，以后的生活和学习都要学会自立，不要依靠家里，凭自己的能力干出一番成绩才是真正了不起的。”他们牢记霍老师的教诲，在后来的道路上，很多高干子弟依靠自己的努力取得了事业上的成绩。

很多高干子弟学生和霍老师结下了深厚的师生情谊，他们一直记得老师，老师也一直记得他们。在霍老师眼里，他们不是什么高干子弟，他们只是自己教过的众多学生中的一员，自己也只是教过他们的众多老师中的一位。她尽到了作为小学教师的责任，为他们打下了知识和做人的根基，帮助他们成材，如此而已。

启　示：

教育公平是实现人的全面自由发展的首要条件，在学校过程中也体现在对所有学生一视同仁，不分出身高低，不分贫富贵贱。霍老师怀公正之心，践行公正之教育，每一件事情的处理都等于给学生上了一节意义不凡的公正意识课。

三、激励是进步的动力

一个闪光点也不放过

霍老师说，我热爱、赏识每一个学生。教师要用发展的眼光看待学生，鼓励他们在原有的基础上不断进步。

学期末评选完“三好学生”后，霍老师让所有没得“三好学生”的同学站起来，并对大家说，看看哪些同学平时劳动好，纪律好，或者学习好。她让大家选出这几方面的好学生，也给他们发奖状。

听到这个消息，同学们兴奋极了，尤其是那些没得“三好”的同学。他们你一言我一语，争着表扬其他同学，当然，也有表扬自己的。这时小波却低下了头，她觉得自己这“三好”都够不上——其实她学习不错，英语口试还满分呢，不过可惜的是笔试没考好，才刚刚及格。小波想，自己这回可能什么奖都得不了了。正在难过呢，霍老师看见了她，笑着说：“小波很多门功课都学得很好，咱们是不是给她发个学习好的奖状呀?”

霍老师提议后，同学们七嘴八舌地讨论了小波的表现，觉得应该给她发一个“学习好”的奖状，就这样，小波在小学第一次得了奖状。评完奖，霍老师建议大家自己动手制作奖状，同学们都觉得很新鲜，纷纷动手参与，很快一张张像模像样的奖状就发到了学生手里，大家甭提多高兴了。

霍老师还认真给每个学生写毕业鉴定，以此鼓励他们。四十多年过去了，小波还记得，霍老师给她写的鉴定的第一句是“天真活泼，爱帮助人”。小波说这句话是对她的肯定，“对我一生都很重要”。

启　示：

每一个孩子，都是独具优势、潜能无限的。如果用发展的眼光来看，用合适的方法激励，学生们长大后即使没有建立奇功伟业，至少会做一个对社会有益的公民。霍老师正是看到了这一点，她用独特而睿智的方式小心翼翼地保护着学生的自尊，让每个学生都看到了那个“好”的自己。长此以往，优点会发扬光大，缺点则越来越少！

激励讲求艺术

霍老师说，教师应当善于辩证地、发展地看待每个学生，既要严格要求，更要关心爱护，正确对待学生身心发展中的不足之处和思想行为上一时的缺点错误，给予正面的教育、矫正，使他们获得新的发展。

在霍老师的班上，无论选“三好学生”还是“优秀少先队员”，无论是选少先队队长还是班干部，乃至发展少先队员，都要经过全体同学的集体讨论，最后经过大家举手表决。正因为如此，选举的结果才得到了学生的认同，即使有学生有这样那样的意见，最后也是心服口服。他的学生小治就经历了这样一件事。

小治是霍老师班上少先队的小队长，和队内的同学关系很好。一次学校要求各班推举“优秀少先队员”，霍老师宣布了学校的通知后，队员都希望把小治推举上去。可是一个小队的力量还不行，他们又联系了其他几个小队，联名把小治推举了上去。

看到推举的结果，霍老师既高兴又为难：小治是个挺负责的小队长，其他方面也符合“优秀少先队员”的标准，可是他有一个缺点，经常在课堂上“开小会”，和邻座的同学聊天，影响了课堂的秩序，好几个老师都向她反映过，她也找小治聊过，可是小治还没改正过来。她担心小治当选了，会给其他孩子树立不好的榜样，就找来了小治，指出了他的缺点，说出了老师的想法，鼓励小治改正缺点，好好努力，争取下次当选。听了老师的话，小治意识到了自己的问题，同意了老师的建议。

小治的问题解决了，可是如何说服同学们呢？小治可是他们推举的。为此，霍老师开了一次班会，会上她并没有直接说小治不能当选，而是先和同学们讨论“优秀少先队员”应该具备怎样的标准，等大家在这个问题上有了共识后，她才提出了小治的情况，建议同学们推选小治为“进步少先队员”，如果小治能彻底改正，将来再选他为“优秀少先队员”也不迟。

大家都觉得霍老师说得挺有道理的，接受了她的建议，经过再次选举，小治当选“进步少先队员”。在这件事的激励下，小治几个月后就改正了缺点，后来也当选了“优秀少先队员”，还得到了霍老师的祝贺。“改选”一事对他的触动很大，小治后来回忆说：“正是老师对民主制度的珍惜，以及对在孩子们心中播撒民主意识的崇高责任感，才让我们从小就树立了民主意识。”

小治记得的另外一件事是，霍老师“教得很细”，从小培养他们懂礼貌、讲卫生的好习惯。霍老师告诉学生：“当你有求于别人时，要说‘请’；当你碰撞了别人，要说‘对不起’；当你接受了别人的帮助时，要说‘谢谢’。”课余，她还教学生如何待人接物，甚至连如何给别人递剪刀都教给了学生们。

启　示：

教育的本质是教人向善。在学生成长的过程中，既充分尊重个人意见，给学生表达与参与的“民主”，又培养公民的社会责任感，这是非常难得的。霍老师将民主意识的培养与育人巧妙结合，反映了她以“爱”育人的教育理念以及高超的教育艺术！

找准切入点

霍老师说，因材施教是千年古训。这一训示告诉我们，孩子们的“材”有如树与花，是千姿百态的。只要教育者不用一个尺码量“材”，而是因材而施其教，那么每个孩子都有成才的希望。

小学的时候，小成并没有在霍老师的班上上过课，但他说自己始终认为，他也是霍老师的学生。当时，他们班的班主任兼数学老师是霍老师的徒弟，有问题总是去请教霍老师。霍老师经常到他们班上听课，把他们当成自己的学生。

小成虽然是个男孩子，可是从小就不爱讲话，妈妈说他是“小哑巴”，爸爸说他没出息。上学以后，当着同学的面，就更不敢开口了。不但上课不敢发言，就是下课也不跟同学们玩儿，看着大家“唧唧喳喳”地说笑，他只有羡慕的份儿。班主任多次对他说：“小成啊，你是个好孩子，学习也挺好，怎么就腼腆得像个女孩子呢？你要大胆一点，上课要多回答问题，下了课就要多跟同学们一起玩儿。”可是小成根本体会不到老师的用心，仍然是独来独往，不合群。

有一天，班主任带他去见霍老师。霍老师让他坐下，笑着问他：“小成啊，班主任说你是个好孩子，说说你的优点，好吗？”小成低着头，半天没有开口。还是班主任替他说了：“我们的小成啊，听话，守纪律，算术好。现在虽然刚上二年级，但是加减乘除混合运算他都会了，特别是口算能力，有时候我都很吃惊，可就是不爱说话。霍老师，您说怎么办？我真着急。”

霍老师抚摸了一下小成的小脸蛋儿说：“你刚上二年级，算术就这么好，看来你很聪明，会有大出息的。”

“我会有大出息？”小成一下子兴奋起来了。在谈话的过程中，霍老师没有提他不爱说话的缺点，反而说了句：“水深流去慢，贵人语话迟嘛。”这十个字深深地印在了他的心里。谈话的最后，霍老师问他：“小成，你有没有信心跟高年级同学来一次口算比赛？”

一听“口算”，小成倒来了精神了：“在哪儿比赛？我肯定能赢!”他的天真和大话把霍老师和班主任逗乐了。霍老师高兴地说：“好孩子，那我们明天下午就来一场比赛。但是，你敢当着那么多大哥哥、大姐姐们说话吗?”

小成不懂霍老师用的是激将法，就顺口说了个“敢”字。

第二天下午，霍老师特意安排了一场比赛，直到班主任老师带着他走进教室，他才知道，原来是要跟四年级的哥哥姐姐们一试高低。他们见来的是一个比他们还小的孩子，颇为惊讶，顿时议论纷纷。小成明白他们议论什么，他的心在突突地跳着。

比赛是由霍老师主持的。他很奇怪，霍老师是教语文的，怎么还会教数学呀？老师宣布完比赛规则以后，由易到难，开始出题了。他聚精会神地听着，只要老师话音一落，他便抢先说出答案，老师说“25×4”，他立即说“100”。“25×24”，他脱口而出“600”。“25×80”，小成眨眨眼睛，马上说“2000”。而那些哥哥姐姐们总是晚他一步。后来他才知道，他们是验算后才敢回答的。

赛题越来越难了，大家的回答慢了下来，教室里气氛有点紧张。班主任坐在小成旁边为他“压阵”，霍老师也不时地给他鼓劲儿：“小成，别紧张，听好下面的题。”“小成，大声说，别害怕，你要赢了。”一节课的比赛小成只答错了三四道题，不管怎样，他赢了。霍老师当场表扬了他，同学们也为他热烈鼓掌。当时那种神气劲儿，小成现在还记得清清楚楚，这就是所谓的“初生牛犊不怕虎”吧。

根据班主任的安排，当小成回到自己教室的时候，同学们用热烈的掌声欢迎他。他这个少言寡语的孩子真有点儿受宠若惊。同学们让他谈谈比赛的情况，这时小成再也不像以前那样了，而是说了很多话，尽管说得颠三倒四的。

对小成不爱说话的缺点，霍老师一个字也没批评，也没有告诉他克服这一缺点的方法，可是他却高高兴兴地改变了自己。在霍老师和班主任的鼓励下，不久，小成就加入了少先队，还参加了课外数学小组，生活的圈子也扩大了，认识的朋友也多了。他敢说话了，敢做事了，到了五年级，还当上了班级的学习委员。后来，他们班虽然换了班主任，但霍老师一直关心着他。六年级时，霍老师又兼任了他们班的数学课。小成记得，几乎每次上课，老师都要出两道题让他们比赛比赛。霍老师出的题目都特别有趣，每次比赛都好像在做游戏。老师教得轻松，他们学得愉快，小成他们班的数学成绩因此提高得特别快。六年级毕业时，同学们都拿着小本子请霍老师留言，在小成的本子上她写的是：

> 要谦虚，不要骄傲；要勤奋，不要懒惰。
> 学好数学，也要学好语文，这是人的两个翅膀。

后来，小成以高分考入清华大学无线电系，后又留校任教，直到现在。他说，每当他想起自己读书的历程和今天的成就，便会很自然地想起霍老师。“是霍老师发现了我，是她用自己的智慧启迪了我。我永远是霍老师的学生。”他说。

启　示：

个体差异是指个体之间在稳定的心理特点上构成的相对差异表现，如经过合理适宜的教育和调理，一些差异是可以变化的。学生的个体差异一般表现为学生家庭文化背景的差异、志向水平的差异、智力差异、学习风格差异等。尊重儿童的个体差异是因材施教的基础，而善于“发现”和“利用”儿童的个体差异从而促进其发展则是因材施教的关键。为此，教师要有足够的心力去判断和对待每一个孩子的个性差异，并在激励与扶持的形式与方法上找到最适宜的切入点。

每个孩子都有优点

霍老师说，我鼓励学生们增强自信，为每一个学生取得哪怕是小小的进步而鼓劲加油，使他们感受到由于各自取得的成绩和进步而带来的喜悦。

在北京第二实验小学，霍老师的教学水平和班级管理能力是顶尖的，哪个班一出问题，学校领导都请霍老师去“接班”，于是很多有问题的班都被霍老师带成了优秀班集体，很多出现问题的学生都被霍老师带成了优秀学生，她也因此获得了“救火队长”的称号。小展的转变就是在这样的情况下发生的。

四年级时，小展所在的班是全校秩序最乱的班，小展是这个最乱的班上最淘气的学生之一。为此他屡受老师批评，学习成绩直线下降，很快，他对学习失去了兴趣。

进入五年级后，学校请霍老师当了他们班的班主任。刚开始小展对霍老师也不以为然，觉得过不了几天，霍老师就会为他们的淘气和捣乱感到无奈，然后“灰溜溜”地离开。这在这个班里太常见了，不知有多少老师满怀信心地来了，又摇头叹气地走了。可是没过多久，小展发现霍老师和其他老师不一样，看来她要在这个班“安营扎寨”了。

首先，小展觉得霍老师的课讲的和其他老师不一样，其他老师的课听起来很乏味，可是霍老师的课听起来很有趣。霍老师讲课不仅仅限于课本，而是将课文拓展挖掘，把课本内外的知识巧妙地联系起来，用清晰明了、通俗易懂的语言讲得挥洒自如。小展意识到，这个老师不简单，她不仅有丰富的思想和知识的积淀，还有让人着迷的授课艺术。再者，他发现霍老师很少批评学生，对学生有种像妈妈一样的爱，像他这样淘气的孩子霍老师不仅不批评，而且关爱有加，这是他怎么也想不到的。亲其师才能信其道，霍老师的做法深深打动了小展，重新唤起了他对学习的兴趣。

打铁要趁热，对小展这样的学生，树立自信心是非常必要的。经过观察，霍老师发现小展口齿清楚，声音也好，朗诵起来悦耳动听。找到了小展的闪光点后，她推荐小展到学校播音室做播音员，但小展并不知情，直到有一天大队辅导员来找他，他的脑子里还在一个劲儿琢磨：是不是自己又做了什么坏事闹大了，传到大队辅导员那儿去了。

到了学校播音室，辅导员递给小展一篇短文，让他念了一遍，试用了一下觉得还不错，就让小展做了播音员。小展的工作是，每天下午上课前，为全校师生读十几分钟国内外新闻时事。小展在全校师生面前露了脸，他觉得自己好“厉害”，每天除了学习，都在琢磨如何把稿子念得出色、动听。慢慢地，小展就做出了成绩，得到了学校领导的表扬，一个“淘气包”变成了一个全校知名的好学生。小展找回了久违的自信，学习成绩也开始回升，不久其他方面也发生了大变样。在小展这些学生的带动下，班级的“乱势”也很快得到了扭转，不出所料地也成了一个优秀班集体。

小展后来才知道是霍老师推荐他的，对此他一直铭记于心，并且牢牢抓住了这种自信，在人生的道路上受益匪浅。正如他所说："当我在事业上取得一定成绩的时候，回首往事，我明白在自己的人生中，每当遇到困难，凭借的就是恩师教给我的这份努力与坚持，信心与力量。"

启　示：

对自己充满自信，是个人成长与发展的重要前提。对于那些"淘气"的学生，尤其重要！霍老师是了解学生的，她知道要想让那些缺乏自信、自暴自弃的"淘气"（"淘气"的孩子都是比较聪明的孩子，只是聪明没用到合适的地方而已）孩子爱学习，求进步，首先得燃起他们心中的自信之火。点燃自信之火的重点是找到学生的优点。小展的优点在不断得到强化的过程中，他的自信也慢慢回来了，成为好学生就顺理成章了！

给孩子创造成功机会

霍老师说，教育贵在寓教于乐。霍老师总是以新颖、生动的教学方法启发学生的心智，引导学生睁开幼稚的双眼去认识一个真实的世界。

小彬的童年是在北京实验二小度过的。金色的童年给他留下了许多美好的回忆，其中最难忘的，是他在霍老师指导下第一次发表文章的事。

那是一个阳光灿烂的下午，小彬正在校园里玩儿，忽然听到一个同学朝他喊："小彬，报纸上登你的文章啦！""真的？"他喜出望外，简直不敢相信。"是真的，不骗你，快去传达室看吧。"同学拉着他飞跑到校门口，他向传达室的老大爷借了一份晚报，激动地翻找着，嘿！果然登着他的文章，标题是《美术片〈鸽子〉真好》。

文章不长，只登了他的稿件的一部分，但是，也足够让他高兴的了，因为这下小彬可以在同学中出名了。

这次投稿是霍老师组织的。霍老师教他们语文，到了高年级，学习写作议论文是个难点。为了培养同学们学习的兴趣，掌握写作的方法，霍老师特意带他们去看了一场电影，看过电影，再让学生们讨论，谈谈自己最感兴趣的情节和感想。然后，让他们写下来，向《北京晚报》投稿。那是一个美术片专场，小彬喜欢电影《鸽子》，向往白色的鸽子在天空自由飞翔，带给人们和平。他想写个观后感给报社投稿，但作为小学生他从来没有投过，感觉有点害怕。霍老师给他们鼓劲，让他们大胆地写，但是要认真地写，要写自己真实的感受和最突出的认识。班里许多同学都投了稿，没想到，只有小彬的文章发表了。后来，霍老师还在班上念了他的文章，表扬了他，他心里美滋滋的，仿佛一只鸽子从心中飞起，学习写作的兴趣更高了。

几天之后，小彬收到了一个邮件。打开一看，是一个绿漆皮的日记本，原来是《北京晚报》编辑部送给他的纪念品。事隔40年，这小小的日记本他一直收藏着，他说这个日记本不仅记录了自己童年的故事，也凝结着霍老师为培育他们而倾注的心血。

启　示：

孩子自己的成功体验是其能够不断自信和自强的最好阶梯，而在许多的学校教育中，不是每一个孩子都有体验成功的条件和机会的。霍老师能够通过自己的努力，使学生能喜出望外地感受成功的喜悦。这样的激励就是日后不断成功的开始，甚至能使其终身受益。我们的教育和教师的努力在这些方面应该多些探索与尝试。

没有不能开启的锁

> 霍老师说，古人言，天下难事，必作于易；天下大事，必作于细。因为蚁穴不堵，可坏大堤；小事不正，可损大德。所以说，教育路上无小事。

小伟已经六十多岁了，几十年来经历的事不能算少。可是，若要问起哪件事给他留下的印象最深，他总是毫不犹豫地说，小时候，那一毛钱的车票最令他不能忘怀。

小时候，小伟是一家人的心肝宝贝，虽然很淘气，但是家人拿他没办法——谁要他们疼爱小伟呢。可是上小学不久，爸爸妈妈突然被调到外地工作去了。家中只剩下比父母更溺爱他的奶奶，于是小伟就更加为所欲为了。在班里，他最狂，欺负女同学、踢打男同学是家常便饭，连班长都不敢得罪他。班主任虽然常常训斥他，但也治不住。现在回想起来，他觉得自己真是“狂”得没道理，可那时候就是“狂”，连走路都跟别的孩子不一样。

上四年级的时候，班主任换成了霍老师。换就换呗，反正不怕，小伟心想，倒要看看霍老师怎么拿自己开刀。一天下午放学以后，霍老师说：“小伟，走，老师跟你一起回家。”

小伟一脸不高兴地说：“我爸爸妈妈在外地工作呢，您甭去。”

“那你跟谁一起生活呀？”老师又问。

“奶奶，家里只有奶奶跟我。”

老师一边跟着小伟走，一边又问他奶奶多大年纪了，有没有工作。还问奶奶会做什么菜，他喜欢不喜欢吃红烧肉。不知不觉地，他竟然把老师带到了家门口。小伟无可奈何地喊了一声：“奶奶，我们老师来看您了。”奶奶把霍老师迎进屋，小伟放下书包就到院子里喂鸡去了。霍老师临走的时候，发现小伟在喂鸡，高兴地说：“哟，我们小伟还会养鸡呀，真不错。”忽然，大公鸡一声长鸣，老师冲着他说：“你看，你们家的大白公鸡在欢迎我呢。”

第二天上课的时候，霍老师挂出了一块小黑板，说：“我这儿有个谜语，大家猜猜好吗？”只见黑板上工工整整地写着：

头上红冠不用裁，
满身雪白走将来。
平生不敢轻言语，
一叫千门万户开。

霍老师朗读了两遍，她那亲切的声音刚落，小伟便兴奋地大声说：“老师，我猜着了，是大公鸡！”同学们惊奇地“哇”了一声。老师问他怎么知道的，他有点儿骄傲地说：“我家就有这样一只大白公鸡，您不是看见过吗？”于是小伟被老师当众表扬了一番，同学们还给他鼓了掌，他心里美极了，第一次尝到了做“好孩子”的滋味。

此后不久，小伟的狂劲儿也受到了“惩罚”。一天课间，他举着黑板擦儿在教室前边追赶一个同学，哪知那个同学比他跑得还快。他拼命地追了上去，嘴里还不干不净地嚷着。一不留神，马失前蹄，摔了个嘴啃泥。这时，刚好霍老师来上课。见此情景，急忙上前把他扶了起来。这一回，他可惨了，下巴流血了，裤子也破了。霍老师和班长马上扶着他往校医室走，路上还担心地说：“你看多危险，多危险，要是把牙磕掉了，可怎么好，你妈妈又不在北京。”

那天中午，霍老师坐在办公室里一边给他缝裤子，一边开导他，连一句指责的话都没说。为了怕奶奶看到小伟的惨样儿着急，放学后，霍老师亲自把小伟送回了家。慢慢地，他在霍老师身上感受到了妈妈般的温暖，变得温顺多了。可是后来不久，小伟又闯祸了。

那年秋天，霍老师带同学们去玉渊潭公园参加义务劳动。小伟他们班的任务是刨白薯，那活儿虽然很累，但是他们干得特别认真。收工的时候，生产队长还表扬了他们班，还特别提到了小伟和其他几个同学。回家的路上，小伟甭提多得意了。到了公共汽车站，他们一窝蜂地挤上了汽车，但是小伟没买票，那一毛钱直到汽车到站都死死地攥在手里。下车时，借着同学们纷纷出示车票的工夫，他挤下了车，一溜烟儿跑进了胡同。

第二天，小伟心中虽然忐忑不安，但还是装作没事人儿似的。两天过去了，他以为就没事儿了。谁知到了星期六班会时间，霍老师“发难”了。她首先让学习委员朗读了一篇少先队员拾金不昧的故事，然后说了好多话，大意是：“少先队员拾到钱包交给学校，解放军叔叔不拿群众一针一线，这都是一个人的美德。那天我们去公园劳动，大家表现很好，还受到了表扬，但是回来的时候却听说有同学上汽车没有买票，这多不好呀！不管这个同学是不是咱们班的，我们都应该借着这件事好好讨论讨论，看看是一毛钱重要，还是一个人的品德重要。如果我们班也有这样的同学，希望明白了道理以后，能向老师承认错误。”其中有一句话小伟至今没忘记，霍老师说：“一个人，尤其是小孩子，还不太懂事，犯点错误是难免的。只要他能勇敢地承认错误、改正错误，就是好孩子。”

听了老师的话，小伟心里很不是滋味。可是教室里静静的，他转了转眼珠，竟然没有看见一个举手的。他琢磨着：同学们一定是不敢发言，怕下课后，自己找他们算账。正在他胡思乱想、暗暗庆幸的时候，班长发言了：“老师，我觉得上车不买票是一种贪小便宜的行为，好多小偷儿都是从贪小便宜开始的。这种坏毛病如果不改掉，将来很可能走上犯罪的道路。”班长的话音刚落，好多同学都举起了手。有的说：“贪图一毛钱，不但亏了国家，也害了自己，也是给我们少先队员丢脸。”有的说：“一毛钱顶多能买根冰棍儿，买几块糖，虽然吃着甜，可是在自己心里却多了一个污点。”最糟糕的是小伟最要好的朋友小林也发言了，他说：“老师，上学期的时候，我在操场捡到了一毛钱，是两张五分的，就没有交给老师，这也是占小便宜，就这一回。”霍老师表扬了同学们的发言，还带头为小林的诚实和勇敢鼓了掌。这一来，小伟更是如坐针毡，心突突地快要跳到嗓子眼儿了。特别是小林的话，让他捏了一把汗，幸好他没有把自己捅出去。怎么办呢？小伟心里七上八下的，想了很久，他决定也要做一个勇敢的孩子。他羞愧地看了霍老师一眼，慢慢地站了起来，低着头说：“老师，那天是我没有买票，我错了。”教室里静得没有一点声音，坐在前边的同学都纷纷转头看他。停了一会儿，小伟竟然冒出了一句：“霍老师，能不告诉我奶奶吗？要不，她会伤心的。”说完，他便趴在桌子上哭了起来——他无心再听霍老师说什么了，惭愧和难过已经让他无地自容了。

当天下午，霍老师带着小伟和几个班干部去了公共汽车公司。霍老师说明了来意后，小伟捧着检讨书和那一毛钱，恭恭敬敬地交给了一位叔叔。

这件“丢人”的事给小伟留下了深刻的教训。后来，霍老师常常主动地接近他，多次夸他是个勇敢的孩子。她还说，既然小伟能勇敢地承认错误，就能勇敢地改掉自己身上的缺点，就能勇敢地学好功课，也能勇敢地为集体做好事。经过一段时间的转变，小伟进步了很多。为了考验他，五年级的时候，霍老师提名让他当了班里的生活委员——那可是要管理班上的物品，还要经常收钱、交钱的差事啊。可是小伟兢兢业业，一丝不苟，始终没有辜负老师的信任和期望，成了班里有名的小管家。两年后，小伟这个淘气包终于捧着“三好学生”奖状结束了小学生活。

启　示：

按照教育的一般规律，教育可利用的契机有两种：一种是在学生成长过程中的偶发事件，看教育者能否捕捉并利用；一种是教师针对学生成长中的问题故意设置的，看教育者能否创造并设计。霍老师教育小伟的过程体现了其把握两种契机的高超艺术：在转化这个“淘气包”的起始阶段，以有意设计的谜语让他尝到了“做好孩子”的滋味；通过“不买车票”这个偶发的小事抓大问题，并且在与全班同学的对话中让学生的心灵受到冲击和涤荡，从而唤起孩子的自省意识，塑造了孩子的心灵世界；随之又在充分信任的基础上，让其担任“财务管家”，从而激发学生的荣誉感和责任心，在学生成长的道路上点燃了“催我自新”的“心灯”！

赏识是教育的“点睛之笔”

霍老师说，老师要赏识每一个学生，找准契机与方法，以信心、细心、耐心和爱心期待他们的成长，这样一定能成功。

一个星期六的上午，在北京第二实验小学的一间教室里——那是小平她们的教室，照例是两节作文课。妈呀，今天又是作文讲评课，小平坐在窗户旁边的椅子上，跟往日一样，又心神不宁了。“今天会不会读我的作文呢?”每次讲评课，小平都怀着这样的心情等待着，但几乎每次都很失望——她的作文在班里还排不上号呢。她眼睛斜视着窗外，故作镇静，可心里却默默念叨着：今天该读我的作文了吧？老师，这一回我写得特别用心。可是，她又怕老师读她的文章……

霍老师抱着一大摞作文本走进了教室。几十双眼睛都盯着讲台，都在巴望着老师读自己的作文。霍老师先对上次作文的情况做了总结，指出了共同的优点和不足。老师的脸上一直带着笑容，看来对上次作文很满意。霍老师说：“上次是自由命题，题目是同学们自己定的，写的都是自己最熟悉的人和事，说的都是自己最想说的话，抒发的也都是自己的真情实感，所以文章内容丰富多彩，语言生动感人……”然后，她就请同学到讲台前朗读自己的文章或片段。小平低着头，静静地听着。心想，完了，完了，老师又没看上自己的作文。正在她心神不定要泄气的时候，只听霍老师亲切而带有赞赏的声音飘进了小平的耳朵：“这次作文尤其值得表扬的是小平同学……”怎么？要表扬自己？老师没有说错吧？顿时，小平莫名其妙地兴奋起来了，她很快就做好了上台朗读的准备。

霍老师接着说：“小平同学的这篇文章是对20年后的畅想，文章说，那时候，同学们都三四十岁了，一个个都成了科学家、教师、医生、诗人、作家、工程师，那时候我们的祖国更强大了，我们的北京更漂亮了。大家又回到了母校，向校长、向老师畅谈自己的事业和成就，但是，大家都找不到自己的教室了。原来，在那平房的位置上矗立起了一栋高高的大楼……”

霍老师还说，小平的文章内容新颖，想象丰富，感情真实，语言也好，她让同学们为小平鼓掌。听着霍老师的表扬，小平心中甜甜的，脸上热得发烫，倒有点不好意思了。也许是怕她朗读紧张吧，霍老师亲自读了起来。霍老师读得充满激情而富有诗意，小平屏住呼吸，睁大眼睛，倾听着，倾听着……好多年以后，当她懂得了“三分文章七分读”的道理时，才明白霍老师当年是在用她的声音和感情鼓励她呢。

最后，霍老师还说：“小平同学的文章有几句写得特别好，我再念给大家听听：‘我们每个人都是一粒种子，虽然它还幼小，也很平凡，但是溪水和春雨也要用心血去滋润它，抚爱它，使它长出嫩绿的芽，开出绚丽的花，结出丰硕的果。’这句话在文章中很突出，这就叫‘点睛之笔’。大家说，她写得好不好？”同学们又一次为小平鼓掌了。“点睛之笔”在她记忆中，这是最早的出处。

作文本发下来了。小平迅速地打开本子，看着画有红色波浪线的“点睛之笔”，高兴极了。她赶紧写当堂的作文，新作文写得很快，真有点儿文思泉涌“汩汩然来矣”的劲头。第二天下课后，她追着老师说：“霍老师，这次作文，您先看我的行吗？您先看我的行吗？”

霍老师回头看了看她，欣慰地笑了：“好吧，老师一定先看你的。”她好像得了最高奖赏一样，高兴地跑开了。

后来，小平真的爱上作文了。作文本上的高分多了，红色波浪线也多了，而且还常常被贴在教室里的《作文园地》上。半年之后，霍老师推荐她当《作文园地》编委的时候，她真的产生了当作家的念头了。

启　示：

老师对学生的赏识是每一个学生都非常期待的，从中可体现师生间的沟通与理解，不仅能对学生的学习与成长产生积极的影响，还会使师生关系进一步深入与融洽。当然，赏识不能是随意与廉价的，而要正逢其时，恰到好处。在这方面，霍老师的做法不仅到位，而且还有持续性。其教育教学效果之所以令人钦佩，原因由此可见一斑。

四、让孩子学会自我教育

一个也不放弃

霍老师说，孩子都是可塑的。所谓“淘气娃娃有出息”，那多是在教育之“塑”以后。在正确的教育引导下，“淘气娃娃”或许倒有更多的成才几率呢。

有很多年轻老师经常问：“霍老师，您对每个学生都爱吗？淘气的您爱吗？学习很差的您爱吗？总跟您捣乱的您爱吗？”

霍老师是这样回答的：“在我几十年的教育生涯中，什么样的学生都遇到过。孩子嘛，哪有不‘淘’不闹的？但是，我从来没有骂过孩子，没有把孩子罚出过教室，也没有向他们发过火、动过怒，更没有对学生失去过信心。我和学生是平等的。我爱他们，尊重他们，帮助他们解决一切渴望解决的问题。我的原则是：再‘淘’再‘笨’的学生也不放弃，一个也不放弃！一个老师如果放弃了对学生的信心，放弃了对学生的教育权，那是失职，那是无能。和我‘作对’的孩子，也有过，但他们都变成了爱我、尊敬我、听我的话、跟我走的好孩子、好学生。回首往事，我心里坦荡荡的，并且充盈着幸福感。因为我的学生们都成材了，我没有让一个学生掉队，一个也没有！”

有一年开学前几天，学校通知霍老师当一个五年级班的班主任，兼教数学课。“知己知彼，百战不殆”，按照以往的经验，她去拜访了这个班的原班主任，了解到班上有一个叫小奇的女孩很“特殊”。小奇是个独生女，很聪明，可从小就被父母娇生惯养，逐渐养成了倔强任性的性格，上课时常常随便说笑打闹，影响课堂秩序。有时老师和她讲话，她还顶嘴。原班主任还告诉霍老师，千万别到小奇的家里去，在学校里她对老师还让三分，可是到了她家，她根本不把老师放在眼里。

基于这些认识，初次上课时，霍老师就留心观察小奇。她发现小奇总是坐立不安，手脚老在晃动，弄得桌椅咯嗒咯嗒地乱响，影响教学。和其他同学相处时，大家都怕她，说她很厉害。有一次，一个同学拿了她的尺子，她马上去夺回。在夺的时候，把尺子折了，她就蛮不讲理地把那个同学的尺子也折断。霍老师问她为什么这么做，她说："他折我的，我就要折他的，这是礼尚往来。"

两周后的一天，霍老师走进教室，发现小奇正在和一个叫二虎的男同学打架。她急忙劝解，但是小奇仍不肯罢休。为了照顾全班上课，霍老师向全班同学问道："现在有两个同学在争吵，我们是上课还是听他们吵架？"全班同学回答："上课。"她回过头对吵架的两个学生说："你们能不能停下来，下课再解决呢？"小奇说："我同意，但要把我的桌子擦干净。"这时，懂事的小队长过去给她擦好了桌子。

下课后，霍老师了解到打架的原因：二虎把碗里喝剩下的水倒掉了，小奇见状批评他不该浪费水。他说："你管得着吗？讨厌！"小奇生气了，上去给了他一拳，二虎也不让，踢她一脚，就这样，你踢我打，一直打到教室。霍老师首先肯定二虎不对，没有虚心接受意见；其次小奇先动手打人，也有不对的地方。这么一说，二虎承认了错误："我向小奇道歉。"说完，对小奇先敬了个队礼，说："对不起，请你原谅。"没想到小奇却回答道："不错。"

这时霍老师问她："二虎这样做了，你呢？"

"我怎么呢？"她说。

"你是否都对呢？"

"我都对。"

"是否一点错都没有呢？"

"我有什么错？"

霍老师说："二虎说的话不对，你能不能不用打人的方法？今天动手打人，是谁先开始的？"

"是我。"她说。

"为什么要打人？"

“他为什么要骂我？”小奇说，“他骂我，我就打他。”

“他骂你，你就打他？不用打的方法，行不行呢？”

“不行！”她说，“我不能让他欺负我。他骂我，我就打他。你瞧，下回他就不敢骂我了。反正是‘人不犯我，我不犯人，人若犯我，我必犯人’。”

女孩子这样“厉害”，霍老师还是第一次碰到，她心里有点冒火，真想大声批评小奇，但最终还是控制住了自己的情绪，考虑如何进一步教育她：“你先回去想想，改天我们再谈吧！”

都第三天了，说来说去，小奇仍然没有认错的样子。霍老师问她：“如果你在街上走，有个人不小心，踩了你一脚，这个人很懂礼貌，马上向你表示歉意，你应该怎么说？基本的礼貌是什么？”她不言语了。霍老师接着说：“同学给你敬个队礼，你却那样的态度，你说对不对呢？”谈了好久，从各方面帮助小奇做了分析，最后她终于说了一句：“就算我有点儿不对。”这次小奇总算点头认错了，霍老师终于松了一口气。

又过了几天，在上音乐课时霍老师去听课，坐在小奇后面。音乐教室的椅子和后面的桌子是连在一起的。小奇把手放在后面的课桌上，不让别人放唱片。霍老师让小队长提醒小奇坐好，可是小奇不但不把手放下来，反而连胳膊也放上去了。霍老师在她的桌子上轻轻敲了两声，把她的手拿下去，但她看了霍老师一眼，又把手放上去了。霍老师再给她拿下来，小奇又拿上去，而且故意把两只脚伸到前面的椅子上，身体向后一靠，整个身体几乎躺下来了。看到她这样，霍老师只好小声说：“小奇，你做得不对。”

下课了，霍老师找她到预备室，和她讲了许多道理，但小奇非常倔强，一点儿也不肯认错。她竟然说：“我没什么不对，谁让桌子和椅子连在一块呢？既然是我的椅子那也就是我的桌子。”

“你家里的椅子和音乐教室的椅子一样吗？”霍老师问。

“不一样。”小奇答。

“为什么不一样呢？”霍老师又问。

小奇想仰起小脸，想了一下，说：“我不知道。”

她知道自己是没道理了。霍老师抓住这个机会进一步引导她：“你不知道，那我就不怪你了。”霍老师给她说了音乐教室桌椅的用法，指出后面的桌子应该后面的同学用，她应该用前面的桌子。霍老师这样一讲，以为小奇会承认错误了，没料到她竟然说：“那我不管，连在一块就是属于我的，我这样做没什么错误。”

后来，霍老师问她：“哪一个老师教给你上课时这样伸着腿躺着呢?”说着，霍老师学着小奇刚才半躺着的姿势问她，“你看这样子上课好不好呢?”小奇笑了。这时上课铃响了，师生二人的谈话只好暂时停止。

霍老师的心里并没有平静下来，总是想着小奇的问题。谈了一次又一次，小奇始终那么倔，没有多少转变。耐心启发要等到什么时候？她有点泄气了。霍老师想不理她了，让她去，或者狠狠地批评一顿了事。但又觉得这样做不对：难道在孩子面前，自己就这么无能吗？她的思想激烈地斗争着。这时，坐在旁边的一位老师看出了霍老师的心情，说：“刚才小奇的态度，已经很不错了。她没和你大吵大嚷，最后还笑了，这可真是了不起的进步！你要知道，她还从来没有在老师面前承认过错误呢。”是啊！小奇这孩子已经有点转变了，自己为什么还要苦恼呢！她的心情因此开朗多了：孩子多年养成的习惯能这么快改过来吗？不。要沉着，要耐心！只要自己更多地关心她，鼓励她，工夫到了一定能把她教育好。

霍老师带着释怀的心情，又找了小奇。在温暖的阳光下，师生二人在操场上边走边谈。“小奇，你已经是五年级的学生了，也有了很大的进步，但还有缺点，只要把缺点改掉，就会成为一个很好的孩子。老师愿意帮助你改正缺点，可是你不听话，以后该怎么办呢?”

小奇不吭声了，她直愣愣地看着霍老师。

霍老师又说：“一个人犯错误不要紧，给你指出来就要知错就改。现在你想想，把手放后面，把脚放前面，躺着坐，躺着上课，这件事到底对不对呢?”

小奇回答：“不对。”

霍老师接着说：“你能勇敢承认错误，说明你愿意做个好孩子。那接下来该怎么办呢?”

小奇说：“那我就改。”

这次谈话后，小奇转变了一些，看见霍老师的时候也愿意接近了，有时还会主动找老师谈些事情。

不久后的一天，语文老师生气地把小奇的作文本拿给霍老师。她打开一看，原来小奇用毛笔在老师改的地方画了杠杠，加上一个批语：你都给我改错了。霍老师觉得这个孩子太没礼貌，把作文本改得乱七八糟，也有些生气。后来一想，她为什么要这样呢？于是又仔细地研究了小奇的这篇作文，发现她原来的作文写得还可以，不过表达不清楚。有些地方老师把她的意思改错了，她发火了。霍老师觉得小奇能够这样认真看老师改的地方还是好的，不过不应该把作文本画得那么乱。

下午，霍老师就带了她的作文本到教室里上课。小奇坐在位子上，咯嗒咯嗒地敲着桌子。霍老师装作没看见她，直接拿出作文本说："我今天发现小奇有个很大的优点。"她一听老师提了自己的优点，吓了一跳，马上就端端正正地坐好了，等待着仔细听老师的表扬——这也是她上小学以来第一次听到老师说她有优点。

霍老师接着说："小奇对老师批改的作文，认真看了，而且很用心。我们有的同学，当作文本发下来以后，只看老师给的批语，顶多把错别字改一改，就拿回来了。可是今天我发现小奇却一个字一个字地去念，一个字一个字地去改，这一点特别好，大家应该向她学习。"

这时，小奇坐在座位上不住点头，"欣赏着"老师的表扬。

霍老师又说："小奇，如果对老师改的作文有意见，可以跟老师说，把自己的意见告诉老师，这样就更好了。现在把作文本改得这样乱，等于对老师没礼貌，我想小奇是能改正的。"霍老师肯定了她积极的一面，同时提出了她的缺点，小奇这次没有抵触的情绪。

又一次又发语文作业本，她有一个字没有写清楚，老师给她打了杠子，发作业时，她生气地说："老师，你看我这作业怎么回事?"

她刚一嚷，霍老师就说："小奇，注意你的态度。"她对老师笑笑，伸伸舌头，轻轻地走到语文老师跟前去了。

以后她表现得听话多了。小奇很聪明，在课堂上很愿意回答问题，就是态度不严肃，经常引起同学们哄笑，有时在回答问题时甚至和同学们吵起架来。有一天课后，霍老师对她说："老师提问，你愿意回答，这样做就是对的。可是你态度不好，老与同学争吵，扰乱课堂秩序。如果你不改正这个缺点，课堂上我就不敢叫你回答问题了。"小奇听了点头称是。经过霍老师不断帮助，小奇逐渐改正了自己的缺点，不再"特殊"了。

在此基础上，霍老师还有意锻炼她，培养她，让她更加进步。比如霍老师让她当值日生时，给她讲如何为班集体服务，怎样帮助小同学——小奇以前经常和别的同学打架，所以霍老师就给她提出了具体要求。在执行的过程中，霍老师还有意识地去看她如何处理问题。有时候小奇帮助别的同学解决纠纷，自己也不知不觉地参与进去，与别的同学争吵起来。但霍老师也不过分责怪她。只是及时帮她分析，肯定她的优点，指出她的缺点——她知道，小奇的习惯养成很久了，改变是要慢慢来的。

生活上霍老师也经常关心她。有一次小奇忘了带午饭，霍老师便主动买给她。这虽是一件小事，但小奇却装在了心里，还在日记里作了记录。

通过多种锻炼，小奇逐渐进步了：无论上课或做作业，都特别认真，经过半年的努力，期末还被评为“进步队员”。

当学校开展学习雷锋的活动时，小奇表现得特别突出。有一次，她和几个同学在操场玩夹包，玩得正高兴，过来一个四年级的小同学，随便拾起夹包一扔，不小心扔到水沟里去了。有几个同学正要去追，她在后面嚷道：“算了，别追了！”霍老师感到奇怪，问她：“小奇，你今天不错呀！你怎么想的呢？”她说：“本来嘛，他又不是故意的，拿起一扔，掉到水里了，已经湿了，追有什么用？再说追他，显得我们班里人小气，我们干吗那么小气！”在霍老师看来，小奇能说出这些话，真是不简单。

学雷锋活动后，班上建立了好事信箱，目的是为了表扬做好事的同学，以便大家互相鼓励，互相学习。小奇看到大家都为了集体做好事，觉得自己成了集体前进的包袱，认真地写了“检讨书”投入好事信箱。“检讨书”上写着：

> 每天早晨我很晚才来学校，可还要同学帮我擦桌椅，花费了他们不少的时间。上课时，我常把桌椅弄得乱响，不但自己不好好听课，而且使同学也受到影响……我影响了同学，不等于就是集体的包袱吗？以后我一定要改掉这个错误，争取做个雷锋式的少年，多帮助别人做些好事。

小奇在家校联系本上这样写道：

> 集体在前进，我也在前进，但我与集体相比，还是落后的。在下一礼拜，一定争取赶上。在作业方面，我完成得比较好，但念得不够熟。这周我坚持六天扫院子，五天排队，排得也很好。另外有一次我去喝水，看见许多同学都不排队，秩序很乱。我想到雷锋叔叔是毫不利己，专门利人的，于是我就等了一会儿，可人太多，我就走了。后来我很后悔，我想如果雷锋叔叔遇到那种

情况，一定不会像我一样，什么也不管就走了，他准会帮助把秩序维持好。所以以后我要继续努力。

下面，她的妈妈给她添了一句话："小奇每天坚持扫院子。"

在将近半年的时间里，虽然在教育小奇的过程中遇到了很多困难，但霍老师从来没有向她的家长"告状"，因为她知道，"告状"的结果只能让孩子收获一个"打"字。小奇终于转变了，家长也松了一口气。一次家长会上，她的妈妈特意留下来跟霍老师谈小奇的情况，她说的第一句话就是："老师啊，我们家长做不到的，你都做到了……"

小奇成了个好孩子，霍老师感慨良多。她觉得，教育孩子尤其要耐心，千万不能急躁，越急越坏。孩子有些缺点，有些习惯不好，当老师的要千方百计去引导他，培养他，把他那些不好的习惯改掉，然后那些好的习惯才能逐渐树立起来。和学生谈话，一次谈不下去，停停吧！下次再谈，老师回去想一想，学生也回去想想。老师要尊重学生，要耐心启发引导，不能用压服的方法。还有更重要的一点是要善于发现孩子的优点，尤其对于一些问题较多的孩子——老师经常容易忽略这点，总觉得他们什么都不好，因而对他们批评多，指责多，而表扬少。这样一来孩子也往往缺乏自信心，问他自己有什么优点，他一句也说不出来，但问他有什么缺点，他能说一大堆。所以在教育这些孩子时，一定要仔细观察，深入了解，善于发现他们的优点，增强他们改正错误的信心，引导他们一步步改正缺点，这样一定能把孩子教育过来。

启　示：

创造性人才的培养在今天成为热点话题，而我国传统教育有两大痼疾导致其对于儿童创造性的培养捉襟见肘，难有成效：一是过于强调知识确定性、答案唯一性和标准化的知识观；二是过于强调师道尊严、教师权威的教师观。前者直接导致学生发散性思维被忽略甚至被压抑，因此学生缺乏独立思考和富有新意的想象；后者则使教师往往不能在教学中容纳异议。

在创造性思维的培养活动中，聚合思维和发散思维是相辅相成、不可或缺的，较高的独立性和批判性更是高创造性人才的重要特征。因此要培养儿童的创造性，教师就应该接受并且鼓励学生的发散思维，尊重并且鼓励学生"唱反调"，尤其是以自己的爱和宽容给聪明、淘气的儿童提供自由开放的氛围。这正是霍老师的教育教学能使淘气孩子成才、使学生思维活跃的关键所在。

课堂无处不在

霍老师说，教育对于孩子可以说是无处不在的。就时间和空间而言，课堂教学只是一个方面，更广阔的天地还在教室之外。

有一年，霍老师接了个一年级的班主任，并担任了语文和数学两科的教学工作，等于是“包班”了。她爱那些学生们，无论课上课下，每当那一双双茫然无知的小眼睛惊奇地望着她的时候，每当他们仰起小脸儿问她“为什么”的时候，她就觉得好像他们在渴求着什么。每当他们明白了一个道理，学会了一种本领，受到老师的表扬，那一双双小眼睛就变得格外明亮和兴奋。那时，她也在进行教学改革。在第一学期快结束的时候，她萌生了一个在一年级练习写日记的念头。

第二学期开学正值春天，万物复苏，校园内、胡同里处处一派生机。她决心让孩子们集体写一本《自然日记》。一天，她对同学们说，春天来了，你们谁能告诉大家：什么树先发芽？什么树先开花？什么虫子先出窝？见学生们回答不上来，她又说，从今天起，请大家到校园里、到胡同里、到自然里、到自己家的院子里去寻找春天吧。要认真去找，仔细观察，谁发现了春天，谁就把它写在班级的日记本上。说着，她把准备好的活页纸举了起来。学生们非常兴奋，纷纷发问：“霍老师，我不会写字怎么办?”一个男孩子急切地说道。

霍老师说：“没关系，大家想一想，不会写字就没办法了吗?”

“老师，我可以画画儿吗?”

“我可以用拼音写吗?”

“我遇到不会写的字可以问老师吗？可以查字典吗?”

“同学们真有办法，行，你们想的办法都行!”霍老师笑着鼓励他们。

于是，在教室后面的“自然角”里又多了一本《自然日记》。班干部还安排了每周的负责人。哪个同学观察到了新的情况，就在纸上写一笔。学生们的兴趣可高了。

第一页上写的是：

“今天我看见蚂蚁出窝了，好多好多呢。”因为不会写“蚂蚁”和“窝”字，就画了小圆圈儿，并从里向外点了许多小黑点儿，还在旁边用拼音告诉大家这是“蚂蚁”那是“窝”。

“今天我家窗户下边长出小草来了，叶子有点儿黄。”旁边还粘了一棵带根的小草。

“今天早上我看见迎春花开了，黄黄的，没有叶子。”后边贴了两朵压扁了的迎春花。

“今天下午我看见天上有大雁飞过来了。”不会写“雁”字，就画上大雁飞行时的“人”字队形。

在教室的“自然角”，同学们还养了蚕、蝌蚪和各种花。负责的同学在日记本上写道：

“今天小蝌蚪的尾巴掉了。”

“今天小蝌蚪怎么长出脚来了，真好玩儿。”

“我看见蚕宝宝又白又胖，吐丝了。”

在这些歪歪斜斜的文字下边还画了胖乎乎的似像非像的蚕和蝌蚪等等，全班同学没有一个不写的。

有一次，霍老师表扬完大家写日记的积极性以后，指着一幅画问一个同学：“安安，你为什么要把发芽的小草画在窗户底下，为什么不画在屋子后边呢？”

小家伙站起来，眨眨小眼睛说：“我家住的是北房，窗户在南边，有太阳，暖和，草就长出来了。房子后边现在还冷呢……”

听了他充满稚气的回答，霍老师高兴极了：自己的学生学会观察了，也学会分析了。

在这项活动中，学生们争先恐后，谁都想把自己看到的东西写在本子上。就这样，一年下来，同学们写了满满两大本。真是春夏秋冬、花草虫鱼景物齐全，红黄蓝绿实物标本色彩缤纷。这是孩子们眼中的大自然，它充满了童趣，充满了天真，也充满了他们的智慧和创造力。直到同学们能够独立写日记的时候，集体的《自然日记》才告结束。

启　示：

语文课程资源的开发和利用是当前语文课程改革的重要议题，在小学阶段尤其值得重视。有效利用课堂以外的教育资源不但是铺设一个广阔的学习平台，给学生带来更广阔的学习空间，更重要的是有利于培养学生自主学习、主动探究的意识，发展学生的终身学习能力。从让学生自己动手出发，创作《自然日记》，霍老师是一个积极的鼓励者、热情的参与者和幕后的指导者与欣赏者，并在尊重学生的基础上，集中学生的智慧，展现学生的才华，发展学生的能力，为学生“学会学习”打下良好、坚实的基础。

生活即教育

霍老师说，生活即教育，用生活中的具体事例引导学生健康成长，是老师必备的素质。

霍老师经常用各种方法引导学生。为了培养学生克服困难的决心，她领学生到老红军罗爷爷家，请他给学生讲克服困难的故事。学生看到罗爷爷两条腿都没有了，只能用手抓着两块木头撑着地走路，可还能每天辛勤地工作，都深受感动。为了使学生养成关心他人的品质，霍老师还请儿童教育家孙敬修爷爷到班上给学生讲故事。小波记得孙爷爷在黑板上画了两个小人拉胡琴，一个笑着，一个皱着眉头。他对同学们说：“看，第一个小孩拉得多好听，可是为什么第二个小孩皱着眉头拉得不好听呢？因为他拉的是‘嗞咕嗞’，也就是‘自顾自’——自己只顾自己当然不好了。”

霍老师善于用身边的小事教育学生。一次，霍老师端着一个装着石榴粒的玻璃杯走进教室，发给学生每人十几粒，然后看着学生们一边吃一边讲：“全校每个同学都分到了同样多的石榴粒。你们知道这是为什么吗？”同学们面面相觑，霍老师接着说：“是因为尽管同学们每天都从学校门口那几棵没人看管的石榴树前经过，但从来没有一个同学摘过树上的果子，所以现在大家才能分享到自己爱护的石榴。咱们的国家也一样，如果大家都爱护她，建设她，她就会越来越美丽，越来越富强。”

如果发现学生做错事情，霍老师会给他们机会改正，而不是惩罚。小波当时和班上很多同学一样，喜欢养蚕。由于想多养，就把自己的蚕偷偷放到了学校美术教室的窗台和架子上。这事不知怎么的让霍老师知道了，一天，霍老师找到她，微笑着说：“咱们学校只有一个美术教室，全校同学都在那儿上课。可现在同学们上课不能集中精力了，总是去看你的蚕。你看这该怎么办呢?”小波告诉老师，既然影响到其他同学上课，自己就应该把蚕拿回家。霍老师点点头，说她做得很对。

小波高兴地把蚕拿回了家，可是小波爸爸又不让她养了，让她扔掉。她舍不得，索性就把蚕藏到了衣柜里。结果这事被爸爸发现了，他写信给霍老师，说她撒谎，应该惩罚，最好罚她不能去机场参加欢迎外宾的活动。下课后，霍老师把小波叫到一边，笑呵呵地对她说，有事要和父母商量，别瞒着，并且告诉她老师不想惩罚，还是让她如愿去机场参加了活动。

启　示：

教育乃时时处处地地，生活是浩瀚无边的课堂。教育不一定非讲深奥的道理不可，在生活这个大课堂里，有各种方式与途径让学生学习、感受与体验。以情动之，以事感之，则事理自然明了。霍老师抓住身边小事育人，以榜样感染人，以生动的事例教育人，学生乐于接受，效果不言自明。

“小孩自动教小孩”

霍老师说，学生的潜能是巨大的，老师要鼓励学生主动参与实践活动，引导他们自主解决在学习和成长中遇到的问题。

在霍老师按照自己的“数量要多，速度要快，质量要高，负担要轻”的方针进行语文教学改革的过程中，随着教学速度的加快、阅读量的增加，同学们的知识面扩大了，语汇丰富了，作业也越写越好了。看到同学们进步，霍老师很高兴。但令人遗憾的是，在作文和作业中的错别字也骤然多起来了。例如：有的学生把“宽恕”写成“宽怒”，把“偶尔”写成“偶耳”，把“弹琵琶”写成“弹枇杷”，“不知所措”写成“不知所错”，“惴惴不安”写成“揣揣不安”，“沾沾自喜”写成“粘粘自喜”，等等。怎么办？她从没有采取每课生词写四遍，错别字改正以后抄十遍八遍的做法。这种带有惩罚性的手段，她是从来不用的，她的原则是相信学生，学生的问题要启发学生自己去解决。

于是，她就找班、队干部来开会。霍老师问他们：现在课文学得多了，诗词也背得多了，好不好？他们都说“好”。然后，她就把从作文中摘录出来的一些错别字给他们看，并说：“同学们的作文和作业中的错别字比过去多了，你们说怎么办？”当时他们想出了很多办法。有的说，让同学们准备个小本子，把自己的错别字抄写几遍；有的说，下午放学后，让错别字多的学生留下来，不改正，不让回家；也有的说，各小组开展一帮一、一对一比赛，看哪一组最先消灭错别字；还有的说，让语文科代表把错别字整理出来，贴在壁报上……

“你们再看看这些错别字，同学们为什么会写错呢？问题出在哪儿？”霍老师进一步引导大家讨论。于是有人说，是因为眼睛没把字的笔画看清楚，像“蔬菜”的“蔬”和“慌张”的“慌”，不该有点儿的地方写上了一点儿，可该有点儿的地方却没写点儿；有的说，是因为没有把同音字的意思记清楚，是因为不认真，脑子没好好想……她看同学们说得差不多了，就说：“大家说得很好啊。我们消灭错别字不能只等到写错了再来消灭，而应该消灭在出错之前，对不对？你们说，同学们的这种‘病’该怎么治呢？”讨论到最后，大家决定在班上成立一个错别字病院，请没有错别字和错别字少的同学来当病院的院长和医生，把同学按照错别字的多少分成重病号和轻病号，来一个消灭错别字的“人民战争”。

当班长把这个新鲜的办法向全班宣布之后，同学们非常高兴。于是选出了院长和医生，同学们根据自己的情况主动报名，确定了各种“病号”。为了争取家长的支持，他们还给家长送去了各种通知单。例如：

敬爱的家长：

您好！为了消灭同学们作文中的错别字，我们班成立了错别字病院。告诉您一个好消息，您的孩子被选为主治医生了，向您表示祝贺，希望您鼓励他做好工作。

错别字病院院长

年 月 日

亲爱的家长：

您好！为了消灭同学们作文中的错别字，我们班成立了错别字病院。告诉您一个不太好的消息，您的孩子得了“重病”，需要赶快治疗。不过您也不用着急，他会很快好起来的。希望您能支持我们的工作。谢谢！

错别字病院院长

年 月 日

对这项活动，同学们的积极性非常高。她们主动统计自己错别字的数量，分析出错误的原因。院长和医生则向“病号”们介绍自己怎样识记形近字、同音字的经验和不写错别字的方法。遇到自己解决不了的问题就来问霍老师——因为病院还给她封了个“顾问”的头衔呢。

孩子们是可爱的，只要是他们愿意干的事情热情可高了，办法可多了。有的同学把自己的错别字写成小纸条装在口袋里，随时自查；有的同学把错别字贴在家里，让爸爸妈妈督促检查；还有的同学三三两两结成“对子”，放学后在教室里互相默写。院长和医生则把全班出现的错别字整理订正，在“学习园地”上公布出来，约定时间全班听写。有许多家长还在“家校联系本”上向她介绍孩子在家里积极更正错别字的表现。就这样，原计划用两周时间消灭错别字，结果只用了一个星期，作文和作业中的错别字就基本上绝迹了。

教育家陶行知先生曾写过这样一首诗：

有个学校真奇怪，
小孩自动教小孩。
七十二行皆先生，
先生不在学生在。

是的，霍老师当时的情况就是“先生不在学生在”“小孩自动教小孩”的。

为了巩固这一成果，在此后相当长的一段时间里，病院的院长和主治医生们常常在同学们的作文和作业中搜集错别字，同学们则把自己出现的错别字，哪怕是一个，也要主动向院长汇报。然后在“不让一个错别字蒙混过关”的壁报专栏里订正公布，让同学们提高警惕。在两年多以后的升学统考中，他们班的试卷因卷面整洁和没有错别字受到了领导的表扬。

启　示：

“纸上得来终觉浅，绝知此事要躬行。”只有放手让学生主动参与实践，学生的个性、天赋才能得以自由发挥，才能更好地培养他们积极思考、勇于创新的意识。霍老师相信每个学生都有巨大的潜能，只要老师给予鼓励和指导，他们自主解决学习和成长中问题的能力经常是超越成年人想象的。

五、期待是孩子成长的加速器

信任是腾飞的翅膀

霍老师说，作为老师，在批评学生的缺点和错误的时候要特别细心和耐心，注意在不伤害学生自尊心的前提下促其改进，这样才能取得“随风潜入夜，润物细无声”的教育效果。

1961～1962年正值三年“困难时期”，小曦这时正上四年级。半大小子吃穷老子，正在长身体的他总觉得饿，每天上午最后一节课时就盼着午饭，听讲的心思都没了。

一天，上午最后一节课下课较早，小曦飞奔到了学校食堂，看到一二年级学生的饭桌上摆着一盆盆雪白的馒头，还放一盆香气扑鼻的炒菜，另加一盆看着都诱人的白面条汤。他一阵狂喜：今天改善伙食了！可是跑到自己班的餐厅一看，还是高粱面条加红薯面窝头。原来，学校为了给低年级学生增加营养，特别安排改善伙食，而高年级照旧。“啪”的一下，他用手往桌子上使劲一砸。“换了！”小曦愤愤不平地说道。他找到了最铁的哥们儿小成，趁没人注意，把自己班的窝头和一二年级的白馒头对调了。吃饭的时间到了，同学们一看有白馒头吃，也顾不了那么多，个个狼吞虎咽，不一会儿就吃了个精光。

这件事的性质是严重的，不过学校看在他们能勇于承认错误的份上，给了一个处分了事。背了处分，小曦破罐子破摔的情绪很重，学习成绩直线下滑，一个原本成绩很好的学生没过多久便要垫底儿了。

五年级开始，霍老师当了小曦的班主任，了解了情况后，她找小曦长谈了一次。霍老师没有批评，开门见山就说和小曦是熟人了——小曦的哥哥姐姐都是北京实验二小毕业的，霍老师曾教过他们，知道他们有小曦这么一个弟弟。小曦原以为找他来是批评教育的，可没想到老师还和他“套近乎”，一颗七上八下的心终于放下了。接着，霍老师和小曦聊起了他哥哥姐姐的情况，小曦才知道哥哥姐姐也犯过错误，可是他们改正之后都成了好学生，后来还考入了好学校。霍老师还告诉他，人无完人，如果能彻底改正并严格要求自己，还能促进自己进步呢！最后，霍老师鼓励他不要多想，放下思想包袱，以后不再犯就行了。关键是要向哥哥姐姐学习，赶紧把学习搞上去。她还告诉小曦，他的底子很好，只要努力，一定能像哥哥姐姐一样有出息。小曦没有忘记老师的话，从此奋发向上，下决心超过哥哥姐姐。

和小曦一样，霍老师也找小成聊了天，他也放下了思想包袱，从此学习也努力了。毕业复习时，在霍老师的鼓励下，小曦和小成暗自较劲儿，都想在升学考试中超过对方。后来，他俩都如愿以偿，考入了很多同学都羡慕的北京四中。

几十年过去了，小曦还记得那次谈话。他说：“现在回想起来，真要好好谢谢霍老师的那次谈话，没有老师的激励，就没有我的今天。”

启　示：

每个学生的心灵都是纯净而脆弱的玻璃容器，自尊就是它的最后屏障。保护每个学生尤其是“特殊学生”的自尊，让其对自己充满信心，是教育的要旨之一。霍老师以其独特的智慧和教育艺术，拯救了许许多多自暴自弃的学生，保护了一颗颗纯美上进的心灵。

耐心等待，孩子总会成功

霍老师说，“精诚所至，金石为开”，字在“金石”，而义喻育人。钢铁虽硬，只要百炼，便可“化为绕指柔”；儿童再“顽”，只要下足功夫，也有“金不换”的时候，所以我从不放弃一个学生。

霍老师经常说，老师对学生首先要有爱心，要一视同仁地爱每一个学生。老师对学生还要有信心，要相信每个学生都是好孩子，都想学好，都能学好，存心学坏的孩子是没有的。

有一年春天，霍老师的班上来了个叫明明的插班生。明明是个白胖小子，老实厚道，很爱劳动。值日扫除，植树浇花，他都走在前头。他喜欢数学，也爱唱歌、踢足球，就是语文不好。书面作业写得倒很工整，但是只要让他口头回答，就颠三倒四说不清楚了，当然，他背课文的任务也总是完不成。霍老师觉得很奇怪，按照他的智力，不至于这样的。于是，她把跟明明家住得很近的一个女生找来，了解明明在家的情况。那个女生说：“明明的爸爸可凶了，老骂明明是笨蛋。他在家里就像个小耗子，都不敢大声说话。”

知道了这种情况后，霍老师赶紧去家访。她告诉明明的爸妈，孩子在学校爱学习，爱劳动，守纪律，只是胆子小，口头表达能力差点儿，希望家长能配合老师的工作，让孩子在家多读书，多背书，多跟大人说话、交流。但是，得到了家长的支持，并不等于就解决了问题。

有一次，霍老师让同学们背诵老舍的散文《草原》的第三段。她想，明明肯定又背不下来了。放学的时候，她走到他跟前小声说：“你知道老师今天留的什么作业吗?”

他说：“知道，老师让我把《草原》的第三段背下来。”

霍老师马上肯定地说：“你记得很清楚，今天回家好好地读读课文，明天我请你在班上背书。”他笑着点了点头。

第二天一到校，霍老师看他在整理书包，就问：“你会背了吗?”他摇摇头，没说话。

这是她意料中的事。她没生气，和蔼地问：“你昨天回家念书了没有？”

“念了。我念了好几遍了，还背不下来呢。”他小声说。

“好吧，今天先不叫你背。上课的时候，你先听听同学们背得怎么样，好吗？”他轻轻地“嗯”了一声。

上课的时候，她先让全体同学齐声背了一遍。这是一种预习，也给下面背书的同学创造轻松的气氛，壮一壮胆子。然后是点名背诵。当同学背得好时，她就注视一下明明，意思是说：“你听听同学们背得多好，你要努力呀!”等他的目光与霍老师的目光对接在一起的时候，她便给明明一个鼓励式的微笑。

下课以后，明明在院里玩儿，霍老师问他：“你听同学们背书，觉得怎么样？”

他不好意思地说了句：“我比不上他们。”

下午放学的时候，霍老师把明明叫到办公室请他念书，给他分析课文的意思，再次告诉他背书的方法。临走的时候，霍老师又说：“今天回家后，再好好读读书，我相信你一定会背得跟他们一样好的。”

第三天早上，霍老师又找他，他还是不会背，她压着火，告诫自己现在绝不能生气，更不能批评，要设法调动明明的积极性。于是她心平气和地说：“你现在给老师念念好吗？”明明念得很熟练，但离背诵显然还有距离。

第四天一早霍老师又问他：“今天可以背了吗？”

他说：“会背两句。”

“那你先背给老师听听好吗？”

他把“小羊上了山丘”这两句背了一遍。霍老师立刻用赞赏的语气说：“今天很有进步。待会儿上课的时候你就背这两句。”

上课了，为了鼓励同学们重视口头作业，她向全班同学说：“咱们先集体背诵一下《草原》第三段，要有感情。”集体背完以后，她说：“谁能再把第三段的前两句背一背？”很多同学都“刷”地举起了小手。这时，霍老师定睛看了看明明，意思说：“做好准备，下面该你背了。”然后她说：“现在我们请明明同学来背，好吗？”

在同学们欢迎的掌声后，明明很有感情地背了下来。

下课后，他兴奋地在操场上奔跑，还大嚷：“我会背了，我会背了!”霍老师见他如此高兴，又对他说：“今天你背得真不错。同学们给你鼓掌，你觉得怎么样?”

他仰起小脸儿兴奋地说:“老师,明天我一定都背下来,我保证。”

果然,到了第五天,他把整段课文都背下来了。

这是一次艰难的训练,也是一次漫长的等待。但是孩子成功了,霍老师也成功了。那次之后,她再也没有为明明的背诵着急,而且明明还经常追着她问:“老师,今天的课文背不背呀?”

其实,孩子学习不好,或是思想和习惯上出了毛病,常常不是孩子们自己的过错,在很多情况下是老师或者家长在工作中的失误造成的。明明的转变说明,对于孩子,即便是问题再多的孩子,老师和家长都只能扶持和鼓励,只能给他们喊“加油”,任何有损孩子人格尊严的举止都是错误的。

启 示:

大多在学习、思想或行为习惯上出现问题的所谓“差生”,往往由于长期处于对其不良评价的外界消极环境中,致使其自信丧失,缺乏成就感。而拥有起码的成就感则是促使这类学生个体发展的重要动机。通过艰难训练使“老被骂笨蛋而不敢大声说话”的学生能够背课文,霍老师就完成了培养这个孩子成就感的最初过程。

孩子,老师相信你

霍老师说,教育是塑造灵魂的工作,应特别谨慎,切勿简单粗暴。

有一年,学校让霍老师接了一个四年级的班。交接工作的时候,原班主任告诉她,班里有四个与众不同的女孩子,她们上课经常窃窃私语,传递纸条,从不主动发言;下课后不跟同学来往,只她们四个在一起。作业也潦潦草草,考试常常不及格。班主任还特意加了一句:“我对她们已经失去信心了。”

开学后,霍老师有意地观察她们。的确,她们上学一块儿来,放学一块儿走,课间只有她们四个人一起玩儿,是有点儿不合群。上课的时候,虽然没有传递纸条一类的表现，却总是低头不语，好像有什么心事似的。正在她纳闷儿的时候，忽然有一天放学以后，她们来找霍老师了。

“你们有什么事吗?”霍老师亲切地问。

她们神情有点儿紧张，像要说什么话，可犹豫不决。沉默了一会儿，一个梳着两个小辫子的女生说：“老师，您知道我的名字吗?”

好机灵的姑娘，她要考霍老师了。她立即回答：“当然知道了，你不是叫李小红吗?”她又把其她三个女生的名字也一股脑儿说了出来。这时候她们的脸上出现了笑容，神情也不那么紧张了。还是小红先说了：“霍老师，您觉得我们讨厌吗?”

“你说什么？我讨厌你们？这话从哪儿说起呀?”霍老师顿时觉察到什么了，心想问题来了。

“×老师就讨厌我们呢。”还是小红先开了口。

“她说我们是家庭妇女，永远好不了。”

“班干部也这么说我们。”

“干吗说我们好不了？我们怎么了?”

她们的声音充满了委屈，说着说着便抹起了眼泪，好像要从霍老师那儿得到同情和理解。

霍老师连哄带劝，待她们止住眼泪后，说：“放心吧，老师是不会讨厌自己的学生的，就像妈妈不讨厌自己的孩子一样，只要你们好好表现就是好学生。”

四个女生走了以后，霍老师心中七上八下的不是滋味。她想，孩子也好，学生也好，不可能让人事事满意，总会有一些惹人生气的行为表现。这种现象在一个人成长过程中是毫不奇怪的。当老师的难道从小就是为人师表吗？一个老师，如果因为学生有点儿令人“讨厌”的毛病就放弃了她们，这对于学校可能是放弃了千分之一，对于国家就更微小得无法用比例计算，但是对一个家庭，放弃了一个，就等于放弃了百分之百啊。从四个女生的天真坦诚中，霍老师再一次感受到雕琢灵魂的工作应该特别的谨慎。

也许是她们想在新的班主任面前重新开始吧，从那以后，她们在课堂上的精神状态好多了，科任老师也没有反映过什么问题。但是在一些同学的眼中，尤其是在几个班干部的脑子里，却还保留着过去的“成见”。怎样才能改变这种“成见”呢？霍老师一方面做学生干部的工作，一方面努力寻找着改变她们“形象”的切入点。

一天下午，当同学们都在操场上玩儿的时候，霍老师走进了教室。无意中她发现，小红她们四个人正坐在教室后边的角落处编织着什么。发现霍老师以后，她们急忙把手中的东西藏到了身后，尽力地隐藏着什么——她心中暗笑，她们毕竟还是孩子啊！霍老师和她们聊起了一些学习上的事，对刚才的事只字不提。

等了片刻，见老师没有批评的意思，小红便小声说："老师，我们织手套呢。"

"给谁织啊？"霍老师亲切地带着欣赏的口吻问道。

"给妈妈织的，天气要冷了。"

"我妈妈上班太远太忙……"

"我妈妈的手爱冻。"

霍老师一边听着她们陈述自己的理由，一边用手抚摸着她们的肩膀，让她们坐下。她从小红手中接过红红的毛线球和那半尺多长的毛衣针织了起来。她们惊讶地问："老师，您也会织呀？"

霍老师笑着说："当然会了。我孩子的毛衣毛裤都是我自己织的。不过老师是在家里织，不在学校织。"

从此以后，她再也没有看见过四个学生在学校织过什么。

当时霍老师想，这四个小姑娘并不笨，她们手巧，爱劳动，而且很有爱心，何不以此作为帮助她们进步的切入点？

过了两天，趁其他同学不在教室的时候，霍老师对她们说："你们看，咱们教室后墙上的挂衣服钩，断的断，掉的掉。现在天气凉了，同学们的衣服都没地方挂，就是挂上去几件也不整齐。你们能修理吗？"还没等霍老师说完，她们便抢着说："老师，我家有钉子、锤子。"

"我家有锤子。"

"我家还有挂衣钩呢。"

"老师，我爸爸是工人，什么都有。"

于是，霍老师和她们约好，第二天下午放学以后，趁同学们不在的时候，一定把挂衣钩修好。

第三天早上晨读的时候，霍老师问大家："同学们看看，咱们教室里有什么变化吗？"

"挂衣服的钩子修理好了。"

"我们的衣服挂的更整齐了。"同学们大声说。

“你们知道这是谁做的好事吗？”当霍老师点到四个人名字的时候，教室里响起了热烈的掌声。

抓住这个机会，她赶快进行表扬。她说，小红她们四个女生善于观察，善于发现问题，她们爱动脑筋，也爱干活。她们关心集体，热爱集体，愿意为集体、为同学做好事，大家应该向她们学习。

从那天起，她们有了新的变化：跟老师说话多了，跟她们一起玩儿的同学多了，她们四个人的“小圈子”扩大了，也变得开朗了。趁热打铁，霍老师又让她们帮助班干部在教室里建起了“自然角”，鼓励她们为集体工作。老师的赏识和引导激活了她们的自信和自尊，她们真的变了，变成懂事的好学生了。在第一学期结束的时候，她们在交给爸爸妈妈的成绩册上，第一次消灭了“不及格”三个字。

转眼间三年过去了，她们要上中学了。毕业典礼结束后，霍老师回到备课室，发现自己的桌子上放着一个精致的信封，上面写着“霍老师收”。这是谁写的呢？她猜测着，小心翼翼地把信拆开，只见在一张作文纸上写着这样的话：

亲爱的霍老师，谢谢您对我们的帮助。我们虽然毕业了，但是我们永远不会忘记您，希望您也永远不要忘记我们！您的四个女儿。

信的下面还贴着四张她们的小照片。

那天，霍老师下班很晚。当她走出校门的时候，这四个女生一下子扑到她的身上。“老师，您看到我们的信了吗？”霍老师笑着，双手抚摸着她们仰起的小脸儿，大声说：“看到了，看到了。放心吧，老师永远都会把你们记在心尖儿上的。”

看着她们蹦蹦跳跳远去的身影，霍老师心中充满了幸福感：多好的孩子呀！

启　示：

差生转化是一个长期、系统的工作，能否找到教育的切入口是成功实现转化的关键。我国古代的教育名著《学记》便有“教也者，长其善而救其失者也”的说法，这也是许多教育家在教育实践中积累的经验概括，也是一条行之有效的德育原则。霍老师教育这四个小姑娘就是炉火纯青地做到了长其“善”——手巧、爱劳动而且有爱心；同时救其“失”——违反纪律、小群体主义等。

没有教不好的学生

霍老师说，教师的爱是阳光，应该公平地照着每个学生，为他们指出光明的路；教师的爱是春雨，应该均匀洒向每个孩子的心田，使他们茁壮成长。“不可救药”的孩子是没有的。她还说：“世上没有教不好的学生，只有不会教的老师。”

一位年轻老师在写给霍老师的信中，这样提到他的学生：

我们班的这个学生叫大亮（恕我不报他的真名），是个全校有名的“闹将”。四年级第一学期校长调我当他们的班主任，说我是男的，又有教学经验，只有我能“治住”大亮，能“挽救”这个班。我满怀信心地接受了这个任务。可是万没想到，第一天上课，他就给了我一个“下马威”。课刚讲到一半，大亮突然叫道：“我的大熊猫呢？”全班同学顿时大笑起来。半天，我才从同学们的眼神和表情中醒悟过来，原来这小东西是在拿我的圆脸和黑边眼镜恶作剧呢。

他在课堂上的表现简直像在做即兴表演。教学中出现了狗，他就“汪汪”，出现了猫，他就“喵喵”。讲到“桥”，他就嚷：乔老爷上轿喽！讲到“河”，他就大叫：何仙姑拜寿了……至于课下跟同学们蛮不讲理的事，那就更不必提了，反正是淘气的孩子能有的行为他几乎占全了……您说，对于这样一个不可救药的学生该怎么办呢？

霍老师在回信中这样写道：

首先，我们当老师的不要怕学生淘气，不要怕学生不听话、不守纪律。淘气的学生你们学校有，我们学校也有；中国的学校有，外国的学校也有。不同的家庭教养，不同的生活环境，可以造就不同的人，不同的老师也可以造就不同的学生。倘若学生都是唯教师之命是从，都是一样的“驯服”“顺从”，那我们还要什么家规、校规，乃至国法呢！俗话说：“七岁八岁讨人嫌。”小学阶段的孩子正处在说他明白，他还糊涂，说他糊涂吧，他又很会挑剔的阶段，甚至还想拿自己的认识和理解来改造环境，改变别人呢。他们的行为之所以常令家长和老师生气，就是因为他们不成熟的小脑袋的想法与大人们的想法发生着矛盾和冲突的缘故。人的行为都是受大脑支配的，孩子们对与错的举动也都是受大脑支配的，所以对他们的行为必须进行分析。他们也有是非观，他们也会判断，甚至反抗。

看你们的大亮不像个糊涂的淘气包，倒像个心中有数的“聪明淘”“诚心淘”。校长调你当他们的班主任，同学们知道，大亮更知道你来是“治”他们班的，你还是来“治”他的。这就自然会使他产生对抗心理，要跟你对着干，恶作剧，看你这个班主任能把他怎么样？另外，你对大亮又先入为主，是抱定“治”他的想法走进这个班的，这不就成了针尖对麦芒了吗？这是不利于工作的。所以我倒觉得你应该静下来，放弃“治”的念头，去关心他，去真诚地爱他，去了解他的家庭，了解他的朋友，争取走进他的内心世界，做他的朋友。更要去发现他的优点，并引导他发扬优点，而不必“筑堤建坝”去“堵”他的缺点。那样做反倒会“决口”，会“爆炸”的。你的大亮是不会没有优点的。比如，他学猫叫、学狗叫，这说明他有模仿的本领，他还知道“乔老爷”“何仙姑”，可见他并不无知，或许还有爱看书的特点。你何不引导一下试试呢？

至于“不可救药”这四个字，那是不该出自教师之口的。老师对于他的学生是永远不能下“不可救药”的断语的。学生进学校是来求学的后生晚辈，我们只有教育的任务而没有“摈弃”的权利。尤其是现在的中国，孩子们多是独生子女，家长们都是“仅此一个”。如果你放弃一个大亮，就全班而言是几十分之一，就全校而言更是千百分之一，但是对于家庭，你放弃的却是百分之百啊！如果你自己有这样一个孩子，舍得放弃吗？

孺子都是可教的，“不可救药”的孩子是没有的。老师的任务是教，教的基础是爱。再淘气的学生也有他可爱的地方，只要你在大亮身上找到了爱的亮点，就会找到转变他的契机了。试一试吧，你一定会成功的。

霍老师班上也曾有过这样一个学生，他叫小永，是个男孩子。说起淘气，大亮在他面前简直是小巫见大巫，逊色多了。小永上课的时候，随便说笑喊叫是家常便饭，只要老师叫他回答问题，他不是扮鬼脸儿出洋相，就是说：“小永没来！”逗得同学哈哈大笑，把老师气得哭笑不得。课下，开口就骂女同学，挥手就打男同学，同学们没有不怕他的。班干部的话那是耳旁风，他根本不放在心上，就是班主任也拿他没办法。为了不让他损害学校的荣誉，每当同学们欢迎外宾来校参观的时候，老师都把他藏起来。有一段时间，为了不让他影响同学们上课，只好在校长办公室加了一套课桌椅，对他进行“单兵训练”。

有一天，当霍老师得知学校要把小永送往工读学校的时候，就找校长说：“校长，您把这个孩子交给我吧。”校长说：“这可不行，我不能让这匹害群之马影响你们的优秀班集体。”但霍老师最终还是说服了校长，领回了这匹“害群之马”。

在小永进班之前，霍老师把这件事告诉了班干部和同学们。经过讨论，大家觉得有责任帮助他，绝不能让他去工读学校。于是同学们来了个“约法三章”：不许给小永脸色看，不许提他过去的事，不许揭他的短处。

星期一的早上，当小永走进霍老师的班上时，迎接他的是友好的目光，是几十张笑脸和热烈的掌声。小永羞答答地坐在了自己的座位上。他开始了新的生活。

环境是人创造的，反之，良好的环境又可以制约人的行为。比如，当一个人走在不整洁的小胡同的时候，他可能会随手将烟头、纸屑丢弃在路上，可是当他走进宾馆大厅的时候，他还是不好意思随便吐痰和丢弃废物的。在新的优秀的集体氛围中，小永是不可能再“顽”下去的。

比如，课堂上，他也叫嚷过两次，但是同学们既不看他，也不笑他，于是他只好灰溜溜地收场。课下，他也跳上桌椅跑过几步，但是面对看书写字的同学，他也觉得不好意思，慢慢地收敛了。他在新的集体里得到的是：男同学带他去踢球，打乒乓球；女同学常常主动帮他复习功课。集体给他的是关怀和温暖，慢慢地小永就像在“笼子里”学话的小鹦鹉，变得乖多了，似乎已经忘记了毫无目的横冲直撞的日子了。

接下来，在帮助小永的日子里，霍老师又做了不少事。

小永留过两次级，比其他同学都大，显得身高体壮有力气。一天，霍老师对他说：“小永，你当个组长吧，你挑上三个同学，再加上老师，咱们五个人负责打扫咱们班的卫生区怎么样?”他一听霍老师给他封了“官”，先是一愣，然后大声回答说：“行!”

从第二天早上开始，他每天总是第一个到校给大家准备好笤帚簸箕，干得非常认真。有一天早上，他扛着一把长把儿笤帚兴冲冲地走到霍老师身边说：“老师，您用这把笤帚扫吧。”

“为什么?”霍老师有点茫然地问。

小永仰起小脸，一板一眼地说：“霍老师，我发现您的腰有毛病，您用这把笤帚扫地就不用弯腰了。”然后他又小声而神秘地补充道：“老师，这是我从家拿来的，您用完了，我再把它藏起来。”

顿时，霍老师心中涌起一股暖流：多好的孩子啊！站在霍老师眼前的小永分明是一个又会观察又会关心人的好孩子，怎么会是“害群之马”呢？多年以后，霍老师才知道，那把笤帚是小永自己攒钱买给她的。

就在小永热心为集体做好事的时候，忽然有一天他没来上学。中午放学后，霍老师没来得及吃饭，就径直去了他家。霍老师走进小永家又矮又暗的房子推门一看，只见小永一个人躺在床上——他发烧了，还没吃饭呢。霍老师赶快回到学校，给他买了一份饭，带着校医一起来到他家，让他吃了饭，给他看了病、喂了药。当天晚上霍老师又去了小永家，对他妈妈说：“同学们都在学校食堂包饭，您中午又不在家，能不能让小永也在学校包一顿饭呢?”小永的妈妈为难地说：“不行啊老师，我跟他爸都是街道工厂的工人，家里没那个力量呀。”

霍老师环视了一下这个冰锅冷灶，没什么家具摆设的小屋，然后说：“您别管了，从明天起，我给孩子包饭吧。”从此，小永就跟同学们一起在学校吃午饭了。霍老师看他身强力壮，就选他当了“饭长”，由他和两个同学每天中午把饭从食堂端回教室，再由他负责分菜分饭。他公平正直，不怕累，干得可认真了。对他来说，这份工作不仅是能力和品德的锻炼，而且也大大拉近了他与同学们的关系。

与此同时，霍老师又嘱咐班干部主动接近他，帮助他，不让一个同学歧视他。时间在变，小永也在变，很快他就成了这个先进集体的合格成员了。课上不随便说话了，课下也不胡闹了，其他任课的老师们都说：“小永真的变了。”

看到小永进步，同学们高兴，老师们和校领导也高兴。那一年“六一”儿童节前夕，霍老师把他拉到身边亲切地说：“小永啊，你想不想去景山少年之家参加儿童节的活动?”

“想，可——可是我还不是少先队呀。”他怯生生地说。

“你可以努力呀。”霍老师用期待的目光看着他，他没有说话，只是点了点头。

少先队大队辅导员接受了霍老师的建议，让小永背起大鼓，参加了节日的列队训练。

儿童节那天，霍老师给小永买了白衬衫、蓝短裤，他背着一面大鼓雄赳赳地走在队伍前边。在庄严热烈的鼓号声中，在鲜红的队旗下，小永挺着胸膛，迈着大步，好不威风！这一天，他玩儿得特别开心；这一天，他特别遵守纪律；这一天，他第一次在全校同学面前受到了大队辅导员的表扬。

节日过后，小永抱着白衬衫、蓝短裤来到霍老师身边：“霍老师，谢谢您。”说着便把衣服递了过来。霍老师抚摸着他的小手，亲切地说：“小永啊，这衣服是老师给你买的，拿回家去吧，只是你胸前还缺少一样东西呀。”

还没等霍老师说完，他便仰起小脸说：“老师，我知道了，我还没有红领巾呢!”停了一会儿，他小声说：“老师，我想入队。”

不久，小永就加入了中国少年先锋队，戴上了鲜艳的红领巾。

小永六年级的时候，“文化大革命”开始了。小永出身好，是“红五类”，当上了学校“红卫兵”的头头。而校领导和霍老师等人却成了“黑帮”和“反动权威”，霍老师也成了被侮辱、被批斗的对象。可是，每次开批斗会的时候，小永总是站在霍老师的身边暗中保护，使她免受了许多批斗之苦。特别是在一次地区的大型批斗会之前，小永小声对她说：“霍老师，待会儿开会的时候，您听我的，我让您干什么，您就干什么。”

会场上黑压压的人群，高喊着“打倒×××”的口号。霍老师这些“黑帮”“权威”低头站在台上。正当红卫兵们拿起几十斤重的“黑帮”牌子往霍老师的脖子上挂的时候，小永气呼呼地走了过来，大声说：“霍懋征，跟我来，你还有问题没交代，你没权力站在这儿!”说着便拉着霍老师走下台去，一直把她送到学校，让她坐在一间教室里休息。临走的时候，小永说：“霍老师，我知道，您是好人。”

更令霍老师感动的是十年之后，唐山大地震的第二天下午，霍老师正在屋里收拾东西，忽然，一个男人的声音叫她：“霍老师，我来给您搭防震棚来了!”她开门一看，原来是三个二十多岁的小伙子站在院子里。她刚走出屋门，一个身材高大的小伙子扔下手中的铁锹，大步向前，一把握住她的手说："霍老师，您家没事吧？我叫了两个朋友来给您搭防震棚来了……"

"小——永！"也许这幸福来得太突然了，霍老师只叫出了他的名字，声音就哽咽了。

小永的眼睛里也闪动着泪花，师生二人的手紧紧握在一起，久久没有松开。

这之后，霍老师就再也没有得到小永的消息，但她仍记挂着小永，心里面还装着这个学生，盼望着还能再见到他。

她的愿望最终实现了。2004 年春节后的一天，她突然接到一个电话："娘呀，娘，我的亲娘啊，您答应我一声！我找了您好久了。"

霍老师吓了一大跳："请问您贵姓啊！"

"我姓何。"

"噢！是小永吧？"霍老师激动地说道。

"是啊，我可找到您了。"

相隔几十年，再次通话让师生二人兴奋不已。小永在电话里告诉她，自己所在的工厂早年迁到了外地，回北京后一直找她，打听了很久，才知道她搬家了。最后，小永哽咽着说："老师，您就是我的亲娘，没有您就没有我的今天。"说这话时的小永，已经是个 50 多岁、即将退休的技术工人了。听着电话里的声音，霍老师的思绪又回到了几十年前，那个活泼淘气的小永仿佛又站在了自己面前。

第二天，小永就带着爱人去看望霍老师了，师生之间像当年一样谈笑风生，他们都沉浸在发自内心的快乐和幸福中，久久不能平静。

后来，霍老师经常对年轻老师说："别以为学生还小，年级低你就不注意，转眼间他们就会长大成人。老师的教育万万疏忽不得啊，说不定小小一个放弃，就耽误了一个学生的一生。"

启　示：

霍老师所言所行所思均闪烁着教育智慧的火花：尊重小学生这一特定年龄阶段儿童身心发展的规律和特点，认识到孩子所谓的"淘气"行为根本上是这些"小大人"与成人之间认知上的矛盾和冲突，对于他们不能"治"，不能"堵"，而应以爱心和智慧走进儿童的内心世界，并且在了解儿童的基础上用其长，助其困，励其志。这才是教育的正道。

期待是一种心灵的对话

霍老师说，教育之于一个人的事业取向乃至人生轨迹，都是很重要的。所谓“三岁看大，七岁看老”，正是说明幼年的习染和启蒙教育对人生的重要意义。小学教师之所以难当，之所以重要，就是因为要在幼小的心田播种，在白纸上绘画。小学教师比其他教师更需要教育艺术，更需要学问和爱心。

在一次课上，小陶丢了一次丑，之后一直都郁郁寡欢。原来，他是个腼腆的孩子，上学迟到后就知道站在教室门口哭鼻子，上课也从来不敢发言。这次霍老师问了一个简单的问题，他也会回答，于是就和同学们一起举起了手。可当老师叫了他的名字时，他站了起来，脸却羞得通红，一时竟不知道从何答起，哑口无言了。同学们有了一点点的骚动，他心里更不安了。然而霍老师没有批评，让小陶坐下了。

第二天中午，老师将他叫到了预备室。他的心里一下子又忐忑起来。霍老师微笑着给他搬过来一把凳子：“先坐下再说。”小陶迟疑着坐下了。

“我想交给你一件光荣的任务。”霍老师看着他认真地说。

小陶有点意外，瞪大了满是疑问的眼睛。

霍老师接着说：“你的字写得不错，你愿意加入板报小组吗?”

“啊？我的字能行吗，班上比我写得好的同学有的是啊。”这真是小陶从来都不敢想的事情。

“不，在老师眼里，你的字写得很不错，老师相信你一定会把我们班的板报出得更漂亮。为什么不试一试呢?”

看着霍老师那殷切的眼神，小陶有点不好意思拒绝了：“好吧，那我就试试看。”

当天的课外活动时间，他和几位同学就在教室后面的黑板上忙活开了。他们选了一篇猫和老鼠的寓言，有个同学说：“我们能不能给它配个图啊，要不多死板呀!”小陶一下子意识到自己正可大显身手：“我来画，我最喜欢小猫了。”平时在家里小陶就爱画画，只不过从来没有在别人面前展示过，这回出板报，正好可以派上用场了。

他画了一只正在翻着书本的小猫，还穿着小衣服，正向身后望呢，后面有几只老鼠在开小差，不好好学习老想着去偷东西，小猫正要教育它们呢。

“这么活灵活现的小猫是谁画的啊？真可爱！多有想象力啊！”霍老师刚走进教室就看到了。

同学们说是小陶画的，他倒有点难为情了。霍老师便没再多说什么，高兴地走了。

第二天刚上课，霍老师便在课堂上表扬了小陶，她说：“小陶同学很有才华，你们看他画得那么生动，板报也出得好。同学们都应该向他学习，发挥自己的潜力给我们班做贡献。让我们为小陶的出色表现鼓鼓掌。”小陶头一回在掌声中感到了无比的自豪。

不久就是儿童节了，霍老师又交给了他一件光荣的任务，参加舞蹈《拔萝卜》的演出。这可是全校的汇演呀，自己能行吗？霍老师再一次给了他真诚的鼓励，结果这次演出很成功，让小陶信心倍增，胆子也逐渐大了起来。他在班上不再腼腆了，上课抢着发言，只要有活动都尽量参加，俨然成了一个活跃分子。

在后来的成长的道路中，小陶经历了诸多磨难，遭受了很多挫折，然而他都顺利地挺了过来。身边的朋友都说他是个生活的强者，但他深深知道，这个强者是霍老师在他童年时用鼓励“造就”出来的。

启　示：

霍老师对孩子们的引导与期待看似信手拈来的随意之举，但却蕴含着她丰富的教育教学经验和对学生真挚的感情。在她看来，对学生表示期待是与之进行的一种心灵对话，是在向学生表示尊重与信任，其教育和感召的力量往往胜过滔滔不绝的大道理。这是学生在成长过程中是最需要，也是最渴望的。

期待激发潜能

霍老师说，帮助学生建立自信心、培养兴趣，首先要给学生创造有利条件，让学生在某一方面看到自己的成功，并能得到大家的鼓励。在这种鼓励下，学生的潜力会得到最大化的释放，取得让老师意想不到的成绩。

有一次，霍老师给学生们上语文课，讲《我的战友邱少云》一文。课上，霍老师点名让小林朗读课文，可是小林读得磕磕绊绊不成样子，有些同学在底下窃笑，小林的脸也羞得通红。

霍老师严肃地说："你们笑什么呢？同学在用心读，暂时不好是正常的，我相信他经过努力一定能读得好的。同学们相信他吗？"窃笑的同学收敛了，大家一同高声说："相信。"小林的脸还是红红的，但这一次是因为激动，他没想到霍老师这么相信自己，以前连自己都不相信自己呢。

这天的课外活动时间，霍老师把小林叫到预备室，让他一字一句地跟着老师读。读了好几遍，小林渐渐熟练了。这时，他又向霍老师提出了一个请求："老师，往后我每个下午都来跟您学朗读好吗？我一定会读得流畅的。"霍老师笑了，拍拍他的肩膀："好啊，看来你还真是大有进步呢，上进心多强啊！"得到老师的夸奖，小林心里更加高兴，练好朗读的决心更大了。

每天下午上完课，在预备室里，霍老师手把手地指点小林练习朗读。霍老师还为他买来了朗读的磁带，放在录音机里，让小林跟着读。听着磁带中著名播音员朗诵的课文，感受着声音里的美妙世界，小林越发盼望有朝一日自己也能达到那样的境界。

小林不停地练习，最后完全融入了文章中：他的眼前仿佛是一片大海，他的朗读水平就像潮水般在飞涨。日复一日，伴着霍老师的鼓励，他从心底里喜欢上了朗读，喜欢上了语文课。

班上每周都有朗读比赛、讲故事比赛，在霍老师鼓励下，小林报名参加了朗诵小组，和同学们一起切磋。有一回，霍老师给小林找了篇文章，读完后，霍老师称赞他朗诵得很好，随后重读时还给他录了音。

第二天的语文课上，霍老师拿来了录音机："今天我们要学习一篇新课文《找骆驼》，我们都没见过真的骆驼，可能会感受不深。因此我让一位见过骆驼的同学来给大家介绍一下，听，他是谁?"

说着，霍老师按下了录音机的播放键，里面传出了小林朗诵的《沙漠之舟》，随着磁带的转动，动听的声音便开始在教室里回荡。同学们都听得入迷了，他们似乎都不敢相信这是小林朗诵的。

听完文章，霍老师问："这位同学帮助大家对骆驼多了一些了解，大家说他讲得好不好呀?"同学们边叫好边鼓起了掌，好几位还向小林伸出了大拇指。

通过霍老师的指点和帮助，小林刻苦练习，不但在班里得了朗诵比赛的第一名，还在全校夺了冠。后来，霍老师还推荐他做了学校的播音员，让小林的声音传遍了全校园。

启　示:

学生在某一方面表现出来的弱势并不代表他在该方面就没有潜力，是要有热情的期待与鼓励，有耐心的电波与帮助，其潜力是能开掘出来，甚至转变为优势的。而且在某个同学的转变和成长中，其他学生也会受到启发与激励。这对形成良好的同学关系和优质班风，也有多方面积极的作用。霍老师用她的教育实践经验有力地证明了这些道理，对学校的教育教学工作均有可贵的启发。

六、兴趣是最好的老师

好之者不如乐之者

霍老师说，老师教学有趣味，学生的学习才能有兴趣。浓厚的兴趣是学生学习动力的源泉。如果能使学生求知的热情奔放起来，就不必担心学生学不会。

有一天上课的时候，霍老师在黑板上写了两个句子，让同学们分析：

同学们　在操场　打　篮球。
李大伟　认真地　做　作业。

当同学们依次回答出主语、状语、谓语、宾语后，老师告诉他们：主语在句子的前面，常常是名词和代词。谓语在主语后面，说明主语是什么，或怎么样的。如果谓语后边有宾语，那么这种谓语只能是动词，而谓语后边的宾语则主要是由名词和代词来充当。状语多在主语和谓语中间，说明谓语的动作是怎么进行的或在哪儿进行的。等他们明白了这四种句子成分的道理之后，霍老师让他们做了个游戏。老师把全班同学分成“主语”“状语”“谓语”“宾语”四个小组，发给每人一张大纸片，让他们按照各组所代表的句子成分每人写一个相应的词。再让同学们四个、四个地分别走上讲台，举起自己手中写好的“主语”“状语”“谓语”和“宾语”，看看能不能组成一个合理的、完整的句子。如果哪个同学写的词有问题，就请大家帮他改过来。

游戏开始了。当第一排的四个人举起来的时候，教室里顿时响起了“哈哈”的大笑声。原来他们写的是：“李明同学在天空踢足球。”一个同学大叫道：“哎呀，李明变成齐天大圣孙悟空了，还能在天空踢足球。”于是同学们就说，把状语“在天空”改成“在操场”就对了。就这样同学们一排一排地走上讲台，展示着四个人共同写的句子。结果，有的举起了“我在马路上骑作业”的，也有写成“小伟和小明高高兴兴地唱相声”的。真是五花八门，当然有不少是写对了的。那次组词造句的游戏，同学们玩儿得甭提多开心了。这种造句练习既新鲜又生动，不仅使他们懂得了句子成分必须互相搭配的道理，而且也激发了做造句作业的兴趣。后来，这种练习就变成同学们的一种经常性游戏了。特别是女同学，在课外活动或没事儿的时候，撕点儿纸条，几个人坐下来就玩开了。每逢这种时候，大家总是笑声连天。

霍老师就是这样，几乎每节课、每次活动都有新鲜的知识和意想不到的趣味游戏吸引着学生们，培养他们的学习兴趣，使他们在会意的笑声中，不知不觉地学到了很多东西。霍老师非常理解孩子的心理，并善于引发孩子们的好奇心和欲望。她常常说：“同学们，兴趣可是个好东西呀。一个人无论做什么事，学习也是一样，都需要兴趣。只要有了兴趣，就会开动脑筋想办法，就会有用不完的劲儿。时间长了，大家就都变成聪明的人，变成有学问的人了。”

启 示：

所谓“愉快教育”和“快乐教育”的基础是能激发学生的学习兴趣。霍老师的长期实践可以说是这方面的优秀典范。她在教学中，以孩子们的身心发展特点为依据，通过设计有趣的活动，引发孩子们好奇和求知的欲望。所以，对霍老师的学生们来说，学习不是一种负担，而变成了积极主动、渴望参与的活动，使他们在笑声和快乐中，不知不觉地学到了很多东西。而且，这种学习不仅仅表现在掌握知识的量上，还表现在掌握知识的质上。

教育如治水，宜疏不宜堵

霍老师说，老师要善于从消极事件中寻找积极因素引导学生，使学生在认识到错误的同时，继续保持进步的信心和勇气。

霍老师班上有个爱下象棋的孩子，叫小辉。小辉对下象棋到了痴迷的程度，为了与人比个高低，他常常逃课找人下棋。

一天，霍老师找到又想逃课的小辉，对他说："听说你爱下象棋，放学后我们下一盘好吗？"

小辉很惊讶，可是又有些"不屑"地说："老师，你行吗？"他从来没见过老师下象棋，和自己下，肯定是手下败将一个，他想。

"不如你的话，就向你学呀。"霍老师笑了，小辉也笑了：看来老师的确是不行啊。

第一盘霍老师故意输了，小辉高兴得手舞足蹈："老师，我说你不行，你看就是不行吧！"

"我不服气，再来一盘，"霍老师看准了小辉的心思，这次一定要赢他——霍老师以前学过下棋，在和小辉下之前，她又熟悉了一下，赢小辉，她觉得自己还是有实力的。

不出所料，第二盘小辉输了。

接着，第三盘、第四盘甚至第五盘，小辉都输了，他终于服气了："老师，您真棒啊！"

霍老师趁机说："我虽然下得比你好，但你看到我到处找人下棋了吗？我不能因为爱下棋就不上课呀。以后我们在课下交流，互相提高怎么样？"

从此，小辉开始好好学习，再也不逃课了。课下他经常找霍老师切磋棋艺，没过多久，学习和下棋都有了很大提高。

启　示：

对孩子的教育是要费心的，从这一件小事上就可体会到霍老师在教育上是多么的尽心尽力。在她看来，学生的转变不是靠教师的权威就能起作用的，学生真正的转变是内心的转变，在任何消极的现象背后，都可以找到转化的途径与动力，就看教育者能否用心思考、用心指导，为学生营造一个心理沟通、自觉转变的适宜环境与氛围。

尊重孩子的选择

霍老师说，每个学生都有自己的潜能和优点，老师不但要善于发现，而且还要创造条件让他们发挥。

小静毕业于北京广播学院播音系，现在是电视台著名主持人了。她说，在她的人生历程中，最幸运的是二十多年前遇到了霍老师。

那时霍老师不是她们的班主任，只教她们语文课。但霍老师有一双慧眼，善于发现学生的潜能和优点。她们上语文课大多是在学校的大礼堂，霍老师经常让小静当着近千人朗读课文。学校或市里有什么文艺活动，霍老师也总推荐她参加。她的艺术天赋总能得到淋漓尽致的发挥，博得大家的赞赏。

有一次，在全市的少儿歌咏比赛中，小静得了一等奖，由此结识了著名歌唱家郭兰英老师，后来她就经常到郭老师家学习唱歌或参加市里的文艺演出。一天下午课外活动时间，她正准备出去学歌呢，班主任王老师把她叫住了："小静，你到我办公室来一下。"

她莫名其妙地去了办公室，结果王老师一番语重心长的教导让她好生迷惑，一下子都不知道该怎么办了。"小静，你的功课最近有点滑坡，往后别净想着学唱歌和演出的事了，学好功课才是你的主要任务。今天你就别去学歌了，我给你补一下数学课。"

"可是我跟郭老师说好要去的呀，我怎么能不守信呢！"小静睁大了眼睛说。

最终她还是没有去成，不过更大的问题摆在了她的面前：自己应该专心于功课呢还是继续学音乐？迷茫之下，她去求助了霍老师。

小静觉得，平日霍老师和自己最贴心了，同学们有了难题都爱找她。

霍老师耐心听完小静的倾诉，笑着对她说："我很支持你学音乐。每个孩子都应该全面发展，将来干哪一行都能出成绩。你也许会因为活动多落下一些课，不过没关系，我跟你班主任说一下，我们给你补上就成了。你班主任也会赞成你继续学下去的。"

第二天班主任的态度就发生了变化，还鼓励了小静几句，让她在学好功课的同时也别丢下自己的爱好，争取学出点名堂来。听了这话小静非常高兴，她知道，这是霍老师的思想工作起了作用——霍老师就有这样神奇的艺术，不管对谁，思想上有了疙瘩她都能解得开。

之后，霍老师经常给小静补课，耐心给她讲解在语文、数学等科目学习中遇到的难题。每逢周末，小静要到东方歌舞团郭老师那儿学唱歌，霍老师如果有时间就会陪她一块儿去。她学一段歌，休息一会儿，霍老师就给她补习功课。在学校里，霍老师还抽空教她朗读。在霍老师的帮助下，小静对音乐和文化课的学习积极性空前高涨，进步飞快。

就这样，小静受到了霍老师教育艺术的沐泽，如愿以偿走上了艺术之路。

启　示：

当孩子有了自己最初的选择时，可能有对有错，但这并不重要，重要的是他已经开始自主判断和做出选择了。这是值得尊重和理解的成长，需要教师加倍地关注与呵护。在这方面，霍老师的做法蕴含了深刻的教育哲理，值得每一位教师思考和体验。尽管每一个孩子最初的选择不一定都能成为他们日后的发展方向，但通过理解、鼓励与支持，他们获得的教益是深切与持久的，有时会积极地迁移到其他的发展方面。

满足孩子的求知欲

霍老师说，观察能力是语文能力的基础，老师要善于把语文教学由经院式的语言学习，变成活的、多种多样的学习、实践活动，为学生提供观察、探索的机会，这样，学生的创造潜能就会被充分发掘出来，语文教学就会呈现勃勃生机。

自从小燕她们班开始记自然日记后，同学们研究性学习的热情空前高涨，霍老师又适时地进行了引导："同学们，自然日记已经写了厚厚一本了，如果光用眼睛去观察大自然，肯定还不深入，我希望大家接着动手去研究大自然，发现更多未知的东西，你们说好吗?"

同学们热烈响应，都争着问霍老师怎么样个研究法。霍老师说："前一段我们班创立了《自然日记》，记日记的时候，同学们都发挥了聪明才智，记得非常成功，那现在咱们就再建立个实验基地，让大家可以动手去做。"

"霍老师，我们可以向学校申请块地方开辟个试验场。"

霍老师微微一笑："大家能不能就利用我们教室的空间来做呢?"

同学们疑惑了：教室里就这么点地方怎么能做实验基地呢？看她们不解的样子，霍老师说："大家看，我们教室的东南角不是有块地方吗？而且还向阳。我们做个架子，放上一些盆养的植物和小动物。你们说这个有限的空间该怎么利用，才能发挥最大的作用呢?"

小燕灵机一动："霍老师，我们可以把架子做成三层的，不就可以多放些东西了吗?"

"嗯，真聪明，那我们就把它做成三层的。可是，我们该放些什么东西呢?"

同学们这下子更活跃了，争先说起来："霍老师，我家有好多花呢，我可以带一盆兰花来。""霍老师，我们家还有金鱼呢!""我家的小乌龟可爱极了!""还有小蝌蚪，我们可以观察它是怎么变成青蛙的。""我们还可以去捉蚕呢，看看它怎么变的。"……

大家的好主意多着呢，都想把班上的"自然角"弄好，因为霍老师早就告诉他们，知识不光在课本上，更多的是在生活中，只要留心，随处可见。霍老师表扬了大家后，又说："同学们想得好，不过这要先征求家长的意见。同时我们可以自己到大自然去捕捉和发现一些小生命，我们要爱护它们，不要为了我们的事儿给他们带来伤害。"

当天下午的课外活动，同学们便开始为建设"自然角"而忙碌了。大家四处去找了些废弃木板，然后钉成了一个三层的三角架，正好可以放在教室的一角。后来，经过大家的努力，这个"自然角"越来越美丽，越发像大自然的一角了：盆盆罐罐里，各种花草和小动物自由自在地成长，同学们和它们一起听课，一起学习，小小的教室里显得更加生机盎然了。

有一天，学生们外出活动时捡到了一只小刺猬，这可成了全班的大事，同学们弄来牛奶喂它，找来红枣给它吃，可惜没几天，小刺猬还是死了，大家都伤心地落泪了。最后同学们弄了个小木盒，用布把小刺猬包上，把它埋在了大树下，还做了记号。从此以后，同学们把"自然角"的小生命当成了最亲密的朋友，对它们更加爱护了。

课余时间，同学们常去自然角观察，讨论植物的种类，研究小动物的生长变化，观察小蝌蚪后腿的生长情况……个个俨然都成了小科学家。

启　示：

满足孩子的求知欲是教师教育教学工作的重要方面，也体现了教师对孩子的起码尊重。对于每一个人而言，求知欲是学习进步的动力之源，与孩子的智能倾向有较大的相关性。如果孩子的求知欲得到鼓励，而不是受到压抑，则对其日后的发展大有裨益。在小学阶段，多数孩子的求知欲是被忽略的，因而学生的自主学习积极性难以得到充分的尊重与帮助。霍老师在这方面的尝试与探索是极具开放性和自主性的，所以能大范围地激励学生自主思考，在满足某一方面求知欲的同时，培养了他们自主学习的能力。

从“要我学”到“我要学”

霍老师说，老师要尊重学生爱玩、爱动的天性，并把自己作为学生中的一员，主动参与到学生实践活动中，以此带动学生主体的参与。

在学生们的眼里什么都新鲜。他们好奇、好动、好模仿，如果不从正面积极引导，是很容易染上不良习惯的。所以，老师，特别是班主任老师必须在课堂教学之外，积极指导学生开展课外活动，占领课外的时间和空间，使孩子们的身心志趣在正确的轨道上健康、主动地发展。这样做当然很辛苦，但是教师一人的辛苦换来的却是孩子们的成长和进步——这是一种充满着幸福感和成就感的付出。

在霍老师的班上，课外活动是很多的。有乒乓球、小足球队和各种小型的体育比赛；有读书小组、写作小组、书法绘画小组、数学小组、板报和壁报小组、朗诵小组；有些人负责班内小图书馆的借阅工作，有些人负责“自然角”、《自然日记》的管理工作，还有些同学负责班内的小药箱、当小医生等等。全班同学按照个人的特长、爱好，人人都有一份甚至两份工作，谁也不闲着。这些活动，既可以发挥孩子们的特长，使他们的精力志趣有充分的用武之地，又可以使他们在自己动手动脑的过程中发挥创造力，学到新知识、新技能，更重要的是通过这些活动可以培养孩子们的团队精神、协作精神和奉献精神，有利于全面提高学生的素质。

就协作小组的同学来说吧。霍老师对他们的要求是不但自己要多读书，多观察，而且还要帮助同学，搜集同学们的好作文、好日记，同学们对工作非常上心。他们在教室的后墙上办了个作文园地，还取了个名字叫“苗苗”。他们把同学中的优秀作文都用统一的纸让小作者们抄好，再画上红红绿绿的插图，整整齐齐地贴在作文园地里。谁的作文能在这块园地里展览，那实在是一种莫大的光荣。所以，这项工作对激励孩子们的写作起到了非常好的作用。

有一天，班长秀秀问霍老师：“老师，我们都存了很多好作文了，怎么办呀？”

“你说呢？你们小组商量商量，能不能想办法给同学们留个纪念？”霍老师笑着，用诱导的口吻请她们想办法。

几天后，秀秀兴冲冲地对她说：“老师，我们几个人开会了。我们要出一本书。”

霍老师故作惊奇地问：“什么？你们也要出书？你们想怎么出？能告诉老师吗？”她的语气变得亲切而有点神秘。

“老师，我们想好了，能自己出书。我和小宁家里都有钢板和铁笔，我们五个人已经买了一筒蜡纸了。我们要自己刻蜡纸。”她说得很天真，也很轻松。

于是她们就利用下午放学以后的时间在教室里伏案刻写，有时还在星期天忙碌。因为是第一次刻写，铁笔总是在钢板上打滑，但她们并不灰心。她们还找来了有关美术字和插图的书，在文章题目和结尾的空白处画上了大大小小、各式各样的图画。还让霍老师给他们写了一篇“前言”。刻好后，就到学校油印室（那时还没有复印机，只有手推式油印机）请老师帮助印刷。印完后就发动全班同学用蜡笔给插图上色，再折叠、装订，最后便成了一本本虽然粗糙，但却可爱的作文选集了。

为了鼓励同学们的写作热情，班委会还专门举行了作文集发放仪式，当同学们拿到这本定名为“我们的作文选集”的时候，甭提多高兴了，一个个捧着“书”，排着队，让霍老师给他们签字。最后作文小组的同学们还把自己的“书”自豪地送给校长、主任和老师们。这种活动在上世纪60年代算是很新鲜了。

这项活动，从开始到创意，到文章选编、刻写、印刷和装订，都是同学们独立完成的，霍老师的作用就是引导和鼓励。作文小组的成功，对同学们的影响很大。谁不想让自己的作文也编入作文选集呢？所以，从那以后，同学们都在作文课上下起了大工夫，课上课下的写作热情非常高。在大家的要求下，后来，他们每一学期都有一本作文选“出版”问世。那时候，她们班的学生在各种考试中一类作文最多，这与一本本作文选集对大家的帮助是分不开的。

作家王蒙在他的《华老师，你在哪儿》一文中，谈到他的华老师仅仅表扬了他所造的一个“长句”，而使他终生不忘的情节。文章说：

小学二年级，平生第一次做造句，第一题是“因为”。我造了一个大长句，其中有些字不会写，是用注音符号拼的。那句子是："下学以后，我看到妹妹正在浇花呢，我很高兴，因为她从小就不懒惰。"华老师在全班念了我的这个句子。从此，我受到了华老师的"欣赏"。

的确，老师对学生的真诚表扬和赏识，不仅可以激励他们当时的学业，有时候甚至能决定他们日后成长的趋向。王蒙的经历就证明了这个道理。霍老师的学生也一样，当年参加作文小组、编选刻印作文选的小学生，长大后多数人当了编辑、记者；当年背着小药箱的小医生，后来几乎都成了大夫。

启　示：

从"要我学"到"我要学"，这是一个重要的转变。不是每一个孩子都天生喜欢学习的，要想使学生喜欢学习，关键在教师的耐心引导和教学艺术的引领。霍老师深知，每个孩子的"我要学"可能出自不同的原因与梦想，但只有学生有了自己的学习需求，被动的学习才会转变为主动的学习。抓住了这一规律，霍老师的教育教学活动才会开展得生动活泼，与学生的多元学习需求如此合拍。

七、好习惯应成为自身的需要

习惯养成靠教育

霍老师说，孩子入学，读书写字，首要一点，自然是规矩。无以规矩，不成方圆。一旦规矩养成习惯，那便可以方圆自如，终生受用了。

暑假的一个傍晚，邻居们坐在楼前的树阴下乘凉。忽然，张太太走过来对霍老师说："霍老师，您来看看我那宝贝儿子，都二年级了，还没个坐相呢！"于是她们一道上楼，并约定不干扰孩子写作业，只偷偷地观察他写作业的姿势。

可是孩子听见了响声，他跑过来亲昵地叫了声"妈"，第二个"妈"字还没出口，就看见了霍老师，便马上改口说："霍奶奶好！"

见到孩子这样懂事，霍老师马上笑着说："小明真是个有礼貌的好孩子，你一个人做什么呢？"

"奶奶，我做暑假作业呢。"

"明明，你去做作业吧，妈妈跟奶奶说会儿话。"小明听到妈妈的吩咐，又回他的小屋里写作业去了。

小屋的门敞开着，她们坐在沙发上正好看见小明的背影。张太太小声对霍老师说："霍老师您看，您看他的头，您看他的腿脚……哪儿像写字的样子嘛！"

只见孩子的头向左歪着，左侧面颊几乎贴在了桌面上，一动不动。作业本斜摊在桌子上，从右臂的腋下正好看见本子的左下角。再看他的腿和脚更是不老实——一会儿翘起个二郎腿，一会儿两脚跟无规则地胡乱点着地板。

“他是不是还在小声唱歌呢?”霍老师问。

“经常这样，一边写，一边哼着流行歌曲。”小明妈有点无奈地说。

过了一会儿，霍老师走进小明的房间，站在他背后，看到小明的字虽然写得比较工整，但几乎每个字都是歪的。她说：“小明，你站起来，看奶奶写字好吗?”

霍老师坐在椅子上，模仿着小明的姿势写了起来。

“不好看，不好看，奶奶写字的样子难看死了。”小明跳着双脚，大声地笑着说。

“你刚才不也是像奶奶这样写作业的吗?”

“不是，不是，我们老师不是这样教的。”小明大声地为他的老师和自己辩护。

“那么，你为什么要这样坐、这样写呢?”霍老师笑着问。

小明羞涩地低着头，嘟囔道：“以后我改还不行吗?”

“知错就改就是好孩子。”霍老师拍拍小明的肩膀说，“奶奶相信我们小明一定能改，一定能长成健康漂亮的好孩子。”

其实，读书写字的姿势各人有各人的习惯，并不算什么大事。但是对于刚入小学的孩子来说，却又不是小事。因为读书写字的良好坐姿，不但是一种美育，而且对于孩子们肢体的健康发育有着直接的影响。尽管老师也讲了，家长也管了，但是由于孩子的好奇、偷懒，或许出于老师让往东他偏往西的逆反心理作祟，坐姿常常不能得到及时的纠正，结果不少孩子小小年龄就在鼻子上架起了近视眼镜。孩子虽然每天蹦蹦跳跳无所谓，或许还会有一种“帅”和“酷”的自豪，但留给父母的却是无奈的叹息。面对这样的学生，当老师的怎么能袖手旁观呢?

小学老师是孩子们的启蒙老师。什么是“启蒙”?《现代汉语词典》的解释是“使初学者得到基本的入门的知识”。这种解释是对一切“初学者”的“入门”教育而言的。对于懵懂无知的小孩子来说，霍老师认为，不仅包括知识、智能的启蒙，培养孩子们良好的生活和学习的习惯，也是小学启蒙教育的重要内容。良好的习惯是孩子们终生受益的一种品行和能力。几十年来，霍老师给一年级小学生上的第一堂课就是怎样上课和怎样看书写字，其中最主要的就是“坐姿”。霍老师的做法是：

个别示范：在按照图书上图示，向学生说明各种要领和要求之后，首先是老师自己坐在学生座椅上示范。然后再请几个孩子示范，让大家评论谁坐得最好。

集体模仿：在确定了坐姿最好的同学之后，就让全班同学模仿坐姿最好的同学坐好，让老师检查。

互相观摩：在普遍要求的基础上，再分组表演，互相观摩。这种观摩非常有效。同学们不但一个比一个坐得标准，一组比一组坐得整齐，还能有一个极好的副产品——增强他们的集体荣誉感。

堂堂提醒：一种良好习惯的养成不是一朝一夕可以奏效的。霍老师不但在每堂课开始时提醒孩子们坐好、坐正，要求两眼平视前方，而且讲课过程中只要发现有谁坐姿不对，她就说："现在有两个（或三个……）同学没坐好。"为了保护孩子的自尊心，她从不当众点名批评。

及时纠正：一个班四十来个学生，他们的智能水平、身体素质和模仿能力等等都是不尽相同的。老师应该是一个有心人，不但要及时掌握每个学生的学业进程，而且对他们的纪律表现、习惯养成，包括"坐姿"在内的训练，也都应该心中有数。在"坐姿"训练中，霍老师的班上也常常出现前面提到的小明的那种情况。有的同学甚至是老师过来了，他坐好了；老师转身过去了，他又犯起懒来。对于这样的孩子霍老师总是不厌其烦，一而再、再而三地提醒、纠正他们。

周周表扬：为了鼓励同学们养成良好坐姿，霍老师还把这种习惯的培养列入每周表扬的内容。最初是各组自己总结，班长在全班口头表扬，有时候她也点名表扬。到了他们能自己出黑板报的时候，就让班委会和黑板报小组在黑板报上点名表扬了。

家长帮忙：就培养孩子的学习技能和习惯而言，单靠在校的时间是不够的。霍老师认为，家庭是孩子们行为习惯的另一个训练场。加强与家长的联系、争取家长的配合是完成教学任务和技能训练的重要措施。所以，她从一年级开始就设立了"家校联系本"。当孩子们知道她把看书写字的优美姿势告诉了爸爸妈妈的时候，他们的学习就会更自觉。在爸爸妈妈的督促和表扬下，他们的进步也就更大了。

中小学生眼疾调查显示，造成学生近视的外因，除了教室、宿舍的光线不足和无节制地看电视外，看书写字的不良姿势和习惯也是一个重要的诱因，所以老师和家长一定要慎重对待此事。

几十年来，霍老师对每届学生都是这样要求的、这样训练的。孩子们的坐姿正确了，再指导写字，字也就容易写得端正了。正确统一的姿势必然带来振作的精神状态。她经常做研究课、示范课，每次的课后评议，领导和老师们都会对同学们标准的坐姿和振作的精神状态大加赞扬。而且，她教的学生直到小学六年级毕业，班上从来没有一个驼背的或患近视眼病的学生。

启 示：

良好习惯的养成，是一个人在完善品德结构发展中质变的核心。霍老师在德、智、体、美几方面注重协调互补，从促进儿童全面发展的高度认识到，养成良好行为习惯在启蒙教育中的重要作用。根据儿童习惯形成具有长期性、反复性等特点，霍老师不仅采取了“及时纠正”“堂堂提醒”“周周表扬”等积极的方法，同时还注意充分挖掘和利用家庭教育的资源，牢牢把握家庭这一儿童行为训练的重要阵地，这些都是很有指导意义和值得借鉴的。

好习惯重在巧妙引导

霍老师说，说到做到、言行一致是一个人的美德，要从小就培养孩子们养成这样的好习惯、好品德。

开学第一天，霍老师给同学们发了新课本，并且要求大家要爱护课本，回家都包上书皮。应该说这是个很简单的事，对高年级的孩子而言完全没有问题，但事实上并不简单。第二天，她检查课本的时候，发现有好几个同学没有包书皮。经过了解，她发现原因各式各样：有的是因为贪玩儿忘了，也有的是对这个要求不重视，认为包不包书皮没有什么关系，老师也不一定个个检查——的确，老师前一天布置了一件任务，第二天自己忘记检查的事情屡见不鲜，这就使个别没有认真完成任务的孩子，产生了侥幸的心理，觉得反正老师不检查，完成完不成都一样。

一般情况下，当孩子们认真完成老师布置的任务时，他们总是很希望得到老师的检查。比如霍老师就发现，对于前一天留的作业，第二天上课时，老师会从学生的表情中看出哪些孩子认真完成了，哪些孩子没有完成，因为她观察到，凡是按老师要求做好的孩子们都是精神饱满地坐在座位上，两只眼睛盯住老师，希望老师赶快检查他们完成的情况，当老师提出要求后，他们会立刻把小手高高地举起来，盼望着老师叫到他的名字。相反，也会看到个别孩子坐在位子上缩着脖子，低着头，生怕被老师看见，即使抬起头来，他的眼光也不敢看老师，这种情况绝大多数是没有完成作业的。每遇到这种情况，霍老师在课下总要找他们谈谈，点破他们的小把戏，不使他们产生侥幸的心理，使他们认识到，只要自己没按老师提出的要求去做，老师就会发觉。这样时间久了，他们自然会按老师提出的要求去做了。

对孩子的要求既要合理，又要考虑他们是不是能做得到，做不到的事千万不能提。比如，针对部分孩子忘带学习用品的现象，老师们为了教育学生克服这些缺点，曾想出种种办法，如事前提醒，对不忘记的孩子进行表扬，对个别易于忘记的孩子列必带用品清单等，也培养他们在晚上整理收拾书包时注意检查的习惯等。但是如果有的孩子还是改不了，有的老师就会急了，常常会讲："明天再不带齐东西，我一定叫你回去取!"可是真的这样一说，问题就更不好办了。假如第二天有的孩子真的又没有带来，那该怎么办呢？让他回去取吗？有的孩子住得很远，来回一趟要花很长时间，等用的东西取回来了，当堂课早就完了，取回来也没有用了。再说了，万一孩子匆匆忙忙地在路上出了交通事故怎么办？做老师的不能不担心这些问题。可是如果不让他回去取，没带来就算了，这样孩子们以后就不一定听你的话了。那到底该怎么办呢？根据多年的工作经验，霍老师总结了很多妙招儿。

霍老师班上的孩子中午大部分都在学校吃饭，碗筷自备，平时不用的时候都放在教室的柜子里。一次星期六上午，她跟同学们说："咱们平常在学校涮碗不够彻底，时间长了不卫生，今天放学大家都把饭碗和碗袋带回去，把碗袋洗一洗，饭碗烫一烫，洗干净后星期一带回学校，这样做大家有困难吗?"

孩子们觉得这是一件简单的事，也是应该的，都回答"没有困难"。估计到可能有的孩子不愿意或临时忘了，所以就又叮嘱了一句："没有困难，那么今天放学时都记着把饭碗带回去。"

放学时，她看到许多孩子带了碗和碗袋走了，这时她估计有的孩子可能嫌麻烦不带走，于是就到教室里去检查，一看不出所料，柜子里还有六个碗袋。怎么办？她想都没想就把碗和碗袋拿走，帮他们洗了、烫了，然后有意不再放在柜里。星期一吃饭的时候，那几个孩子着急找不到自己的饭碗，就去找她了："老师，我们的碗没了。"

"碗不是都带回家去了吗？星期六老师怎么要求你们的呢？"霍老师明知故问道。

他们说："老师说把碗……"

"那你们一定是忘了带回来吧！我相信你们一定会按老师提出的要求去做的。"霍老师故意说。

他们不做声了，半天才说："我们没带回去。"

"为什么没有带回去呢？"

"我忘了。"

这时，霍老师给他们讲了说到就要做到的道理，并且举例说："你有一张自己喜欢看的电影票，你会不会忘掉呢？如果今天学校交给你一项重要任务，让你们去完成，而你们忘记了，那会给工作带来多大的损失呀！这次你们没有听老师的话，到底是什么原因呢？"

另一个孩子接过来说："我怕坐车把碗挤碎了。"

"这样说也不对，当老师提出要求时，不是问过你们有没有困难吗？为什么当时不说呢？如果真有困难，应当向老师提出来，不然就应该认真按老师提出的要求去做。这次全班同学里只有你们六个人没按老师的要求去做，你们觉得这样对吗？"

他们最后说："这次没有完成老师的要求犯了错误，以后我们一定改正。"学生们认识到了问题，霍老师就把碗还给了他们。他们接过碗，看到老师帮忙刷得很干净，十分感激。

第二个星期六，霍老师再次提出了这个要求，当她再检查时，发现没有一个碗在柜子里，学生们都认真地按照要求做了。

启　示：

要想使孩子们能做到言行一致，教师对孩子们提出的要求首先应该是合情合理的。也就是说，教师对学生所提的任何要求，都应当是所有学生经过一定的努力都能做到的，而不是高不可攀，只有少数孩子能做到的。如果教师考虑好了，确实每一个孩子都能做到，那么就要认真提出要求，督促所有的孩子都努力做到。只要教师的态度坚决、帮助真诚，孩子们就会逐渐养成良好的习惯。

从小事做起，习惯成自然

霍老师说，孩子们能不能很好地遵守纪律，关键在于教师是否能细致地做好思想工作，启发孩子们的自觉性；是否采取了具体组织措施，进行落实。当老师的不要忽视日常小事，要从一件件日常工作的小事中，逐渐使学生养成遵守纪律、遵守秩序的好习惯。

在班主任工作中，思想工作不仅不能落后于学生行动，而且还要跑在前头。不仅遇到重大问题时要预先做好思想准备，就是对日常小事，也要事先开动脑筋，预计可能发生的情况，细致地做好思想工作。

有一年开学不久，霍老师接到学校卫生室通知，让孩子们去检查身体。这不禁使她想起去年孩子们检查身体的事。那次，她坐在卫生室陪着孩子们逐个去检查，可是没想到孩子们在班主任跟着的情况下，还是免不了吵吵嚷嚷，影响了检查工作，时间花了不少，效果却不好。考虑到去年的情况，这次她想，自己能不能不跟去，而且使效果更好呢？她吸取了去年对这件事重视不够，没有估计到当时可能发生的情况而事先做好准备，结果使工作陷于被动的教训，提前进行了安排。

明天，孩子们又要去检查身体了。霍老师估计，孩子们到了卫生室，人多嘴杂，总是要说话的。比如，在脱衣服的时候，就会说“我穿多少，你穿多少”，“我的鞋怎么样，你的鞋怎么样”。检查后，彼此很关心检查的结果，又会问“我胖了几斤，你瘦了几斤”……尽管这些都是很自然的，但是检查身体需要比较安静的环境，吵吵嚷嚷是检查不好的，因此就需要孩子不吵闹，守纪律。班主任跟着他们，秩序可能会比较好些，但并不是孩子们自觉地遵守纪律，起不到教育的效果。考虑到这些，霍老师决定这次不跟了。

第二天检查身体前，她再次给孩子们讲了检查身体的原因，特别强调卫生室只有一个大夫，一个护士，给班上这么多人检查是很辛苦的。那么怎样才能协助他们把工作做好，同时又能节省时间呢？学生们回答：“我们要很安静，不乱说话。”

“对了，只要大家保持安静，大夫就能很快给我们检查好。另外我们是高年级的学生了，在全校同学中都是哥哥姐姐，要给低年级的弟弟妹妹做个榜样，起个好作用，你们能这样做吗？”霍老师问道。

学生们异口同声说：“我们能这样做。”

听到了学生们的“承诺”，霍老师就组织他们按名册十个一组地去检查，等候的人在班上自习，这样人数较少，便于控制，也便于比较。在去之前，她先让一到十号的孩子在讲台前排好队，又特意嘱咐了几句，算是打了预防针。

针对他们最关心的体重增加了多少、身高增加了多少等问题，霍老师说：“等你们检查完了，我一块儿去了解。但是我先要问大夫，今天咱们班同学的纪律怎么样？我希望能听到大夫对你们的好评，然后再问咱们班同学这次健康检查的情况怎么样。问完后我马上回来告诉大家，大家说这样好吗？”“好！”同学们高兴地说。

十多分钟后，先去的十个同学检查完了。在后面十个去以前，霍老师问前面十个任务完成得怎么样，这些同学回答说都很好，谁也没乱说话，也没问大夫什么。接着，她又问后面十个同学能不能向前面同学学习，他们都回答“能”，于是霍老师就让他们去了。如此一组一组地检查完了后，霍老师就到卫生室那儿去了解，回来时她不仅为他们体重、身高的增加而高兴，同时也为他们纪律性的增强而欣慰。当她向大家宣布身体检查结果都很好时，大家都拍手笑了。

启　示：

在学校生活中，教育目的的实现并不一定都要通过轰轰烈烈的大事，在一些平常小事中，对学生的教育是最适合，也是最有效的。对于一些看似与教育没有关系的事情，只要教师有心、用心，都可能由此引发和产生多方面积极的教育作用。在这些方面，对教师教育意识、教育方法和教育水平的考量是最说明问题的，而霍老师就是这方面的典范。

劳动习惯是人的重要素养

霍老师说，教师要时刻洞察学生的缺点和不足，然后想方设法提供机会并加以引导，使其改正。

小园是个出生在高干家庭的女孩子，生活条件好，从小家里就有勤务员，什么事都不必自己动手，渐渐就养成了不爱劳动的习惯。霍老师要求同学们自己洗手绢，可是小园连手绢都不会洗，每次检查，她的手绢都不干净。为此，霍老师决定让小园锻炼一下。

一次分配卫生责任区时，霍老师把打扫女厕所的任务分给了小园所在的小组，并指定小园担任小组长。小园面露难色，跟老师说自己可能干不好，还不如让其他人当。

“没事的，我知道我们小园能做好这件工作。”霍老师对她说：“要不，你看老师帮你行吗?”

打扫卫生怎么能让老师帮忙呢？小园连忙说：“不用了，不用了，老师你放心，我一定能干好。”

“那好，我让班上几个能干的女同学帮你，老师相信你也一定能把厕所打扫干净的。”为了能让小园和普通家庭出生的学生融合在一起，让他们互相配合，互相帮助，互相学习，互相进步，霍老师把班上几个干活比较积极的女生分到了小园所在的组，由小园负责。

当小组长就要起到带头的作用——这也是霍老师这样安排的初衷所在，小园领着几个女生，带着工具钻到厕所里，挽起袖子大干起来。小园自告奋勇挑了最难干的活儿，可是不一会儿就累得干不动了，其他几个女生见状接过小园的工具帮她，大家齐心协力，用了两个多小时，终于把厕所打扫干净了。

在随后的劳动评比中，小园他们组取得了好成绩。而且在全班同学面前，霍老师还点名表扬小园在劳动方面进步很大，鼓励她向其他劳动积极的同学多学习，争取当劳动模范。小园很高兴，她第一次感受到劳动给自己带来的快乐，以前，她总是感觉干活是累的，可这次，她感到累中有乐，尤其是当听到老师表扬的时候。后来，小园主动向霍老师请求“包下”了打扫厕所的活儿，在其他同学的帮助下，把厕所打扫得干干净净，有时候累了，她们一帮女生还在厕所里玩捉迷藏呢，路过的师生经常听到她们从厕所传来的欢笑声。学期结束的时候，小园被评为学校的劳动模范。一个不爱劳动的小姑娘，感受到了劳动的快乐，变成了一个爱劳动的好孩子。

启　示：

养成劳动习惯是任何人都能终身受益的，对于小学生而言，不仅能提高生活能力，也能使其对他人的劳动有所体验和尊重，这不仅是思想道德教育的重要方面，也是能力培养的重要基础。在霍老师的教育理念中，养成劳动习惯是不可或缺的。对此，她有着细心的安排，也有着以身作则的示范。她的想法和做法是很值得今天的教师们学习与深思的。

方法科学，事半功倍

霍老师说，授人以鱼不如授人以渔，老师要多教给学生做事的方法，给他们创造机会，让他们自己去体验，这样能更好地发挥学生的能动性，使他们健康成长。

小时候，几乎每个老师都会告诉学生做事要注意方法，这话说起来简单，做起来就难了。霍老师的学生小翔就遇到了这样一件事，庆幸的是，在霍老师的引导下，她不仅做好了事情，还明白了其中的道理。

小学二年级刚开始不久，霍老师就告诉学生自己的事情自己做——要做到这一点，先从梳头开始，不管男生女生都要自己梳。男孩子头发短，梳起来简单，可女孩子头发长，还要梳成小辫子，这就麻烦了。小辫子是当时女学生的“标准发式”，小翔很喜欢梳成这样，看起来显得精神——用她的话就是“臭美”。她的小辫子一直是妈妈梳的，听霍老师一说，她不禁担心起来：万一自己梳不好怎么办？

担心归担心，星期一早上上学时，她还是决定自己梳。可不管怎样，平时在妈妈手里很简单的事，在自己手里就是梳不上。眼看上学快要迟到了，小翔急得都要哭了，最后胡乱梳了一下，不想把小辫子梳成了大反辫，撅着一摇一摇地去了学校。上课时小翔很不安心，一直在想辫子的事，愁眉苦脸的，巴不得赶紧放学。一下课，她就钻到了教室的旮旯里，躲着不想和同学接触，怕自己“露丑”。这一切都被细心的霍老师看在眼里，她决定和小翔聊聊。

放学后，小翔去了霍老师的办公室，霍老师边收拾东西边笑着对小翔说：“咱们这么乖的小翔今天上课怎么不注意听讲了？”

“老师你看！”小翔把头一扭，委屈地说道。

霍老师乐了：“这不挺好的吗？你自己梳的啊？”说着坐在凳子上，把小翔轻轻地拉向自己，打开抽屉，拿出一把漂亮的小梳子，熟练地把小翔的辫子解开，用梳子把头发梳好，然后教小翔编辫子：先编哪股，再编哪股，最后怎么编在一起……不一会儿就编成了一对好看的小辫子。“回家练练，说不定过几天你比老师编得还好呢！”霍老师鼓励说。

依偎在老师怀里，小翔觉得就像在妈妈怀里——不，比妈妈还好呢！说不定妈妈见了还会骂呢，可老师不但没有批评，还教了自己呢！小翔心里美滋滋的，和老师说了再见，摇着两只弯弯的小辫子回家了。

按照老师教的方法练了好几天，小翔终于学会了自己梳辫子。有一天她起得特别早，编好辫子，还特别在后面扎了一个小蝴蝶结，在镜子前“臭美”了好久，才美滋滋地去了学校。刚到学校，一看到霍老师从办公室出来，她就跑着迎了上去：“霍老师早上好！”

“小翔早上好！”霍老师看到是小翔，就特别注意了她的小辫子。小翔转过头，骄傲地说：“老师，这是我自己梳的，你看好看吗？”说着用力摇了摇头，两只小辫子像倒映在水中的弯月亮，一晃一晃的很漂亮。

“好看，好看，真好看！我们的小翔心灵手巧，什么事都难不倒！”

小翔一听，心里更乐了。正准备转身回教室，霍老师又问她：“那你知道以前为什么梳不好吗？”

光顾着乐了，这个问题自己真的还没想过，小翔睁着大大的眼睛看着和蔼的霍老师，心里充满了疑问。

“那是因为你以前的方法不对。你看，老师教给你正确方法了，通过练习你掌握了，所以就梳好了。”霍老师轻轻地抚着小翔的辫子说，“无论做什么事情都得讲方法，方法对了，再经过努力，一定能把事情做好！”

小翔信服地看着老师，用清脆的嗓音说：“我懂了，以后做事一定注意方法！”

“嗯，我们上课去吧！”霍老师拍拍小翔的肩膀，和她一起走进了教室。

启　示：

在教育教学中，方法就是那个点石成金的“点金棒”。方法得当，则事半功倍；方法不当，则事倍功半。霍老师深得教育要旨，不仅在课堂上指导学生学会用合适的方法学习，即使在小事上，也不忘讲求方法，可谓寓教育于生活，体现了教育在于时时处处、点点滴滴。

习惯贵在坚持

霍老师说，培养一个良好的习惯，绝不是三言两语就能解决的，需要老师不断地、反复地进行教育。有时老师费了好大劲儿，但效果不明显，这时不能着急，要好好地检查一下自己的教育方法，如有不对头的，再换另外的办法去试试。有时经过教育，收到了一些效果，教师也不要认为教育成功，万事大吉了，还要继续不断地进行巩固提高。也有时候在一定的情况下取得了效果，但过几天问题又出现了，这时也不要着急，更不要责怪孩子们，需要冷静地考虑一下，在这种情况下如何再进一步改进工作。对孩子们进行教育是一个非常艰巨细致的工作，只要老师针对孩子们的具体情况，采取各种不同的办法，经常反复不断地进行教育，使孩子们真正从思想上提高认识，最后一定会收到较好的效果。

一天晚饭后，生活老师端着一大碗掰得乱七八糟的窝窝头对霍老师说：“这是从你们班同学的饭桌上拣来的枣窝窝，他们把枣抠出来吃了，把窝窝扔得满桌子都是，实在太不像话了！”看看这一大碗窝窝头，霍老师心里有说不出的难过。

这班孩子家庭条件都比较优越，没有经受过艰苦生活的锻炼，他们不懂得爱惜粮食，霍老师曾经对他们进行了不少的教育，但是问题还是接二连三地出现。她很气愤，想立刻把他们找来狠狠地批评一顿，但马上又产生了新的念头：这样冒失地处理问题，会收到什么效果呢？冷静地考虑了一下，她觉得过去说教太多，孩子们只从道理上知道应该爱惜劳动果实，但思想上没有扎下根，碰到实际问题就忘了，他们认为糟蹋一点粮食，花不了多少钱，没啥关系。有个别学生甚至还认为，几个人糟蹋一点点粮食，凑起来也不够一个人一顿吃的，少吃一顿就能省出来了，没什么了不起！于是，霍老师决定采用讲故事的方法进行正面教育，启发他们自己认识错误。自习课后，她把几个同学叫到预备室，问道："今天晚饭吃的什么？吃得怎么样？"

"吃的枣窝窝、炒菜和稀饭。"他们回答。

"你们吃完以后，生活老师从桌上拣回这么多窝窝，这是怎么回事儿呢？"霍老师把窝窝端给他们看。

"我抠了一个枣。"一个同学有些不好意思地说。

另一个同学说："我只抠了两个枣。"

霍老师说："你们抠一个也好，抠两个也好，剩下的这些窝窝打算怎么办呢？你们想过这个问题没有？"

有的同学说："没有。"有的低着头，有的悄悄地望望桌上的一碗窝窝，谁也不再出声了。

"那怎么办呢？咱们把他扔了去吧！谁去完成任务？"这时，他们有些为难似的，不知道怎么办：从道理上知道扔了不对，但又不知应如何处理。于是，霍老师给他们讲了《难忘的三年》中游击队员缺粮食的那一段故事：

……当生活最艰苦的时候，只能用凉水煮些苦草吃。同志们很难下咽，但陈毅副总理却带头大口大口地吃，而且还很风趣地说："这是多么丰美的晚餐啊！"

讲到这里，霍老师问大家："你们说，是白水煮苦草好吃呢？还是窝窝好吃呢？"孩子们似乎开始思考了。

接着，霍老师又给他们讲了《老妈妈的故事》：……当部队转移以后，一部分伤病员留下来，敌人搜山的时候，老妈妈掩护他们转移，后来被困在山洞里，没有粮食吃，最后老妈妈冒着生命危险，走出几十里以外去找粮食。回来时，实在走不动了，只好把少得可怜的一点粮食顶在头上爬回来，把弄来的粮食给伤员吃，自己却躲在一边啃树皮。当伤病员发现后，他们都感动得流下眼泪……

“你们说，如果当时有这样一碗窝窝，情况会怎么样呢？”

听了这两个故事，有的孩子难过得哭了起来。霍老师又进一步说：“当时如果有这么一块窝窝，就能保存下革命的力量，你们说窝窝是多么宝贵的东西啊！可是你们今天，却想把它扔了……”

孩子们说：“老师！我们……错了。”

“那咱们这一碗窝窝怎么办呢？”霍老师问。

“明天早点我们分着吃了吧。”

当学生们有了初步的认识后，就主动说了许多同学糟蹋粮食的事：有人吃肉时只吃瘦的，把肥的扔掉；有人吃包子时，只抠馅吃，不吃皮；甚至有人把白薯往墙上扔，当“贴饼子”玩儿……

听了大家的谈话，霍老师感到班上同学浪费粮食的现象还是比较严重的。于是在上语文课时，又给全体同学讲了《粮食的故事》中“红七跟爸爸上山送粮”的一段：

临走时，妈妈把仅有的两个粉团窝窝给了红七，当他们在山上碰上反动派，父子临别时，红七又把自己舍不得吃的窝窝交给了爸爸，而爸爸最后又把它交给了山上的小同志……

她又讲了当郝吉标带着儿子上山时，对儿子说的一段话：今天你跟爸爸进行艰苦的革命斗争，将来胜利了，我一定送你上学，让你好好学习。那时我要告诉你，在艰苦的时代，你参加了革命斗争；在胜利的时候，你要好好学习，不要忘记过去……

“但是儿子为革命牺牲了，爸爸的理想谁来实现呢？”霍老师最后问。

这时孩子们都很难过，有的孩子说：“由我们来实现他的理想。我们一定不忘过去。”学生在思想上有了转变后，霍老师就进一步组织大家就班上浪费粮食的现象进行了讨论，学生们认识到，从一粒种子种到地里，到蒸好窝窝送到手里，要经过许多工序和许多人的艰苦劳动，尤其是农民伯伯，他们春种秋收十分不易，如果浪费粮食，就是对不起他们的劳动，对不起他们的付出……结果，从那时起，班上浪费粮食的现象逐渐少了。

看到这种变化，霍老师很高兴，但是没过几天，个别学生又不注意了。有一次吃完米饭，有个孩子把洗碗水倒在窗台上，里面有不少的饭粒。这时，霍老师把他找来，两人一粒一粒地数，发现他倒掉了二十四粒米。这个学生睁着两只大眼睛望着那雪白的米粒儿，一句话也说不出来，迟疑了一会儿，才涨红了脸，不好意思地说："老师，我错了。"

由此看来，浪费粮食的不良现象还没有彻底解决。当然，不能用对待大人的眼光来对待孩子，经过两三次的教育，不可能彻底改变，而且良好的习惯也需要逐步养成。霍老师觉得，这是个长期的任务，自己应当以十足的耐心和信心，经常不断地抓住机会对他们进行启发和教育，这样才能取得更大的教育效果。

不久，学校举办了展览会，这是向孩子们进行教育的好机会，通过参观，能进一步提高他们对浪费粮食问题的认识。在展览会上，学生们看到了浪费粮食和珍惜粮食两种现象的对比，由此深深认识到自己的不对。自此以后，班上浪费粮食的现象基本上没有了，而且看到别班同学浪费，也能提出批评。有一次，有个同学菜吃不完了，刚想倒掉，忽然想起了展览上所看到的一切，就马上感到自己这样做不对，于是便冲成汤喝了，总之，孩子们逐步从思想上重视了这个问题，最后他们中再也没有发生随便浪费粮食的现象了。

启　示：

浪费粮食既是不良习惯，也是不珍惜他人劳动的思想的体现。相反，有了爱惜粮食的习惯，也就有了尊重他人劳动的意识。在教育当中，这类情况很多，不少人生的道理不仅需要常讲常说，更需要有相应的习惯、相应的行为来支撑。如此，我们的教育才可能更有效，更能使学生受益终生。

好品质来源于好习惯

霍老师说，孩子们的文明行为和礼貌语言都是父母教给的、老师培养的。教育者所期待的是要把有意的教、练变成孩子们的品德与习惯。

有一天上练习课，教室里很安静，忽然，欣欣着急地说："老师，我的橡皮丢了！"这突如其来的声音把同学们吓了一跳。霍老师说："别着急，再好好找找，是不是掉哪儿了？”

“我找过了，哪儿都没有嘛！”欣欣仿佛要哭的样子。

“给你，瞎嚷什么呀？又不是不还你！小气鬼。”声音未落，橡皮已经扔过去了——原来是欣欣的同院邻居大伟拿去了。

欣欣一边弯腰拿橡皮，一边嘟囔道：“讨厌！”小姑娘好像已经不生气了，教室里又恢复了安静。

就在那天下午，霍老师对大家说：“同学们，现在我教给大家12个字，只要记住这12个字，同学之间就会减少矛盾，不会吵架了。”说着，老师转身在黑板上工工整整地写出：

用人物，须明求。
苟不言，即为偷。

写完后，老师又让同学们拿出字典，查一查“苟”和“即”当什么讲。查过字典，又让他们翻译。一个同学说，这12个字告诉大家：想用别人的东西，必须明明白白地跟人家说一声。如果不跟人家打招呼就拿走，那就叫做“偷”。然后，老师又领着同学念了几遍，说：“记住了吗？用别人的东西，一定要先打个招呼，这是一种文明行为。以后大家都这么做，同学之间就不会闹意见了，彼此之间就会更团结、更友好。”

在学生的记忆里，霍老师特别有学问，有办法。她不但能和颜悦色地处理同学中的问题，而且还能常常用成语典故、诗句格言告诉他们许多文明行为和礼貌语言。小学的六年里，他们从未看见霍老师脸上有过怒容，也从未听过霍老师对哪个同学有贬抑之词。霍老师留给他们的，总是笑盈盈的关心、爱护和赞赏。

霍老师经常说，我们中国自古以来就是个文明的国家，我们民族也是个很讲礼貌的民族。打架骂人偷东西都不是文明人的行为，说话客气、互相谦让才是有礼貌的表现。她曾经教过学生们一首讲究文明礼貌的小诗，题目是《神奇的字》：

亲爱的朋友听我告诉你，
有几个汉字非常神奇。
只要你跟它们交上朋友，

生活会变得愉快、甜蜜。
课堂上用它们向老师提问，
老师会热情地帮助你。
上街时用它们向别人问路，
路人会和蔼地告诉你。
当你失礼时用它们道歉，
别人就会原谅你。
当别人为你做了好事，
请用它们表示你内心的敬意。
亲爱的朋友听我告诉你，
这几个汉字普通又神奇，
它们是“请问、劳驾、对不起、谢谢、不客气、没关系”。

学生们不但人人会背诵这首小诗，而且还能来指导自己的语言和行为。一时间，班里出现了说礼貌话、做文明人的新气象，这个优秀班集体进而还被评为文明班、礼貌班。

不过，孩子毕竟是孩子，一会儿是好朋友一会儿又争吵的事总是难免的。比如小满和小永吧，他们不仅是校足球队的队员，而且还是亲密无间的好朋友。可是有一天课间，不知为了什么，两个人突然吵了起来，看样子竟然有动手的架势，直到同学们把他俩拉回座位上，还在互相瞪眼睛呢。上课铃响了，霍老师走进了教室，见此情景，就问：“小满，你们为什么吵呀?”

小满理直气壮地申诉道：“他踩我铅笔了。”

老师又问小永：“你为什么要踩人家的铅笔呀?”语气里没有一点指责和生气的意思。

小永是班里有名的滑稽鬼，但并不淘气。他突然站起来说：“报告老师，我走得太快了，没看见。真的，我不是故意的，要不，我就是那个——”听了小永的回答，大家都急忙捂住了嘴，差点儿乐出声来。

霍老师敛住笑容，又问：“小满呀，他说的话是真的吗?”

“是，他是跑进教室来的。可是，可是他把我的铅笔踩脏了呀。”小满仍然委屈地撅着嘴。

听完他们的回答，霍老师微笑着对全班同学说：“同学们，我们曾经学过一首关于文明礼貌的小诗，是怎么说的来着？”

“亲爱的朋友听我告诉你，有几个汉字非常神奇……”霍老师就像合唱团的指挥，话音一落，他们就齐刷刷地背起来了。忽然，老师走下讲台，来到小永身边，小声地说：“小永啊，听见了吗？诗里是怎么说的来着？老师知道你不是故意的。你说该怎么办？”

小永不好意思地站了起来，耷拉着脑袋向小满走去。他弯腰捡起铅笔，又在自己的衣襟上擦了擦，羞涩地说了声：“对不起。”

小满伸手接过铅笔，没等老师嘱咐，马上回了一句：“没关系。”

顿时，教室里响起了热烈的掌声。同学们笑了，小满和小永笑了，霍老师也像孩子般地笑了，笑得比他们还开心。笑声过后，老师并没有马上讲课，忽然说了句：“今天我要表扬两个人。”同学们几乎被老师的话惊呆了，都静静地认真听着。霍老师说：“首先，我要表扬小永。因为他能承认错误，说了真话，是个诚实的孩子。我们还应表扬小满，因为他宽宏大量，能原谅别人。他们都学会了用礼貌语言对待人。我肯定他们今后还是好朋友。希望大家都能做个诚实的、宽宏大量的好学生。以后，同学之间还可能出现问题，发生矛盾，我相信大家一定不会动不动就骂骂咧咧、挥拳踢脚了，那多不文明呀！以后遇到事情大家一定要互相谦让，以礼相待，努力做一个文明的人。到时候，我们班呀，就是个和睦的大家庭，同学之间就是兄弟姐妹一样的好朋友，永远都是好朋友。大家说，对不对？”

一场争吵就这样在欢乐和激动中平息了。本来应该受到批评的事，霍老师却把它变成了表扬，变成了语重心长的劝诫和鼓励。后来，霍老师的话还真应验了。五十多年来，这个班的绝大多数同学都还保持着密切的联系，而且每逢正月初三，他们都会不约而同地去给霍老师拜年，“唧唧喳喳”地回味那儿时的欢乐。

启　示：

说文明话，做文明人，是素质教育的重要内容。霍老师从学生中的“小事”入手，使他们明白做文明人的大道理，这正契合了“师者，教之以事而喻诸德者也”的古训。学生学会在大道理的框架内，不断调整自己的言语举止，生活中的矛盾自然就会减少，素质自然就会提高了。

八、全面发展思维品质

用好“四件宝”

霍老师说，耳、眼、脑、口人人都有，但作为吸纳知识的主要器官，会用与否却有大讲究。

学生之间有差异，这是客观存在。老师的任务之一就是努力缩小这种差异，使学生们知道人都是可以学而知之、学而会之的，只要好好学习，每个学生都能变得聪明起来。为了鼓励学生争当聪明人，几十年来，每接一个新班，霍老师都要给学生们讲一个人怎样才能变得聪明起来的道理。

霍老师说：“同学们，你们每人身上都有四件宝贝，只要用好了四件宝贝，谁都可以变成一个聪明的孩子。你们猜是什么呢?”接着，霍老师说了四个谜语：第一件宝贝：东一片，西一片，隔着山头看不见；第二件宝贝：上边毛，下边毛，中间夹着个黑葡萄；第三件宝贝：红门楼儿，白门坎儿，里边有个嘻嘻孩儿；第四件宝贝：白娃娃住高楼，看不见，摸不着，想一想，都知道。

这是几个传统的谜语，可是对学生们却是常讲常新的。当他们依次猜出是“耳朵、眼睛、口、脑子”之后，她便在黑板上写出好一个大大的“聪”字。然后对学生们说：“你们看这个字，左边是我们的耳朵，右边是个‘总’字。‘总’字上面的小点小撇，就像你们的两只小眼睛，中间是你们的小口，下边是个‘心’字。‘心’字是什么呢？这个‘心’呀，就是人的脑子。我们常说‘你再用心想想’，意思就是要用脑子想想，对不对？现在我们把耳朵、眼睛、嘴巴和心结合在一起，组成一个‘聪’字，你们知道这是个什么字吗？这就是聪明的‘聪’字。”

解释之后，霍老师就向学生提出了一个问题：一个人怎样才能变得聪明起来。学生回答：“我们上课的时候要认真用耳朵听，用眼睛看，还要多用心想想，再用口回答老师的问题。”霍老师又说：“这就是我们的四件宝贝。但是，这些宝贝只用一次两次，我们能聪明起来吗？当然不能。”于是，她又在“聪”字后面写出了一个“明”字，告诉大家，只有懂得这两个字的意思，才能真正聪明起来。

这时候，就会有同学说：“我们的四件宝贝应当每日都用。每月都用。”“老师，‘明’字左边是‘日’，右边是‘月’。它告诉我们，四件宝贝要天天用、月月用，我们才能聪明起来。”

有一年，学生们还自己编成了四句顺口溜，他们取了个好听的名字叫《四宝歌》，歌词是：

眼耳口脑四个宝，
比比看谁用得好。
天天月月随时用，
用得越多越聪明。

在激发起学生对“四件宝贝”的兴趣之后，霍老师每次上课都会说：“请同学们准备好你们的四件宝贝，老师要开始讲课了。”

“请同学们睁大眼睛，看老师在黑板上写什么？”

“请准备好你们的耳朵，老师要提问了，要用心好好想想，然后再回答。”

在训练的过程中，霍老师特别注意那些学习不得法、注意力不集中和学习成绩比较差的学生。她总是热情地引导他们想问题，树立他们的自信心，并帮助他们解决具体困难。这样的训练，使每个学生都觉得自己最聪明。上课的时候，教室里总是充满了比聪明的气氛，每个同学都在运用四件宝贝专心听，认真看，积极思考，大胆发言，争先恐后地表现自己，都希望霍老师表扬自己最“聪明”，课堂纪律、教学效果因此好了很多。

对四件宝贝的训练，不但培养了学生们对学习的浓厚兴趣，使上课成了一件快乐的事，而且还养成了孩子们善于观察、善于思考、敢于发表自己意见的习惯，使课堂成了学生们表现聪明才智的场所。在这种良好的气氛中上课，学生们精神集中，心情愉快，思维活跃，敢想敢说，几乎每堂课都让霍老师有一种成就感。

老师们都说霍老师的学生聪明，其实，这聪明是在长期的训练中渐渐形成的。训练什么？自然是耳、眼、脑、口四件宝了。俗话说，会看的看门道，不会看的看热闹。上课不是让学生看热闹、听热闹的，而是要教会学生们怎样看，怎样听，怎样想，怎样说，直到学生们“学会”为止。这个基础打好了，到开始写文章的时候，自然就容易“我手写我口”了。正如霍老师说：“这种训练就像孩子们的身体一样，虽然不见其长，但确实是日有所增的。一旦他们把老师的训练变成了自己的习惯，那可就真的变聪明了。”

此外，在四件宝贝之一“口”的运用上，霍老师还有四点经验：第一是引导学生积累语言素材，让学生多读多记课本中的词语篇章、诗词名句和成语典故；第二是创设说话环境，无论是课上课下都要给学生创造一种宽松、民主、平等、利于自我表现的氛围；第三是鼓励学生开口，老师要公平地给每个学生说话的机会，更要给胆小语迟的学生以更多的鼓励和指导；第四是抓好两个重点，其一是表现好的，让他们别骄傲，好上加好，起到带头作用；其二是比较差的，使他们不自卑，给他们吃点“偏饭”，为他们创造“一鸣惊人”的机会，树立他们的自信心。

启　示：

学生在语文学习实践中的听、说、读、写四种活动可以视为信息的输入、储存和输出不断循环往复的过程。耳、眼、口、脑等感官是信息加工的必经通道，思维是大脑的功能，是语文能力发展的核心。霍老师在语文教学实践中紧紧把握住耳、眼、口、脑“四宝”的训练，恰恰契合了语文能力发展的内在规律，其功必显！

实践出真知

霍老师说，学生做工作和参加公益活动，不是额外负担，而是一种神圣的学习。只有学会学习又学会工作的孩子，才能在将来获得更大发展。

进入小学高年级以后，学生们的社会活动也逐渐多起来了。有一年“六一”儿童节前，霍老师把班委和小组长叫到一起，开了个班委扩大会议。霍老师说：“我们已经学过几篇关于解放前后祖国变化的课文了。为了迎接‘六一’儿童节，我们能不能搞一次社会调查，看看我们的北京发生了哪些变化。”一听说“社会调查”，学生们的心中好像突然画了个大问号，都疑惑地看着老师。

“怎么，不相信自己的能力吗？我还没说完呢。”于是，霍老师告诉他们什么叫社会调查，怎样进行调查，并讲述了她的想法和具体打算，还列出了几个具体的调查对象。然后，老师让他们拿出笔和本子，一起设计了几个调查的题目，并嘱咐大家如何向叔叔阿姨介绍自己的班集体，如何介绍调查的目的，以及用什么样的语言跟大人们谈话。等各组选定调查的单位以后，霍老师又鼓励大家说：“这次活动是八仙过海，各显神通。我们要看看哪个小组搞得最好。有什么问题，可以直接找咱们的班长，也可以找老师。”其实，为了保证调查活动的成功，霍老师早就带着学生们跟被调查的单位打好招呼了。

社会调查开始了，有的小组去了西单商场，有的小组去了街道工厂，有的小组去了西单药店，有的去了北京市公共汽车公司。这次活动，同学们的热情很高，不但人人都做了记录，而且还拿回来很多统计表和图片。

下一步怎么办？老师并没有把她的计划告诉大家，而是又找班委和小组长们研究。大家决定各个小组先自己总结，写出调查报告，然后全班召开总结大会，由各组长口头汇报。最后，大家一致同意以“伟大祖国在前进”为题搞一次大型展览，向学校和家长汇报他们的调查成果。霍老师还反复告诉大家，这次汇报、展览是对全班能力的一次大检阅。比如：总结会上的发言、讲解员的讲解，要检查学生们的口头作文能力；展板上的介绍词，更是要看看学生们的写作水平。此外，还要看看展板上的插图画得美不美，字写得好不好，各组的版面设计得漂亮不漂亮——简言之，这是各小组之间的一次大比赛。

在准备展览的那段日子里，全班同学没有一个闲着的：有的擦洗装饰展板，有的整理绘制图表、张贴照片，有的反反复复地写解说词。画画儿好的同学一而再再而三地修改画稿；写字好的同学还找来美术字的书，赶着练习毛笔字；班长负责写前言，单单是开头和结尾就不知道修改了多少遍。各组负责讲解的同学更是辛苦，他们不仅要把解说词全部背熟，而且为了讲得有声有色有感情，还在家里对着镜子练口形，看自己的表情，一个个好像着了魔似的。各组同学都想把自己小组的内容布置得最漂亮，介绍得最生动。那个认真劲儿，真是前所未有。四个小组把各自的两大块展板布置好，往大礼堂一摆，嘿，那叫漂亮。在“伟大祖国在前进”的大标题下面，各组的刊头是：《西单商场的今与昔》《四通八达的北京交通》《北京的药店换新貌》《街道小工厂，能办大事情》。那可真的是八仙过海，各显神通！

在“六一”儿童节前夕，同学们向家长发出请帖，请他们来参加一次特别的家长会。会是由班长主持的。首先是霍老师讲话，她简单地介绍了开学以来同学们的学习情况和纪律表现，然后说，今天请家长来，主要是由同学们向爸爸妈妈汇报这次社会调查的情况，然后请家长再看看孩子们自己办的“伟大祖国在前进”的展览。一听说要听自己孩子的社会调查报告，要看自己孩子办的展览，家长们的脸上都浮现出了惊喜的笑容。

由于组长们事先都试讲了好几遍了，所以四个人站在台上，不慌不忙，小嘴儿吧嗒吧嗒的，抑扬顿挫，不但讲得有声有色，而且在那一张张天真的小脸儿上还透着一种自豪。当最后一个组长走下讲台的时候，她爸爸竟激动得把女儿举了起来。在不到一个小时的汇报过程中，家长们会心的笑容和热烈的掌声给了他们极大的鼓舞。

参观的时候，最神气的要算是四个讲解员了。他们穿着少先队队服，两个女同学的头上还扎着红绸带。每人手执教鞭一板一眼地介绍着新中国成立以来，北京的公共汽车增加了多少辆，北京的药店怎样为病人服务，街道工厂使多少家庭妇女走上了工作岗位，西单商场如何进行新的扩建……许多内容连爸爸妈妈们都是第一次听说。在留言簿上，几乎每一个家长都写下了感想。

这次活动轰动了全校。在校长的建议下，全校的老师和同学都参观了他们的展览。展览结束后，校长还亲自参加了他们的总结会。在讲话中，校长不但肯定了他们这次活动的成绩，表扬了他们的集体，还说，霍老师组织开展的这次活动对同学们是一次很好的学习，是一种创新学习，希望他们把这种社会实践活动继续搞下去。总结会上，霍老师还告诉他们：一个人的能力不是与生俱来的，而是学会的。知识和学问也不只是书上、报刊上才有的，参加各种活动，不但可以认识社会，获得知识，还可以明白道理，学会工作。这就叫“实践出真知”。

启　示：

瑞士著名心理学家皮亚杰曾说，知识来源于儿童的亲身体验，来源于儿童与周围环境的相互作用。儿童是在一定的社会化背景下，借助其他人（包括教师和学习伙伴）的帮助，利用必要的学习资料，通过学习迁移、自觉实践等方式而获得知识。在霍老师的指导下，孩子们通过社会实践活动，不仅培养了爱国情操，提高了思想觉悟，增长了知识和能力，从而实现了让学生在实践中自我学习、自我教育的科学的教育宗旨，还使其思维水平得到了提高，看到了自己的创造潜力。这些教育的效果会对学生的一生产生积极和深远的影响，所起作用要远大于常规的知识传授与说教。

淘气娃娃有出息

霍老师说，世上几乎没有不淘气的孩子，尤其是男孩子。可怕的不是淘气，而是不会教育。

小学六年，小方一直是二班的学生。这个二班是好与坏都出了名的班级。小方也许是与班共沉浮吧，是一个好与坏都出过名的学生。

刚入学的时候，跟别的班一样，他们这些“小鬼”们也都是乖孩子、好学生。可不知为什么，到了三年级他们班却成了有名的“乱班”了。而他呢？就成了这“乱班”的“带头羊”。他的“乱”劲儿、“淘”劲儿不必细说，只要是小学生能想得出来的方式，他几乎都有份儿。他要说干点什么“坏事”，除了女同学，没有不听的。比如，他说下节课大家都假装睡觉，上课的时候，男同学便趴了一大片。还有一次，他说今天的数学作业太难，大家明天谁都不许交作业。第二天，大多数男同学都没有做，也没交，可他却偷偷地把作业交了。结果他们挨了批评，小方却受了表扬。就这样，二班让他们几个男同学折腾得全校闻名，有时候简直无法上课。

那时候，小方受的惩罚也是最多的。在讲台旁边罚站几乎是家常便饭，有一次竟站得晕了过去。老师管不了了或者没时间跟他磨嘴皮子的时候，就干脆把他送到校长那儿。中午午睡时间，他不是装睡觉就是偷着跑出去玩儿。一天中午他竟然在学校的一个旮旯儿睡着了，下午上课时谁也找不到他。要不是清洁工王阿姨发现了，还不知道他睡到什么时候呢。

正当他们班“乱”得不可收拾的时候，四年级第一学期时，霍老师来了。他们早就知道霍老师是“整治乱班”的能手，可是并不相信。于是他们几个“淘气鬼”就商量：怎么办？还淘不淘？闹不闹？那要看霍老师有没有真本事了。

第一天霍老师上课的时候，他故意在教室前门的上边架了一把笤帚。本来想吓唬吓唬同学，可他们却识破了小方的“鬼把戏”，一个个侧着身子走进了教室。坏了，非砸着老师不可，他正想去拿下来，可是已经晚了，老师要进门了。他捏着一把汗，心怦怦地跳着。只见霍老师并没推门，而是伸手把笤帚拿了下来，放在了门后。她站上讲台，笑着说：“这是谁干的？真聪明。只可惜这聪明用得不是地方。要是能用在学习上，他一定是个好学生。”停了一会儿，霍老师又说：“你们知道我是怎么发现门上有笤帚的吗？”教室里静静的，谁也不敢回答。霍老师接着说：“我看到同学们进教室的时候，都侧着身子，不敢推门，就知道这门上一定有‘鬼’。你们说，对不对？这就叫眼观六路、耳听八方，这就叫观察生活。是谁干的没关系，今天也不用承认错误，以后改了就好了。”

“哎呀，这个霍老师好聪明啊！”小方心中念叨着。看着同学们投来的眼光，他羞愧地低下了头。

这是一节数学课。当讲到等分一条线段的时候，只见霍老师抬起手臂，在黑板上画了条直线，又把直线分为三等分。老师没有尺子，也没有量，可线画得笔直，三个等分点也点得非常均匀。这一下又把小方“震”住了，心想，老师是怎么画出来的？下课后，他还用尺子去量了量，嗬，三等分，一点儿不差。后来讲圆的时候，老师也是抬手一画就是圆，跟用圆规画得一模一样，他真是佩服极了。

从此以后，他的“淘”劲儿收敛多了。“羊群走路靠头羊”，其他同学看他“变”了，也都不敢大闹了。

有一天，霍老师把他叫到备课室，打开他的数学作业本说：“小方啊，你看，这些题你都做对了，可那两道题怎么没做呀？是不是忘了？”

他胆怯地说：“我没有忘，我觉得那两道题太容易，就没有做。”

霍老师抚摸着他的头说：“你这小脑袋瓜儿还挺‘鬼’。小方呀，老师看你很聪明，我要求你一件事，行吗？”

“什么事？老师，您说吧，我行。”

“你的作业都是用一种方法做的，其实一道题常常有好几种解答的方法。你喜欢数学，以后做题要尽量多想几种方法，好吗？我要看看你到底聪明不聪明。”老师笑着，用手指指了指他的小脑门儿。

他痛快地答应了：“老师，您看我的行动吧。”

最后，霍老师突然问他：“哎，小方，那天咱们班教室门上的笤帚是你放的吧？”

小方低着头嘟囔道：“谁告诉您的？”

老师和蔼地说：“这还用别人告诉？那天，我一看你的眼睛就知道是你干的了。眼睛是心灵的窗户，好事、坏事、高兴的事、发愁的事都会从人的眼睛里表现出来。你是个聪明的孩子，老师很喜欢你，以后要做个好学生，听懂了吗？”

后来，霍老师向全班同学推广了小方用多种方法解题的经验，还让他在黑板上演示给大家看。就这样，霍老师用爱心和笑容改变了他。

小方说，每次回想自己几十年的成长历程，都要深深地感谢霍老师的启蒙和教育，“是她把我从一个不爱学习的淘气包领上了好学求知的道路，是她使我养成了良好的学习习惯，我永远感谢霍老师”。

启　示：

欣赏每一个学生是“发展性教育”的前提，学生可能会由于种种原因暂时处于一种不尽如人意的“淘气”状态，如果教师能够全面地、发展地看待他们，学生最后就能够借助和依托教师的师爱和期望而成长、发展起来。能够看到淘气孩子的“闪光点”，是霍老师博大师爱和超凡教育智慧的表现；能够以自己的人格和学识在学生心中树立威信并发挥其教育功能，则更是霍老师能有效治疗“淘气包”问题的奥秘所在。

珍视孩子独立思考

霍老师说，一名优秀的语文教师不仅要善于挖掘课文中的思想内涵，更要善于“察言观色”地听取学生的发言，选择最佳的提问点，调动学生的学习积极性，鼓励他们勇敢发表自己的见解。

有一次，霍老师在学校的大礼堂做研究课，讲的是许地山先生的散文《落花生》。这是一篇传统课文。几百位听课的领导和老师手拿笔和本子坐满了礼堂，把四十几个小孩子团团围在中间，这阵势够吓人的。他们要看看，对于这样一篇从主题到思想，到写作方法老师们早已背得滚瓜烂熟的课文，今天还能再讲出什么新意来。

这堂课学生们非常投入，各个环节进行得都很顺利。按照教学计划，在分析完写作特点之后，留出 20 分钟的时间，让学生们讨论做人的道理，提高他们的思想认识，也为作文训练做好准备。

霍老师说：“同学们，这篇课文从花生和苹果、石榴的对比中，写出了爸爸对孩子们的要求，告诉了我们一个做人的道理。请大家想一想，你们愿意做什么样的人呢?”学生们听到问题，几十只小手立刻刷刷地举了起来。

“老师，我要做一个像花生那样的人。它虽然埋在土里，外表也不好看，但是对人们有用，有好处。”

“老师，我要做一个像花生那样默默做好事的人，不做只讲外表漂亮的苹果和石榴。”

许多学生都发表了赞美花生而批评苹果和石榴的看法。忽然，小龙也举起了手。小龙是个胆子比较小的学生，半年前，他随爸妈的工作调动来到了北京。刚插班的时候，真有点儿像林黛玉初进荣国府，不敢多说一句话，不敢多走一步路。但是，经过几个月的训练，现在好多了。

霍老师用目光注视着他：“小龙，你想说什么?”

“老师，为什么非要做落花生那样的人呢？落花生有用，有很多优点，可是作者说苹果、石榴不好，我就不能同意。”

一石激起千层浪，课堂气氛顿时更活跃起来。霍老师赞许地向小龙点点头：“很好，请你继续说下去。”

他把小脑袋一歪，接着说：“老师，你看，苹果、石榴挂在树上多好看呀。要是都像花生那样埋在土里，不把它挖出来，别人就看不见，那多没意思呀。我家院子里就有两棵石榴树，那又红又大的石榴，谁见了都说好。”

她的意见和那稚嫩的声音博得了热烈的掌声。掌声还没落下，一个叫王晗的女孩子站起来说：“老师，我想做石榴那样的人。石榴开花红艳艳，结的果子又好看又好吃，学校不是也要求我们注意自己的外表吗？”

“可是，可是我们也不能因为苹果、石榴有好的地方就认为作者错了呀？”班上的语文课代表，一个扎着两个小辫儿的女孩子大声地为作者辩护了。她接着说：“作者批评的是他们的那种献媚和骄傲，唯恐别人不知道自己。反正我就喜欢像花生那样谦虚朴素的人。”

同学们的思路如此活跃，让听课的老师都感到吃惊。霍老师兴奋地说：“同学们敢说出自己的意见，这非常好。时间不多了，还有谁想说？”

“老师，我同意小龙和王晗的看法。”这是班长——一个男生的声音，“苹果和石榴外表漂亮，又很好吃，它们表里如一，有什么不好？为什么要像花生那样藏着掖着呢？如果一个人有能力却不让别人知道，还怎么为祖国作贡献呀！所以，我们应该做苹果和石榴那样的人，他们表里如一，不过……不过，做花生那样的人也不错。”

班长的话音一落，听课的老师们都不约而同地鼓起掌来。快下课了，霍老师总结说：“同学们，今天你们用自己的小嘴儿说出了心中的话，很好。其实，你们每个人的发言都是一篇口头作文。回去以后，请大家以‘花生与苹果’为题目，写一篇文章，可以把自己的想法和同学的意见结合起来写。我手写我心，我手写我口，一定要写出自己的特点来，好吗？”

“好！”在同学们兴奋的欢呼中，下课铃响了。

启　示：

小孩子是天真活泼、不世故的，他们最初是会有什么说什么、想什么说什么的，但若遇到教师和家长不理解或不尊重的态度，这些可贵的纯真就会很快消失，而这些纯真可能就是孩子们日后能够有所作为的精神基础。霍老师正是看到了孩子们身上这些重要的、难能可贵的品质，所以十分注意爱护和保护他们的那一份幼稚和坦诚，尽管有时这些幼稚和坦诚在有些人看来是触动了教师的权威，而霍老师却能跳出这些狭隘的局限，从教育孩子出发，鼓励他们独立地思考，不必一味地与老师保持一致。这不仅反映出霍老师有广阔的胸怀，还反映出霍老师对学生可贵品质的尊重与珍爱。

鼓励孩子大胆质疑

霍老师说，鼓励学生质疑问难，是培养学生自学能力的一项重要工作，应当贯穿在整个教学过程中。

霍老师在60多年的教学工作中非常注重培养学生的探究精神，鼓励学生质疑问难，这从她的几个教学案例中可见一斑。

霍老师认为，要鼓励学生质疑问难，首先要鼓励学生“放胆”，让他们大胆地提问。所提的问题，即使是芝麻西瓜一大堆，甚至提得不恰当，也不要挫伤学生的积极性，要充分肯定学生积极动脑筋的一面。例如在三年级学习《李时珍》一课时，学生们刚开始预习时，提出的问题往往与课文的重点关系不大，有的同学问：“金银花是不是一种草药？它能治什么病？”“中草药不好吃，能不能把中草药都制成药丸呀？这样比吃苦草药强多了。”显然，这样的问题不是本课要解决的问题，但当学生提出来的时候，老师不能挫伤学生提问的积极性，更不要批评他，只告诉他这样的问题咱们课后再去研究就行了。同时，老师可以表扬提问提得好的学生，启发大家围绕教材的重点来提问题。这样，学生的积极性得到了保护，质疑问难就能“放胆”了。

其次，学生放胆发问以后，要引导他们逐步将问题提到点子上，提高质疑问难的质量，这是进一步的要求。要做到这一点，关键在于老师的引导。引导的方法，一是表扬问题提得好的同学，说明好在何处，还可让提出问题的学生说说他是怎样想到这个问题的；一是指导学生围绕重点、围绕中心来思考问题，发现问题。例如，《草船借箭》一课，中心是表现诸葛亮神机妙算的智慧和才能。但是，文章没有正面写出诸葛亮为什么会有这样的智慧和才能。如果围绕课文的重点和中心来思考，那就不难发现“为什么”的问题。事实上也正是这样。有个学生读了课文以后，提出“周瑜明明是要为难诸葛亮，诸葛亮为什么敢答应三天能造十万支箭呢？”

在总结课文时，学生又提出来“诸葛亮为什么能有这么高的智慧和才能呢?”这些问题都提到点子上了。学生们积极思考、议论，有的说，他当军师多年，作战经验丰富；有的说，他善于动脑筋思考。霍老师也加入到了学生们热烈的议论中，并补充了一点：他还善于观察、分析，有自知之明。他知道曹操心细多疑，大雾之下，不会贸然出兵；他知道鲁肃憨厚，能帮他的忙。所以，诸葛亮知己知彼，才能百战百胜。通过这样的问难、讨论，教学逐步深入了，同时，学生见到自己提的问题在教学中起到了好作用，受到老师的表扬，质疑问难的积极性也就更高了。

再次，鼓励并引导学生联系过去已学过的知识质疑问难。这是进一步的要求，就是说，不仅能对新课提出疑难的问题，而且能联想到旧知识（包括学生课外阅读获得的旧知识）提出新问题。这种新旧联系的问难，对于巩固旧知识，促进新知识是很有好处的。例如，学生学过写人的文章以后，初步懂得了要通过人物在事情中的表现、外貌、语言、动作和内心活动等表现出人物的思想感情、精神面貌。当他们学习《我的战友邱少云》一课时，他们发现这篇课文的写作方法和过去学的不同，因而提出：“这篇文章重点是写邱少云，为什么没有邱少云的动作、语言、外貌描写呢?”这个问题提得好，因为它涉及的正是这篇文章的写作特点。这样的问题提出来了，就能促使学生积极带着问题来学习新课。又如，学生们阅读时，老师常启发他们根据题目去思考课文的主要内容、重点部分以及文章的思路等，当他们读《草地夜行》一课时，提出问题说：“这课书重点部分是‘夜行’，重点在‘夜’字上，课文应早些提出过草地的时间，为什么在后半部分才提出来‘太阳快要落山了’?”有的学生说：“我们能不能给修改一下呢?”学生们思维十分活跃，最后提出在文章开头第一句写上“太阳已经偏西了，茫茫的草地一眼望不到边……”他们说，这样改能使读者一上来就有一种时间的紧迫感，如果不赶快追上队伍就会被草地吞没了。霍老师老师同意了他们的意见，并把意见反映给课文的作者，学生们看到了自己学习的成果，学习积极性更高涨了。

启　示：

宋朝的教育家朱熹说过：“读书无疑者须教有疑，有疑者却要无疑，到这里方能长进。”读书无疑，是不善于思考的表现，有疑好问，通过思考，解决了问题，就前进一步。读书过程中，矛盾不断产生，不断解决，思维不断发展，阅读能力也就不断提高。

启发式教学引导学生思考

霍老师说，启发式教学的步骤有三：一是要从实际出发，根据不同的教学内容，不同的对象，不同的教学任务，采用不同的教学方法，不宜生搬硬套，僵死不变；二是教师的主动作用与学生的积极性、主动性统一起来，教师要正确估计学生的心理活动，善于启发诱导，促进发展；三是运用科学的方法，引导学生掌握规律，举一反三、触类旁通，以达到教是为了学，为了“用不着教”的目的。

孔子说过，“不愤不启，不悱不发”。朱熹曾解释说，“愤者，心求通而未得之意；悱者，口欲言而未能之貌”。什么叫“启”呢？即“开其意”。什么叫“发”呢？即“达其词”。所以教师在教学中，要善于察言观色，善于听取学生的发言，善于调查研究。学生想知道而又不知道，想说而又说不出，在这种情况下，他们心理上产生了愤悱，注意力集中，凝神深思，但是思路又不通。比如上课时，老师提出一个词，让学生再换一个类似的词，他们一时想不出来，老师让学生再想想，或者稍加提示，学生马上领悟了，即意开词达，这就是启发。

在教学中，进行启发式教学可以收到意想不到的效果。下面呈现霍老师几个教学案例，看看她是如何进行启发式教学的。

通过提问，启发学生深入思考。在教《再见了，亲人》一文时，霍老师先让学生审题，问学生这句话是什么意思。学生说：“这是中国志愿军抗美援朝回国时，向朝鲜人民告别的一句话。”那么这句话是对谁说的呢？学生说是对阿妈妮说的；再读第二段，他们说是对小金花说的；再读下面一段，学生说是对大嫂说的。霍老师问到底对谁说的呢，学生只能说出阿妈妮、小金花、大嫂三个人。

霍老师进一步问：“送别志愿军是不是只有这么几个人呢？”学生思路活跃了。他们说，这句话是送别时，志愿军对朝鲜人民说的；有的学生说：也是朝鲜人民对志愿军说的。这时学生的认识显然上升了一步。

霍老师又提出启发性问题，让大家边读边想：“阿妈妮、小金花、大嫂，她们对志愿军是什么样的友谊呀？”这时让学生读或说朝鲜人民救护志愿军、支援志愿军，不怕流血牺牲的英雄事迹，学生情感激动，然后再问他们："这是什么样的友谊呀?"学生思维积极，有的说："阿妈妮为了给志愿军送饭，冒着炮火硝烟来到阵地上，自己却昏倒在路旁；为了救出志愿军伤员，她献出了自己唯一的小孙子，这是血的友谊。"……

霍老师接着又问："那么，'再见了，亲人!'虽然是一句亲人之间告别的话，但是充分表达了中朝人民之间的一种什么样的友谊?"学生马上认识到，中朝两国人民之间的友谊是用鲜血凝成的，是牢不可破的。这就启发了学生把具体形象思维上升到理性认识，从个别事例归纳出一个道理，即从分析综合中做出判断和概括。从以上过程可以看出，通过有目的、有计划、有重点、由浅入深的启发式提问，就可以促进学生认真思考，不断提高他们的认识能力、阅读能力和自学能力。

补充知识，唤起联想，启发想象，提高阅读的积极性和自觉性。霍老师在教学中经常抓住时机补充一些知识，唤起学生的联想，或背诵有关的诗歌、谚语、成语，或讲个典故，或欣赏名画，或观察自然等，以扩大加深学生对文章思想情感和意境的理解。比如教《月光曲》一课时，霍老师让音乐老师演奏了《月光曲》，并简单介绍了贝多芬的生平。当讲到贝多芬为盲姑娘弹第二首曲子时，学生们强调他同情劳动人民，觉得盲姑娘可怜。这说明学生难以深刻理解贝多芬创作《月光曲》的思想感情。于是，霍老师补充了俞伯牙与钟子期"知音"的典故，这样既补充了知识，又唤起了学生想象，为学生理解难点搭桥铺路。故事刚讲完，许多学生举手争着发言。在讲到"月光洒进茅屋，……像罩上了一层银色的白纱"时，霍老师让学生背诵"床前明月光，疑是地上霜"的诗句，还背诵了"初闻征雁已无蝉，百尺栏杆水接天"的诗句，唤起学生的联想，启发学生想象创作《月光曲》的情景。这样，不仅不增加学生的负担，反而使学生丰富了知识，扩大和加深了对文章的理解，发展了思维和想象力，同时提高了阅读的情趣，有利于培养学生的自学能力。

设计一些启发性的课堂练习，发展学生的智能。在教《林海》一课时，霍老师引导学生作了概括，并用精练的语言板书。第二大段，她引导学生半独立地概括，并按第一段思路板书。第三段让学生讨论，并独立概括板书。这就教给了学生学习的方法，使他们举一反三，不断提高自学能力。

启　示：

启发式教学根本点是把学生看成学习的主人，核心是一个"思"字，就是最大限度地调动学生学习的积极性、主动性，让他们勤思、善思，用科学的方法，引导他们不断前进，使他们学得生动活泼，积极主动。

九、帮助每一个孩子走向成功

学知识，更要学做人

霍老师说，做事不想，那叫莽撞，成功者少；随声附和，那是盲从，失败者多。

小时候，小苑是个以聪明自居、以心直口快为荣的学生。老师的教导不听，书上的道理不记，总以为自己什么都懂，结果做了不少“蠢事”。不但破坏了同学关系，影响了自己的进步，也给霍老师添了许多麻烦。现在想起来，小苑觉得后悔不已。

有一个时期，班里开展互帮互学活动。霍老师在动员的时候说，学习主要靠自己，但也要靠朋友之间互相帮助。她还说：“一朵花开得再漂亮也打扮不成春天，只有百花齐放春天才更美丽。同样，几个人学习好，得表扬，当然是好事，但是只有全班同学的学习成绩都上去了，大家都成了好学生，我们的集体才更光荣，才能使每个同学都成为合格的接班人。大家要互相帮助，取别人之长，补自己之短，争取共同进步。”在老师的鼓励下，班上组成了各种小组，有的是同桌结对子，有的是按家庭住址就近结合，有的则是语文好的跟语文差的、数学好的跟数学差的同学成立小组，于是班里很快便出现了一种互相帮助、争先恐后的学习氛围。

但是，有一天，小苑惹祸了。

那天傍晚，他们几个男生打完球回来，准备到教室拿书包，刚一推门，发现小杰和两个女同学还没走，他们把三张桌子拼成个三角形坐在一起。小苑马上退出门来，对后面几个同学喊：“嘿！快来看呀，他们好上了！”于是他们猛然冲进教室，继续大喊：“啾——他们好上喽！好上喽！”这突如其来的起哄声把小杰他们吓了一跳，都茫然地站了起来，可是小苑他们几个却像胜利者似地继续“啾啾”叫着。小杰气愤地抓起书包向他抡了过来，那两个女同学急忙拉住小杰，说：“不要打架，不要打架！咱们明天告老师去，起什么哄呢！”架没有打起来，那两个女同学却抹着眼泪走出了教室。

一阵痛快的哄闹之后，小苑突然觉得自己闯祸了，于是蔫头耷脑地走出了学校。

第二天，同学们便议论开了。有的女同学公开说小苑“太坏”，连走路都躲着他。更糟糕的是他们三人小组的小艳同学向班长提出了换组的要求，理由是“小苑有一肚子坏水儿”。而小杰呢？他们三人虽然把事情告诉了老师，但是并没有散组，反而在一起学习得更起劲儿了，好像是成心“气他”似的。那两天，小苑真是如坐针毡，心想，霍老师一定会找自己的。可是，老师却很平静，根本不理他。霍老师越不提这件事，小苑心里就越发“毛”。终于还是他坐不住了。一天放学后，他硬着头皮找到了霍老师，等着挨批评。不料，老师非但没有批评，反倒心平气和地说想听听他对这件事的想法。想法？自己有什么想法呀？当时，小苑只有一肚子的“后悔”。说心里话，他只想让老师狠狠地骂一顿，再给自己一个机会向同学检讨，向人家道歉，因为那两天他已经尝够了被同学议论、被错误折磨的滋味了。

于是，在那个星期的班会上，班长让他到讲台前检讨了自己的错误，向小杰他们道了歉，还给他们鞠了三个躬。班里又恢复了往日的平静，友爱互助的气氛也更浓了。小艳同学不但没有再要求调换小组，而且他们两个男同学还诚心诚意地选她当了学习小组长。吃一堑，长一智，从此，他再也不敢瞎说八道、自作聪明了。

那次班会的最后，霍老师还做了总结。事隔几十年，小苑还记得霍老师的话：“同学们，大家还是孩子，所以才要上学。学什么？不但要学知识，学技能，还要学习做人，做一个道德高尚的人。小苑同学是个聪明的孩子，但做事有时候太莽撞。这次他忘了‘三思而行’这个成语，所以犯了错误。其他几个同学不看不想就跟着小苑瞎嚷嚷、起哄，这就叫‘盲从’。什么是‘盲从’？就是闭着眼睛，堵着耳朵，跟着别人瞎说乱跑。这种人是最容易犯错误，最容易坏事的。他们这样做不但伤害了同学、朋友，伤害了我们的集体，也降低了自己的品格。希望大家从他们身上吸取教训，以后不论遇到什么事都要用脑子好好想一想，不要捕风捉影，不瞎起哄，不盲从。”

做事先想后行动，不可盲从，这就是小苑得到的教育。

启　示：

遇事不知道动脑子，有时跟着别人瞎起哄，率性盲从地做事，往往是小孩子无知的表现，如不加以引导、调整和教育，使之有所改变和觉悟，对其日后的发展是不利的。所以，引导和教育学生从小养成遇事先想后做，不可起哄或盲从，是每位老师，尤其是班主任老师的重要责任。在这些方面，霍老师是很用心也是很耐心的，其中需要的不仅是智慧，更是爱心与责任。

学点生活的本领

霍老师说，有些能力，在课堂上是学不到的，但生活中却常常需要，比如打补丁、洗衣服这些“雕虫小技”。这叫学习生活。我们应该有意识地多教孩子们学点生活的本领。

“我感谢霍老师，不仅是因为她给了我知识，使我学会了学习，而且还因为她教会了我很多生活的本领。”小君回忆说。

上世纪60年代末，小君还没有高中毕业就和同学们一起插队到了北大荒农场。北大荒可不是北京，顶风冒雪，开荒种地，那个苦、那个累、那个脏，对于她们这些十七八岁的女孩子来说，可真是破天荒了。在北京她们都是父母的“宝贝”，可在那儿，几乎都成了“孤儿”，什么事都得自己干。

一个休息日，她们决定集体拆洗被褥。“拆”与“洗”当然容易，三下五除二，都是独立自主的活儿，但是做起来可就不那么简单了。那天下午，她一进宿舍，看到几个同学已经蹲在炕上拆洗起来了。只见在晓梅和春燕的身边都扔着一张半尺多宽的棉絮。小君拿起棉絮大叫一声："你们这是干什么?"快嘴的小梅回头冲她一笑："你嚷什么？被里儿、被面儿，一洗都抽抽了，棉絮一晒却胀出来了，不铰掉它，能'包'到被子里吗?"看她那得意的神情，好像拆洗被子铰棉絮倒成了她的杰作似的。小君无可奈何地说："你可真聪明得可以，没吃过猪肉，还没见过猪跑？你妈就是这么给你做被子的吗?"

大话一出口，心中却后悔了，因为自己还真没有见过妈妈是怎么做被子的。当她在炕上摆开阵势的时候，也懵了——怎么办？自己的棉絮也胀出了一大截。小梅见状，幸灾乐祸起来了："怎么样，你也铰吧。"就在那尴尬的瞬间，小君想起了霍老师。

那是小学六年级的时候，爸爸妈妈被调到外地工作去了。小君因为差一年就要考中学了，在霍老师的劝说下留在了北京，住校了。从此，霍老师便成了她的义务监护人。每到星期天或节假日，霍老师就把她和其他几个同学接到自己家里，给他们做吃做喝，教她们背诗，指导她们读书。忽然有一天，也许是不习惯住校生活了吧，小君病了，连续发烧、出汗，被褥都湿了。到了星期六下午，老师忽然说："小君，今晚到老师家住吧，我给你把被褥拆洗一下，味儿死了。"星期天做被子的时候，老师把她和小姐姐（霍老师的小女儿）叫到床前，笑呵呵地说："你们两个小鬼过来学着点儿。"好像还说了句"女孩子嘛，应该学会点针线活儿"。

从那以后，直到上中学住校，小君都学着自己拆洗被子。可那时候，霍老师和她从来也没有铰过棉絮呀。今天是怎么了？小君没有理睬小梅她们的嘲笑，双膝跪在炕上，两手把棉絮揪扒揪扒，嘿，那长出来的棉絮便都缩回去了。当她再帮着其他几个同学做被子的时候，简直成了"英雄"。就在那天晚上，姐妹们躺在被窝里给她取了第一个美名——被子王。

小君从小就兴趣广泛，什么都想摸一摸、干一干。在小学六年里，她参加过许多小组，好像什么都喜欢。像手工课的剪纸、贴画儿，在板报组写标题、画插图，在缝纫组扎补丁、撩裤脚儿，还背着小药箱，当过小医生呢。当然，爱好多，并没有影响功课，她还是三好学生呢。在北大荒漫长的岁月里，虽然和许多同学一样，吃尽了"自力更生，自食其力"的苦，但是，广泛的爱好和儿时的习练却使她在艰苦劳累中尝到了许多"甜"，使她赢得了许多赞誉：她参加了板报、壁报的宣传工作，领导就叫她"大编辑"；同学病了、伤了，她还能给他们打针、上药、包纱布，私下里大家都叫她无师自通的“大医生”；休息的时间里她也闲不住，常常给男同学穿针引线补袜子、钉扣子，于是男同学就送了她一个“巧手姑娘”的称号。

现在，每当小君与朋友们回忆起蓬首垢面、累得腰酸腿疼的北大荒生活的时候，大家便拿“大编辑”“被子王”和“巧手姑娘”来称赞她，她则在这种友善的称赞中回味着甘甜与幸福。

启　示：

开展丰富多彩的活动，既可以使有特长的学生展示才华，也可以引发学生的兴趣爱好。霍老师主张每个学生至少应参加一项课外小组活动，这样不仅可防止学生因课外无事可做而“生非”，而且还可使学生多知多能，学会生活和做事的本领。小君同学所以能得到许多“美名”，正是对小时候兴趣广泛、不厌学习的回报。我们的老师应该在开发学生智能的同时，积极引导学生多学一点生活的知识和生存的技能。

点燃理想之火

霍老师说，学生由于文化背景、志向水平、智力等不同，存在着明显的个体差异。尊重学生的个体差异是因材施教的基础，而善于“发现”和“利用”儿童的个体差异从而促进其发展则是因材施教的关键所在。

在小学阶段，霍老师在班上开展了许多课外活动，如布置“自然角”、写《自然日记》、办“学习园地”，还成立了校图书馆、板报组、朗诵组、写作组、讲故事组以及各种球类小组等等，让每个同学都有一份工作，都有一项为集体服务的内容。也许是因为小玲的妈妈患有糖尿病的缘故，霍老师一直没有给她安排活动，忽然有一天，霍老师把她叫到办公室问：“小玲啊，你妈妈的病现在怎么样了？”

“还不好。”小玲小声回答。

“我知道，你在家里要帮妈妈做很多事，你是个孝顺的孩子。有什么问题需要老师帮忙吗?”

“没有，老师，我想赶快长大，给妈妈治病。”小玲哽咽着说。

霍老师为她擦去泪水，接着说：“小玲啊，现在就让你当医生，行吗?”

“不行，不行，我什么都不会。”

“你看，同学们有得沙眼的，有长癣的，我想在班上建立个小药箱，给同学们滴滴眼药水，抹抹药膏，测测体温什么的，我们总不能有一点儿小病就去麻烦校医呀……”

霍老师见她没有言语，就又说：“你很有爱心，又很细心，你愿意做这项工作吗?”

“行，就是怕做不好。”小玲又高兴又胆怯地回答。

第二天，老师宣布了这个计划，当堂选出三个同学组成了医疗小组，小玲当了小组长。霍老师对大家说：“今天，我们请同学们来当小大夫，给我们看小病，说不定他们长大了还能成为看大病的大大夫呢!”

于是，她们找来了小木板、小锯和钉子、锤子，自己动手订了个小药箱。还在上面画了个大大的红十字。同学们从家里拿来了体温表、清凉油、眼药水什么的。霍老师还给她们买来了常用的药水、药膏，还把校医请来为她们讲怎样测试体温，怎样看体温表，怎样上药和怎样用纱布包扎的道理和方法，就这样，她们背起了小药箱，当起了小大夫。那时候，高年级学生是要经常下乡劳动的，在那种场合她们不但给本班同学看病，而且还到别的班“出诊”呢。霍老师看小玲干得很专心，还送给她一本像《新华字典》一样大小的医疗手册。就这样，她高高兴兴地背了几年小药箱，直到小学生活结束。

中学时代，小玲继续在班里当卫生委员。高中即将毕业的时候，她赶上了“文化大革命”，便开始了下乡插队的生活。生产队领导发现她懂一点看病的道理，就派她去当“赤脚医生”。1979年，小玲考上了北京医科大学……当大夫的梦想终于实现了，毕业后，她成了医院的主治医师，还获得了多项科技大奖。

小玲说，她非常感谢霍老师：“是她发现了我，是她启迪并点燃了我的理想之火。一个人在求学的道路上，尤其是在启蒙阶段，若能遇到像霍老师这样的蒙师，那绝对是一种幸运和幸福。”

启　示:

了解孩子是对其进行有效教育的重要前提，包括对其家庭状况、思想状况、实际困难等。在此基础上，采取何种教育对策也是考量教师教育水平的关键环节。从小玲的案例中，我们可以感受到霍老师的做法独具匠心，教育策略的选择完全从学生的长远利益出发，以学生全面发展为落脚点，把对学生的“大爱”转化成教育的“大智慧”，不能不令人叹服。

专心致志做事，一分为二看人

霍老师说，人生两件事，做事与待人。做事务求专注，待人不可偏私。从小养成美德，一生自然通达。

如何做事、如何待人是衡量一个人的素质高低的重要标准。当年，霍老师就很重视这方面的训练。

当时，实验二小的教室主要是平房。上课的时候，窗外走过一个人或飞起一只麻雀，都会引起同学们的好奇，会禁不住向窗外张望；还有些同学相互说悄悄话，或偷看小人书……针对这种现象，霍老师常常提醒同学们，做事不能三心二意，也不能东张西望，要从小养成做事专心致志，不被周围事物干扰的好习惯。为了说明这个道理，霍老师还提前给学生们讲了《孟子》中“二人学弈”的故事，他们很小就能背诵：

> 弈之为数，小数也，不专心致志，则不得也。弈秋，通国之善弈者也。使弈秋诲二人弈，其一人专心致志，惟弈秋之为听；一人虽听之，一心以为有鸿鹄将至，思援弓缴而射之。虽与之俱学，弗若之矣！

那时候，他们就懂得上课一定要“惟老师之为听”才能学习好。霍老师还说，除了上课专心致志外，做作业也要专心致志。如果半小时内完不成作业，那他多半是心不在焉，很可能也是“一心以为有鸿鹄将至”了。在霍老师的激励下，他们都争着做专心致志的好学生。

霍老师课讲得好，带班也很有经验。她不是用“威严”和“权力”治班，而是用“爱心”、用教育教学的“艺术”和她的人格魅力带着同学们进步的。即便是给她一个“乱班”，用不了一个学期，准能变成先进集体。当时，她带的班上有几个淘气的学生，其中有一个叫宁宁的男孩子，同学们叫他“小老头儿”。虽然叫“小老头儿”，但却是个洋相出尽的“猴淘”。宁宁的手上和脚上起了许多水泡，同学们本来就不爱接近他，可他一点也不知趣。课上出怪相、说怪话，课下疯打疯闹。谁不跟他玩儿，他就打骂相加。为了不让他影响集体荣誉，在班干部会上，班长提出来让他转学，或者调到别的班去，结果遭到了霍老师的批评。霍老师说，“难道我们的宁宁身上就没有优点吗？难道你们当干部的就没缺点？”她告诉大家，看人要一分为二，不能说好学生就好得没有缺点，更不能说毛病多的同学就没有优点。在班干部会结束时，霍老师给了他们一个任务——让他们去找找宁宁的优点。

其实，霍老师早就知道宁宁的优点了。在一次班会上，霍老师动情地讲了宁宁的故事。说他不向疾病屈服，带病坚持上课，是个爱学习的好学生；说他带着药上学，天天自己挤水泡、上药膏，但从不说疼，是个意志坚强的好孩子……她还批评了那些给宁宁取外号的同学，号召大家像兄弟姐妹一样去关心他、帮助他。霍老师还特别强调，大家要团结友爱，互相帮助，绝不能让一个同学掉队。

霍老师对宁宁的表扬使同学们都感到非常意外，谁也没有想到宁宁还有这么多优点。班长自己也反思到，怎么就只看到宁宁脏兮兮的水泡和打骂同学的缺点呢？怎么能提出让宁宁转学和调班的馊主意呢？后来，班长还当着老师和同学的面做了检讨，并主动上前跟宁宁握了手。同学们见班长都带头改变了态度，都纷纷表示以后一定和宁宁做好朋友。就这样，同学们变了，宁宁也变了。不久，宁宁的“水泡”好了。一年后，他光荣地加入了少先队，“小老头儿”终于变成了一个品学兼优的英俊少年了，这个班也变成了先进集体。其实，霍老师对每个学生都如此，她赏识和关心每一个同学，即使是在缺点多的同学身上，她也能找出不少优点来。她总是用火热的爱心，期待着同学们的进步，并对每个同学都充满着希望。

多年后，当年的班长到北京出差，去国务院机关的一间大办公室里看望了宁宁。当久别的同学说起“小老头儿”时代的故事时，不禁哈哈大笑起来。宁宁还回忆：“当年，在同学们躲着我、不愿跟我玩儿的时候，霍老师却几乎天天下午叫我到办公室，给我用热水洗手、烫脚，然后给我上药，还给我做了许多棉花签儿，不让我用手指涂药，说那样不卫生。有几次我手脚奇痒难耐的时候，霍老师还亲自带我上医院，还给我买过药呢。”这位年逾五旬的国家干部动情地说：“几十年来，霍老师在我的心中，不仅是恩师，而且还是我的恩人呢。”

“专心致志做事，一分为二看人”，这就是霍老师教给学生们做事待人的学问。

启 示：

小学生不能全神贯注地读书学习，不会全面地看人看事是很普通的现象。霍老师能及早引用古人的教导，并根据宁宁同学的具体问题向全班同学进行教育，使他们明白“专心致志做事，一分为二看人”的道理。由此，不仅体现了一般思想道德教育的基本要求，而且也体现了素质教育的重要内涵。对于学生们来说，教育的内容非常丰富，教育的课题无处不在，我们的老师们应该像霍老师那样，做一个善于捕捉教育契机的智者，打开学生的心门，让他们健康、快乐地学习、成长，相信他们自己都有独一无二的特点和价值。

学生个个成才的“秘密”

霍老师说，教师应该努力做学生的知心朋友，如果能得到学生内心的认可，那么便会“亲其师，信其道”了。

在霍老师当班主任前，小旭的班是一个问题较多的班：老师延续传统的“管”班思维，导致学生抵触情绪严重，常常跟老师发生冲突，老师觉得自己的“权威”被挑战，反过来又用更强制的方法“管”班，结果陷入恶性循环，师生矛盾大有一触即发之势。以小旭来说，在这个班，他是老师最头疼的学生之一，二三四年级时，都曾和任课教师及班主任发生过冲突，四年级时因为对老师有意见，在上课时把铅笔刀扔向老师，后来被“告”到教导主任那里，教导主任亲自来班里把小旭轰出了教室。

正在小旭想法子“报仇”时，学校调霍老师当了他们的班主任。第一次讲课的内容小旭已经记不清了，但霍老师的音容笑貌、言谈举止给他留下和蔼、慈祥的印象，他突然觉得和老师的距离近了。

只有接受了老师，才能接受老师的教导。他把霍老师说的每个问题、每个道理牢记于心，总是按照老师的要求去做。霍老师教导学生要关心集体，热爱校园、热爱劳动，小旭听了总想做点什么，让老师看到自己是个听话的好孩子。小旭住校，比别的同学到校早，每天早上他都拿着笤帚打扫通往学校的小路，迎接霍老师的到来。霍老师每次看到他，都会停下自行车向他问好，并鼓励他。每次得到表扬和鼓励小旭都很开心，觉得劳动真的是光荣的，校园真的是应该自己爱护的。

霍老师的引导使小旭对老师的抵触变为尊敬，再由尊敬变为接近，最后达到情感上的融合。小旭的班上有几个家里生活比较困难的学生，常常没钱买午餐。可是小旭后来看到他们也能和自己一起吃到午餐了。打听了一下，才知道是霍老师掏钱帮他们买的。这事让小旭感触很深，“文革”后期，小旭在东北当老师时，也学着霍老师关爱学生，从北京给学生买玩具，带学生看病，并把当时非常珍贵的红糖分给发烧的学生喝。在忆及此事时小旭说：“我爱学生都是受霍老师影响的，霍老师的爱使我铭记并影响了我后来所走的路，使我终身受益。”

启　示：

每个学生都有个性差异，每个孩子都能成才。这在霍老师的教育词典中，是毋庸置疑的两个重要的道理。而当一个教师真正懂得并实践这两个道理时，许多教育教学的难题都可能被突破、被解决。

再者，师生关系的好坏直接影响着教育教学效果。师生关系好，学生喜欢教师，心理上有亲近感，才喜欢老师的课，接受老师的教诲，即所谓“亲其师，信其道”。霍老师一生都在践行“没有爱就没有教育”的教育思想，从心里爱每个学生，亲近每个学生，关心每个学生，真诚地鼓励每个学生。这样的老师，学生们从心里喜欢、敬重并愿意接近。

把孩子引上成功之路

霍老师说，淘气的孩子点子多，创造力强，前途不可限量。老师对淘气的学生应该采取激励、赏识的教育方法，多说“你真棒，再好好想想，你还能做得更好”这样的话，孩子的“淘气”可能就转化为“聪明”了。

有一年，在宁夏工作的小黎遇到了一位从北京去的教授，之前他们素不相识，但谈话中无意发现，他们都是霍老师的学生。这个共同点一下子拉近了他们的距离，工作之余，话题便集中在霍老师身上了。那位教授说的一句话让小黎印象深刻：“我受到的最好的教育是在小学阶段，教过我的最好的老师是霍老师。”这话引起了小黎的思绪，后来在写给霍老师的信中，他详细回忆了小学时代霍老师教育他、关怀他的点点滴滴。

信中，小黎主要写了三件事。第一件是霍老师针对他的特点开“小灶”——这“小灶”不单单是学习上的，还有思想上的、行动上的，只要是对他的成长有帮助的，这“小灶”都会及时开。不过这“小灶”有别于一般的个别辅导和思想教育，而是采用朋友聊天的形式进行，在春风化雨中将教育的真谛融进学生的心田，使他们快乐地学习、幸福地成长。这“小灶”不单单面对小黎，而是全班学生都能享受到，所以每个学生回忆起霍老师，都有说不完的故事。第二件是小学六年级开始后，霍老师为了锻炼他们的独立自主能力，为升入中学奠定基础，特别安排他们住校，提前适应学校生活。她还利用课余时间，指导同学们举行丰富多彩的活动，为他们的小学时代和童年生活画上了完美的句号。

第三件事小黎记得最清楚，因为这件事让他从淘气包变成了优等生，对他一生都产生了深远的影响。

俗话说，金无足赤，人无完人，再好的人也有缺点，再优秀的班集体也有淘气的学生。当然，再淘气的学生也绝不会一无是处。小学时期，小黎就是一个“奇淘”而又有些可爱的孩子。

上小学时，虽然他们班连续三年都是优秀集体，教室的后墙上挂满了各种奖旗和奖状，但是他和小飞、小磊三个学生却常常给集体抹点黑。这倒不是因为他们上课捣乱，成绩不好，而是因为他们总爱自以为是，爱耍小聪明，还会看人下菜碟儿。小黎比他们俩大一些，就成了头儿。小黎还挺“狡猾”的，在霍老师和教数学的李老师面前，他谦虚、听话，是一等一的好学生，原因很简单：高年级的哥哥姐姐们都佩服她们，说她们特有学问——至于有多少学问，他并不知道。

可是对于体育老师他就另眼相看了。他总觉得体育老师除了打球、跑步之外没有别的什么本事。球，谁不会玩儿？步，谁不会跑？所以，在体育课上他便常常跟老师“过不去”。比如练习跑步，还不到一两分钟就故意来个趔趄，“哎呀”一声坐在地上，说：“老师，我崴了脚了。”然后便偷偷地乐着，“一瘸一拐”地出场玩儿去了。这种“把戏”玩儿多了，老师不信了，可又斗不过他这胡搅蛮缠的嘴，渐渐地便不爱理他了。但是有一回，小黎却真的“栽”了。那是在篮球场上，比赛快结束的时候，他们班只赢了一分。如果对方得球再投进去，那他们就输定了。小黎灵机一动，在对方同学飞跑上来抢球投篮的瞬间，故意往前滑了个屁股蹲儿，正好把那个同学绊了个大马趴。体育老师跑过来冲他大发脾气，说他故意绊人犯规。可是不管老师怎么说，他死咬住一句话：那个同学是自己摔的，他管不着。老师见他死不认账，更不向同学道歉，最后只得把他送交班主任霍老师。

小黎有点儿害怕了，心想，又给集体抹黑了，霍老师一定不会轻饶自己。要是告诉了爸爸妈妈，可就要挨揍了。谁知霍老师并没有批评，只问他是不是故意绊人的。最后见他死活不认账，就说：“小黎啊，你已经12岁了，又很聪明。聪明的孩子应该是诚实的，可是你却用聪明淘气，今天回去问问你爸爸和哥哥，了解了解他们的童年，对你会有好处的。”就这样，他就不疼不痒地在霍老师那儿过“关”了。

走出老师办公室，小黎想，问什么呀，爸爸是老革命，哥哥是大军官，自己早就知道。至于自己吗，新中国出生，红旗下成长，绝对是革命后代。有什么好问的呢？可是为了向霍老师交差，他还是问了。爸爸给他讲了自己艰苦的童年和曲折的工作和生活经历，最后嘱咐小黎要抓住机会好好学习。小黎听了觉得非常难过，就向爸爸承认了在篮球场上的错误。

第二天一早，小黎主动向霍老师承认自己是故意绊倒同学的。课间的时候，他又跟着霍老师找体育老师和那个同学检讨了自己的错误，并保证以后不再与体育老师“作对”。

那一年春季运动会前夕，霍老师让他们三个同学代表班集体去运动场做服务工作，并对他说："小黎啊，从哪儿跌倒，就从哪儿站起来，到时候要在体育老师面前好好表现啊！"可是，当他们去向体育老师报到的时候，却碰了个"钉子"："霍老师怎么把你们这三块料派来了？"体育老师绷着脸，露出了不屑一顾的表情。他们忍住气，只是小声地嘟囔道："别小看人，咱们走着瞧吧。"

运动会开了整整一天。他们虽然没有项目，但是比运动员还累：一会儿给上场的队员抱衣服，一会儿给下场的运动员送凉开水；一会儿陪着冲刺的运动员助跑，一会儿又给运动员按摩；一会儿要跑步送广播稿，一会儿又要帮老师准备器材……忙得不亦乐乎。忽然，跑道上一个同学捂着胸口踉踉跄跄跑了过来，他们急忙跑了上去，但是晚了，那个同学还是栽倒了。小黎二话没说，背起他就往医务站跑去。那一天，有两个"伤员"都是他背着送到医务站的。

总结会上，当大会宣布得奖名单的时候，他们都静静地听着本班同学的名字。在各班同学抱着本班的运动员欢呼雀跃的时候，主席台上又宣布："最后一项是本届运动会的最佳服务奖。获得这项奖励的有五年级二班的小黎、小飞、小磊……"不等念完下边的名字，他们班就沸腾了。霍老师紧紧握住他们的手，高兴得跟他们一样，嘴都合不拢了。事后，霍老师告诉他们，是体育老师亲自提名让学校表扬他们的。

从此以后，小黎很快从"淘气鬼"变成了优等生，还连续两年被评为"三好学生"。

启　示：

引导一个孩子走向成功，尤其是引导一个"淘气包"转变为优等生，教师要付出的努力是难以言状的。特别在小学阶段，孩子的发展和变化很不稳定，理解和感受能力也比较有限，变化无常的反复常会使教师疲惫不堪。如果没有神圣的使命感与责任心作支撑，要想使所有的孩子都能得到恰如其分的教育是天方夜谭。而这些方面，霍老师做到了，她作为著名的特级教师，当之无愧。

循循善诱，耐心培养

霍老师说，作为班主任要善于细心观察学生的日常行为表现，发现他们的优缺点，循循善诱，帮助他们发扬优点，克服缺点，在工作中培养和锻炼能力，这样就会使他们在集体中健康成长起来。

五（三）班的欣欣是个好班长，虽然年纪不大，但颇有“吃苦在前、享乐在后”的劲头。她关心班上的每一件事，也关心同学，能为同学的进步高兴，也能为同学的退步难过，于是同学们都亲切地称她为“管得宽”。

欣欣有今天这样的成绩让很多人感到惊讶。四年级的时候，她和同学的关系并不好，大家都觉得她太厉害了，只会管别人，不能严格要求自己。和同学们在一起，处处想拔尖，老想让别人听自己的。当有的同学触犯她时，她就会毫不留情地把同学说一顿，甚至和同学吵起来。为此，很多同学都不喜欢她。有些调皮的同学还故意和她为难，不管他做了什么事，总要找她的毛病。即使有时为了班上的事提出正确的意见，同学们也不听她的。这让她感到很苦恼，觉得老师和同学都不了解自己，渐渐地她有些沉默了，和集体也疏远了。

五年级开始，霍老师当了她的班主任。和欣欣相处了一段时间后，霍老师发现她确实很厉害：看到同学有不对的地方，就声色俱厉地批评，同学们偏偏又不听她的，反而故意气她。在这种情况下，她常常哭着找霍老师告状，有时一天能来六七次之多——无怪乎原来的老师认为她爱惹事，问题太多。

每当这时候，霍老师就仔细分析问题产生的原因。她渐渐觉察到，这个孩子有个强烈的愿望，她希望班级好，希望自己的班级成为优秀的集体。问题是她的性格很急躁，对同学不够耐心。主观愿望是好的，但收不到预期的效果。有时对问题认识不够全面，往往也处理得不够恰当。但她也观察到，这个孩子对工作很负责，有一定的工作能力。开学初，霍老师指定她当路长，她表现很好，每天放学时按老师要求整队出校，在路上认真记录情况，回来向老师汇报。她逐渐感到这个孩子身上有很多优点，尽管表面上看来，她不像有些女孩子那样温柔，守纪律、懂事，但不管你是谁，只要你做得不对，她就敢提意见，这是很可贵的。她也有一颗热爱集体的心，有一次，班上为了表演，需要一块红布，放学后，她把自己的棉被拿到学校，准备把被面拆下来给班上用。看到欣欣的表现，霍老师觉得表面看来她有很多缺点，但从本质上看，欣欣具有不少的优点。这时，霍老师初步决定要培养她当班长，一方面发挥她的优点，让她更多地关心集体；另一方面也可以借此更严格要求她，使她能迅速地改正自己的缺点。

霍老师把这个想法和以前教过欣欣的老师商量，有的老师认为可以考虑，有的老师认为她在同学中没有威信，怕是不行；也有的老师认为她太厉害。经过反复研究，最后大家一致同意试试看。

霍老师订出了培养她的计划：工作分两方面进行，一方面深入到家里去了解她的情况，研究她这种性格形成的原因。通过了解，才知道她的爸爸妈妈都是机关干部，家庭生活条件优越。家里只有两个孩子，她是小妹妹，聪明、伶俐，很得妈妈爸爸的宠爱，从小就有些任性。她的爸爸妈妈也觉察到她在家里和哥哥合不来。根据这些情况，老师们共同研究了教育她的方法，争取提高她的认识，启发她自觉地改正缺点。

另一方面，在同学中为她做工作。根据她的情况，要想由同学们提出选她当班长，一时还办不到。所以霍老师决定先帮助她克服要求自己不够严格的缺点，同时发扬她对工作负责、爱护集体的优点，帮助她在同学中间逐步树立威信，让大家自愿地推选她，这样对教育孩子们才有好处，既培养了她，又带动了全班。

过了两天，她找欣欣聊天，谈班上的情况。欣欣谈了很多同学的缺点，霍老师说："他们有没有优点呢？"

她说："有的有，有的人就没有。像小元就会闹，上课不听讲，下课乱打闹，可讨厌了。"

霍老师接着说："他有缺点，可是比四年级怎么样？"这时她承认了小元有点进步。霍老师帮助她认识同学的优点，同时也提出来像小元这样的同学，大家应该帮助他。接着她又表示愿意替班上做点事，但同学们都不信任她，感到很委屈。于是霍老师就启发她："你关心集体，愿意为集体做好事，这个想法是好的，可要拿出实际行动来做呀！"

她说："班上同学都不听我的。"霍老师说，只要自己做得对，处处从集体利益考虑，凡是对集体有利的事就做，有利于集体的话就说，自己处处带头做好，同学是会理解的。霍老师进一步要求她：上课的时候，应当给同学们做个榜样，积极举手发言，很好地完成老师要求的作业。同时又指出：学习方面自己搞好后，还要更多地去关心班上的事，关心同学，并要严格要求自己。这次谈话，欣欣很“满意”。

第二天欣欣很早就来到了学校，尽管教室值日没有轮到她，她却做了值日，把桌子擦得很干净，还扫了地。然后又主动为班上做了一些事情，例如写了一个功课表挂在教室里等。虽然她做了不少事，可什么话也不讲。有的同学看到这种情况，就说起怪话来了：“瞧，欣欣这个假积极劲！”这话像针一样地刺痛了她。

原来在四年级的时候，欣欣很想为集体做事，但和同学们关系处不好，遭到很多讥笑。有时到老师那儿去反映情况，同学们骂她“多事多嘴，多嘴多事”。这使她感到十分委屈、苦闷和烦恼，心里有好多话，又不愿意给老师说，曾经提出转学，不想在这个班里，半年多来心里老压着一种委屈情绪。现在又听到类似的话，触动了她，她就跑来找霍老师。霍老师说：“不要紧，同学们不了解，只要你认为是正确的事就坚持下去，他们终究会了解你的。你一定要相信同学们的态度会逐渐转变的。他们说你假积极，你不是假积极就行了，真积极吧！”后来霍老师有意识地引导她为班上多做些事情，并且教给她怎样做，她看见老师在鼓励她，增加了胆量和勇气，思想认识也有了提高。有一次她在黑板上练习答题，答得很好，字写得很工整，霍老师及时表扬了她，并且告诉大家，她每天早上到校就帮助做值日，做完了又抓紧时间温习功课，在各方面进步都很快。霍老师引导学生们注意她的优点后，有些同学对欣欣的态度和以前逐渐不同了。

酝酿班长人选开始了，有同学提到欣欣的名字，谈到她有进步，关心集体，但还是有缺点。这时霍老师进一步引导同学肯定她的优点，同时也提出她的缺点。同学们见老师能从两方面分析问题，心情也舒畅，觉得老师说的对。霍老师说：“你们都是小孩子，过去有缺点，不等于现在有，就是现在有，只要能改，自己要求进步就好，改得多进步得就快，我们还应该多看别人的优点，学习别人的优点。”经过一段酝酿，大家又分析了欣欣的情况，认为她能经常为班级做好事，又注意不断克服缺点，最后选她当了班长。这时候，她看见同学们都投她的信任票，一刹那间把她过去那些委屈心情全都抛掉，表现得十分激动。看到孩子这种情形，霍老师也不由得感到高兴：别看孩子年龄小，但对事物的看法和处理却不简单！

欣欣当了班长后，积极性很高，主动找工作做，有时班上发生了问题，自己也能提出处理的意见和老师商量，班上的工作就此正常开展起来了。这时她的积极性调动起来了，自卑感和消极情绪也逐渐消失了，但霍老师没有忽略她的缺点，特别针对她好拔尖、厉害、要求人家严格、对自己放松等这几点抓紧进行教育。霍老师告诉她："现在同学们信任你，选你当了班长，自己应该更严格要求自己，在同学中更好地起作用，带动同学、帮助同学。对同学们要谦让，遇事要先替同学考虑，把方便让给别人，把困难留给自己。要耐心和同学们讲道理，不要和同学争吵。有什么问题，要冷静思考，一时不能解决的问题，可以找老师再研究。"后来，欣欣经常找霍老师谈谈自己的思想和工作中的问题，霍老师也经常以"虚心使人进步，骄傲使人落后"的话勉励她。

学习雷锋的热潮在班上展开了，霍老师把《雷锋日记》中有关的语句摘录下来，讲给她听。同时也帮助她重点体会雷锋把自己比做一滴水，集体比做大海，一滴水只有在大海中才不会干的道理，欣欣听了很受感动。当霍老师要求每个同学针对自己的缺点，订出学习雷锋的计划时，欣欣检查了自己过去对同学不够关心的缺点，说今后一定要努力改正自己的错误和缺点，同时也承诺在家里一定要改善和哥哥的关系。

经过一个学期的教育，欣欣很快转变为一个好孩子了，她干劲足，带领同学们把班级工作搞得有声有色，班上的每个同学都很钦佩她。后来学校红领巾电台约聘通讯员，报道班里的事情，大家异口同声地推选她——她已经成长为一个受同学们喜欢的小班长了。

启　示：

一个孩子的成长不会是一帆风顺的，就像一棵小树，没有浇灌、没有剪枝、没有杀虫，恐怕很难长成参天大树。一方面，他们需要信任和激励；同时也需要教诲与修正。而所有这些教育，都是要用心分析与安排的。霍老师培养班干部的这一案例不仅非常贴切地说明了问题，也表现出她对于学生的教育有很好的针对性和深层的关照。所以，在她的教导下，不少学生都能很快地成熟起来，在小学阶段就有了多方面的素养与能力。

成人之长，去人之短

霍老师说，学习对于孩子，可能是盲目的，但对于老师，教育却应有针对性。清人魏源说："教人者，成人之长，去人之短。"去孩子之"短"，而成其所"长"，是每个老师的责任。

盈盈离开霍老师50多年了，现在已经退休。回想当年，她觉得霍老师作为国家第一批特级教师，除了学识渊博、教学有方之外，还有两大特点：一是她那和蔼的音容笑貌永远对着每一个学生，六年里她从没跟学生发过脾气，所以不管是什么样的学生都爱戴她、尊敬她。那时候，她们有句口头禅就是"霍老师最爱我"。这六个字看似天真，但确确实实是她们几十个孩子的共同感受。二是霍老师那坦荡宽阔的胸怀里日夜装着的都是学生。她心中好像有一把尺子，随时都在设计着学生成长的轨迹，丈量着学生进步的幅度。她理解每一个学生，赏识每一个孩子。她的热情和执著能使愚钝者变得聪敏，使软弱者变得刚强，使胆小者变得勇敢。她注重于学生的不只是知识和能力，更重要的是她执著于培养一个人应有的高尚而健康的素质。

就说盈盈吧，别看她现在能说敢道，能对人侃侃而谈，可小时候呀，却是个蔫儿得不能再蔫儿，胆小得不能再胆小的小姑娘。她虽然出生在一个工人家庭，长期生活在一个大杂院里，可邻居们却说她娴静得像个大门不出二门不迈的大家闺秀。记得刚上学那阵子，下了课她宁肯一个人坐在教室里出神，也不出去跟同学们玩儿。课堂上，只要老师一提问题，她就紧张，生怕老师问到自己。别的老师不了解她，竟让她当众犯了好几次傻，红过好几次脸呢。

霍老师是个有心人，为了把她从胆小软弱和自闭中引上大胆勇敢的路，可谓煞费苦心。家访中，当她知道盈盈在家也是个不说不道的"小蔫儿"后，就嘱咐她的爸爸妈妈把家里的气氛搞活跃一点，让他们抽点时间多跟盈盈玩，多听她念念课文，还让她多做点家务活。在学校，霍老师常常把她和另一个胆小得不敢说话的男孩子庄庄叫在一起，给她们讲勇敢者的故事，让她们猜谜语。现在盈盈还记着一个谜语，老师说："南边来了两个人，对面开着两扇门。一个站在大门外，另外一个躲进门。你们猜猜这是两个什么字呢?"当她们猜出一个是"我们"的"们"，一个是"打闪"的"闪"字时，霍老师笑得特别开心。每逢这种时候，老师就夸她们聪明，夸她们勇敢。为了让她们在课堂上能大胆发言，老师曾多次把她们叫到办公室，让她们放开声音比赛念书，让她们回答问题。上课的时候，老师就让她们念同样的课文，回答同样的问题。然后就带领同学们鼓掌表扬她们。老师还常常叫她们到前边向全体同学讲话。慢慢地这两个孩子的胆子便大起来了，也能够勇敢地和同学们争论问题了。

为了锻炼她们的胆量，霍老师还特地派她在教室的"自然角"喂蚕、捞蝌蚪。遇到外出旅游，老师还和她们一起逮蚂蚱、找蚯蚓。慢慢地盈盈懂得了自然界的好多东西都是怕人的，人干吗要怕它们呢。有一次，在二年级的下学期，为了开好家长会，班上准备排练一个名叫《小白兔》的话剧。在讨论演员的会上，盈盈怎么也没有想到，霍老师竟然提出来让她主演那只小白兔妈妈，让庄庄演活泼多嘴的小狗。盈盈一下子就蒙了，红着脸，低着头，喃喃地说："不行，不行，我不行!"可霍老师却说："我觉得盈盈同学一年多来很有进步。我看呀，让盈盈演小白兔最合适。大家说对不对?"同学们又喊"同意"又鼓掌，真是要赶着鸭子上架了。会后，霍老师把她们几个小演员带到办公室，耐心地给她们介绍了剧情和每个小动物的特点，并让她们抄好了自己的台词回家去背。后来霍老师还特地对她说，小白兔妈妈很善良，会办事，说话慢条斯理的，很适合盈盈的性格，只要大胆上台，一定能演好。那段日子，她们除了在教室里排练以外，霍老师把这当做一件喜事用"家校联系簿"通知了家长，让爸爸妈妈们在家里听她们背台词，看她们表演。盈盈家简直成了小舞台了，几乎每天晚上爸爸妈妈都是她的观众和导演。就这样，在老师和家长的鼓励和指导下，她的胆子越来越大了，终于勇敢地走上了舞台。

她们的演出是家长会的最后一项内容。当她穿着白衣白裙，竖着长耳朵，翘着短尾巴，一蹦一跳地出现在家长和同学面前的时候，真奇怪，那种紧张和胆怯的心一下子云消雾散了。她们这些小兔、小鸡、小鸭，还有淘气的小狗，没有一个忘了台词和动作的。她们的演出成功了。现在回想起来，她真不敢相信，当时的她竟然能在那么多观众面前勇敢地带领着小动物们战胜那么多困难，取得了深山探宝的胜利。

家长会以后，霍老师对她们的演出大加表扬。她说一个人的胆量和勇敢精神是在生活和做事的过程中锻炼出来的。胆小并不是一个人的缺点，只要好好锻炼，每个小朋友都可以变成勇敢的人。一石激起千层浪，从那次活动以后，她们全班同学都想做个勇敢的人：在观摩课上，面对好几百位听课的领导和老师，她们敢于放声大胆地发言，毫不发憷；在运动会上，她们敢于拼搏，每一届都能取得最好成绩。她呢，后来还参加了朗诵组和写作组，还在朗诵会和演讲比赛中得过好几次奖呢。

盈盈的胆子大了，高中毕业她报考了钢铁学院，毕业后被分配到一个钢铁厂工作，终日与高炉为伍，常常上下于几十米的高塔之间。那种无所畏惧的豪壮之气常令她想起八岁时在舞台上蹦蹦跳跳的那只小白兔。后来，她当了厂党委副书记和市政协干部，但是不管岗位如何变化，她始终没有忘记霍老师的教诲。她感慨地说，社会进步的路是用智慧和勇敢铺设的，教师就是播撒智慧的种子和培植勇敢精神的人。

启　示：

当老师最大的欣慰莫过于学生健康地成长，在日后的生活与工作中有所成就。而经过霍老师精心的培育，她的学生多是出类拔萃的人才。看到学生的成长与成就，霍老师就像得到了最高的奖赏，也更加坚定了她献身教育、热爱教育的事业心。

十、表扬和批评的艺术

好老师更是好妈妈

霍老师说，教师在教育自己的孩子时，要像个老师；在教育别人的孩子时，要像个妈妈。

妈妈和老师，虽然是两种身份，但很多时候体现的是一种角色。

由于工作的关系，霍老师的子女都在北京第二实验小学上学。她虽然没有亲自教过自己的子女，但经常在学校遇到子女的教育问题。

小达从小就在实验二小长大，先进入实验二小幼儿园，后升入小学，他的童年就是从实验二小开始的。他和学校的人很熟，自己妈妈又在学校教书，从小他就觉得自己有一种优越感，天不怕地不怕的，到小学二年级时，就成了个淘气包了。

董老师是教二年级音乐的，她上课认真，唱歌也好听，学生都喜欢她。有一次在音乐课上，董老师让一位叫小璇的女生试唱她刚教的一首歌，可惜小璇唱跑调了，有几个学生带头怪笑，其他同学也跟着起哄，课堂秩序一下就乱了。董老师很生气，为了恢复课堂秩序，她决定批评几个带头的学生，小达就是其中之一。可是小达很不服气，他说自己并没有带头怪笑，带头怪笑的是自己周围的同学，但老师并没有批评他们，老师显然冤枉他了。

小达只是笑了，但没有怪笑，更没有带头怪笑，董老师的确错怪了他。他站了起来，向老师诉说了自己的委屈，最后甚至边说边哭，直到大哭——这时候，他从教室里看到妈妈霍老师正从门外走过，他想用哭声引起妈妈的注意，让妈妈给董老师“压力”，帮自己“雪冤”。

小达的大哭让董老师很惊讶，平时的小达净跟老师贫嘴呢，很少哭过啊。这时她也看到了霍老师，于是拉着小达出去把事情原委说了一下。霍老师向董老师诚挚地道了歉，然后直接把小达拉进学校的音乐教室，找到刚才董老师教的歌曲，用钢琴给小达弹了一遍。小达感到很吃惊，自己还是第一次正式听妈妈弹钢琴，竟然弹得这么好听。接着，霍老师边弹边让小达跟着唱，一遍下来，小达唱错了很多，霍老师就一点一点给他指出来。

“错了吧？”

“错了。”

“承认吗？”

“承认。”

霍老师又弹了一遍，这次她边弹边唱。这是一首很难学的歌，可小达发现妈妈不仅弹得很好，而且唱得也很好。这首歌自己什么都没学会呢，还跟着瞎起哄，可妈妈和董老师唱得这么好，还这么谦虚，自己真是应该向她们好好学习。小达觉得心里很内疚，对不起妈妈，也对不起董老师。

霍老师看出了小达的心思，站起来平静地问他：“你觉得董老师批评你对吗？”

“对。”小达低着头哼了一声。

“不能在课堂上起哄，更不能笑话别的同学。”霍老师说，“因为别的同学也像你一样，也想好好唱。可是你也没唱好，老师批评你没有？没有！妈妈也没批评你。所以要尊重别人，不能取笑别人。”

小达点点头，嗯了一声。

霍老师又说：“在学校里，你和其他学生一样，犯了错误就要接受老师批评。妈妈既是你的妈妈也是你的老师，也会和其他老师一样对你，不会给你什么特殊照顾，只会对你更严格，这点你要记住。”

小达又点点头。

当天下午，霍老师带着小达，专门找到董老师道了歉，说自己没有教育好孩子，请董老师原谅。小达也随即向董老师承认了错误。第二次上音乐课时，他又向全体同学承认了错误。此后，小达的“优越感”就没有了，再也没有觉得自己比别的学生高一等，开始谦虚地做个好学生。经过他的积极努力，三年级就加入了少先队。

启 示：

教育的常规是什么，是适合多数学生的一般发展规律的，而作为每一个有个体差异的孩子来说，特殊性却是常态。认识到这一点，霍老师在具体的教育教学中就能不拘一格、不受一般经验左右，而是能因人而异地采取不同的教育教学方法，对学生加以帮助和引导。这是霍老师能够成功地对待每一个学生的具体情况进行有效教育的原因所在。尽管很费心、很辛苦，但效果是实实在在的。

再者，辩证地看待教师角色与家长角色之间的关系，并正确处理好教师与家长的双重角色，的确是需要智慧和艺术的。霍老师在面对妈妈的角色时多了些理性，能客观地站在教师的立场上看问题；而在面对教师角色时又多了些母性，怀着慈爱之心对待学生。这样的处理，使得她既能做受学生尊敬的好老师，又能做让孩子敬重依恋的好妈妈。

爱心和耐心助孩子成长

霍老师说，不管学生们多淘气，我都要想方设法用爱心、耐心把他们教育好。因为我总是相信，他们将来长大都会成材的。

夏天到了，为了让学生上课有个好精神，学校安排了午休时间。霍老师的班上有些学生离家近，就直接在家午休。她担心在家午休的学生偷偷溜出去玩，常常牺牲自己的午休时间去逐个检查。

一天中午，当她到小真家时，发现小真在院子玩儿，还没休息。走进院子，她还看见小真背后的凳子上放了两个书包，一个是小真的，一个是小真的同学小明的。原来，小明刚在小真家玩儿，走的时候不小心把书包落下了。霍老师从小学一年级时就当他们班主任，对每个学生比自己的孩子还熟悉。看到小明的书包，她就知道，小明来小真家玩儿过，两个孩子都没有按时休息。

一看霍老师来了，小真吓了一跳。自己倒还好，关键是担心老师看到小明的书包，“连累”了小明。小明和小真是一起长大的，两人是好哥们儿，小真看过《说岳全传》这类的小人书，懂得讲哥们儿义气，他想，自己无论如何都得“保住”小明，千万不能“出卖兄弟”。

“你们怎么又串门呢？中午怎么不好好睡觉呀？”霍老师故作嗔怒地问小真。

看来真的是被老师发现了。小真急忙编了个谎话：“老师，小明的书包是我背回来的，他人没来我家，我刚一个人玩儿了会儿，正想去睡觉呢！”

小真的谎言没能骗住老师，还正好验证了老师的判断。看到小真极力包庇小明，霍老师觉得这孩子还真的挺够哥们儿的。她对小真说：“这样吧，你先早点睡觉，睡好了下午有精神上课，老师下午还要讲故事呢，要是睡不好，下午你就听不到了。”停了一下，她又说道：“老师马上还要去小明家，就让老师顺便把他的书包捎过去吧，小明下午上学肯定还要用呢。”听老师一说，小真愣了，不情愿地点点头，答应老师去睡觉。霍老师拿了小明的书包，很快走出了小真的院子。

看到书包被老师拿走，小真觉得小明肯定会说自己不讲哥们儿义气，自己肯定会被其他同学“笑话”。越想越伤心，这时，偷偷站在门后的他突然做出了一个大胆的决定：把书包抢回来。他像一阵风一样追上了刚走不远的霍老师，趁老师不注意，就从手里抢书包。霍老师没意识到发生了什么事，紧紧攥着书包没松开，这下倒好，小真什么也不顾了，张开小嘴直接往老师的手上咬了一口。“啊？”霍老师一惊，书包就被小真抢走了。小真并没有跑回家，直接飞奔着去小明家送书包。看来，这孩子真是把哥们义气“放到第一位了”。这时小真的妈妈听到了响动，跑出来一看，也惊讶的不得了：“这孩子，怎么能咬老师呢？”“倒没咬得多厉害，我当了他好几年班主任，还没发现这孩子会这一招儿！”霍老师说完，两人哈哈笑了起来。

“咬老师”的错误可不小，下午上学的时候，小真忐忑不安，生怕事情被闹到学校，万一给自己个处分，那就完了。路上想了很久，他决定到学校先主动找老师承认错误，然后再听老师“发落”。

他推开霍老师办公室的门，低着头站在门口，小声说：“老师，今天的事情我错了，我不该咬你。”

看到平时活泼的小真变得像霜打了的茄子，霍老师很心疼。但她没表现出来，静静地看着小真："你觉得老师去检查你们睡觉，督促你们休息对不对啊？"

"对。"小真还是低着头说。

"那你为何不好好休息呢。"

"我不累！"

"嗯，可是你们还小，正在长身体，应该有劳有逸才对呀。"

"那我知道了，以后一定按时好好睡觉。"小真轻轻抬起头，偷看了老师一眼，发现老师并没有生气，就"大胆"地接着说："老师，我咬了你，你的手还疼吗？"

霍老师被小真可爱的样子逗乐了："傻孩子，都过去这么长时间了，老师的手早就不疼了。"小真把头抬得高高的，笑呵呵地看着老师，觉得心里轻松极了。

霍老师又问小真："你知道什么才咬人呢？"

"不知道。"小真摇摇头。

"那小狗才咬人呢！"霍老师哈哈地笑了。

小真也乐了，可是心里觉得更对不起老师了，他一下扑到老师怀里，激动地哭着说："老师，我再也不淘气了，再也不咬人了。"

"嗯，老师相信你说的话。"霍老师又"好奇"地问，"你为什么要包庇同学呢？你能告诉老师你是怎么想的吗？"

小真觉得无法"逃避"了，只好讲了自己偷着看《三侠五义》等小人书的事（当时学校是不允许看侠义和公案小说的），还说"老子英雄儿好汉"，自己也要做一个讲义气、不出卖朋友的"好汉"。老师扑哧一声笑了，说："你可真让人哭笑不得啊！老子英雄儿好汉，这话不错，可你不能学黄三泰、黄天霸他们的那种'义气'呀！"然后，霍老师告诉小真什么叫义气，什么叫志气，还说用"哥们儿义气"去包庇同学的错误，或者互相包庇错误，都不是少先队员的品质。最后，霍老师让他好好想想，准备在星期六的班会上发言。

在星期六的班会上，老师用她包着纱布的手在黑板上写了"帮助朋友和讲义气"几个大字，让大家结合班里的现象谈谈自己的认识。会上，同学们结合自己踊跃发言，小真和小明也检讨了自己的错误，并表示以后一定要讲团结，讲帮助，绝不讲"哥们儿义气"。

错在一人，诫之众人。后来，不仅小真很少讲“哥们儿义气”，这个班上的其他同学也都认识到了讲“哥们儿义气”的危害。这件事后，小真有了明显的转变。长大后，他凭借小学阶段霍老师打下的底子，通过自己的努力成了一名优秀人才。这正如霍老师所说：“不管学生们多淘气，我都要想方设法用爱心、耐心把他们教育好。因为我总是相信，他们将来长大都会成材的。”

启　示：

在真正的教育者眼中，每个学生都是茁壮成长的小树，只要教育得法，都会成为对国家有用的人才。正是抱着这样的信念和期待，霍老师才满怀挚爱，耐心而细致地教育学生。她的爱，是理性的师之爱，是伴着教育智慧的睿智之爱！

角色和情境都是教育的要素

霍老师说，教育不能只是说教，尤其是对于孩子，如果老师能抓住契机，置教育于创设的特定情境之中，那效果是远在说教之上的。

当年，小东是带着浓重的四川口音随爸爸妈妈转到北京的。入学插班以后，听着同学们一水儿的普通话，他简直羞愧得无地自容。平时不好意思开口跟同学说话，课堂上更不敢举手发言，一天到晚无精打采地一个人闷着，甚至还哭着喊着要爸爸送他回四川上学呢。

几天以后，认识的同学多了，人不生了，环境也比较熟悉了。但是，也正因为跟同学熟悉点儿了吧，用四川话开玩笑，用小东的发音嘲讽他的人也多起来了，尤其是男同学的玩笑，常使小东产生一种被羞辱的感觉。有一天，自习课前，几个男同学又拿他开心了。他们故意把“哪个男同学的鞋子丢了”说成“拉个兰同学的孩子丢了”，逗得全班同学哈哈大笑。突然，霍老师来了，教室里虽然顿时安静了，但小东却委屈地哭了起来。一见这阵势，霍老师明白，同学们又拿他取笑了。霍老师没有说一句指责的话，她缓步走下讲台，来到小东身边，轻声地说："小东啊，别哭了。老师知道你又受委屈了。快抬起头来，看看老师带来什么了？"霍老师的声音温和、亲切，小东慢慢止住哭声，抬起头来。只见她在黑板上挂起了一张很大的中国地图。没等霍老师开口，同学们一个个都已瞪大了惊异的眼睛，好像在问："今天老师要干什么呀？"

霍老师侧身指着地图问大家："谁知道我们中国的面积有多大？"

"960 万平方公里。"同学们齐声回答。

"我们国家有多少个省？"老师又问。

"有 28 个。"一部分同学回答。

"有 31 个。"又响起了一种答案。

老师订正以后，又问："我们国家有多少个民族呀？"

"56 个民族。"这一回大家都说对了。

然后，霍老师又让同学们告诉她，自己是哪儿人。

这一问可热闹了。同学们按座位号一个一个说下去，原来，全班四十多个同学竟然来自十几个省市，真正的北京人还不到一半呢。霍老师接着问："同学们，我们这么大的国家，各个地方的话都一样吗？"当同学们回答出"不一样"以后，老师又问："那么，你们还会说自己的家乡话吗？"

"会说。"

"不会说了。"大家七嘴八舌地答道。

安静下来以后，霍老师便请那些会说家乡话的同学每人说一句"我在北京上小学，我要学会普通话"。结果山东话、河南话、广东话、福建话、上海话、唐山话说了一大堆。教室里充满了欢乐的笑声。最后老师严肃地说："同学们，我们国家这么大，方言多得很，而且常常是互相听不懂，所以我们才要在全国推广普通话。但是，这并不是说普通话好，方言就不好。方言之间也没有好与不好的区别。每一种方言和每一个人一样都是平等的。"然后老师把话题一转，指着那些还会说家乡话的同学说："你们不是都已经学会普通话了吗？小东同学刚刚从四川转到我们班上，你们不但不帮助他学说普通话，相反，还要嘲笑人家，这样做好吗？这是我们的班风吗？"

老师的话音刚落，刚才嘲笑小东的几个男同学低着头站起来承认了错误，并表示愿意帮助他。小队长毛毛也站起来说："霍老师，您放心吧。小东是我们小队的，我们一定会帮助他学好普通话的。"

“好吧，”霍老师亲切地说，“这个任务交给毛毛他们小队，就算是欢迎新同学的实际行动吧。”从此，同学们给予小东的不再是起哄和取笑了，那友好的目光和亲切的话语把他的自卑和恐惧融化了。为了帮助他矫正发音，霍老师还亲自一字一句地教他说：“四是四，十是十；十四是十四，四十是四十；十四不是四十，四十不是十四。谁能分得清，请来试一试。”老师还把同学们早已学过的《明日歌》给了小东一份，指导他练习发音，鼓励他好好学习。没多久，小东的普通话就过关了。

启　示：

嘲笑不会正确说普通话的同学，这在小学生群体中经常发生。分析儿童的心理特点，如果直接批评，或者进行类似“尊重他人、人人平等、语言平等”等空洞的说教，是起不到教育作用的。霍老师另辟蹊径，创设了有深意的教育情境，让小学生直观、真切而又深刻地体察人性，体味事理，既让犯错误的几个孩子认识到问题的危害，主动调整自己的行为，又利用事件本身蕴含的教育因素，因势利导，将对几个人的教育变成了对全班同学的教育。其教育艺术就在于不着痕迹地塑造了孩子们美好的群体心灵。

此时无声胜有声

霍老师说，学生有错应当批评，但批评之道却深有奥妙，有时候一个眼神、一个动作就能起到批评的作用，而不必“口诛”，更不能“体罚”。

读小学的时候，小燕的学习成绩好，人又听话，在学校里一向受表扬，属于被叫做“好孩子”的那一类学生。然而，她的心中却隐藏着深深的伤痛：父亲成了右派，被送去北大荒劳改，从此当老师的母亲便含辛茹苦地支撑着这个有三个孩子的家庭。在家里她是长女，虽然年幼却早早认识了家庭的处境，因而懂得谨慎、自律，又非常自尊，也极其敏感。

升入六年级后，霍老师成了她们的班主任。那时候，她已经越来越明显地感到父亲带给自己的来自周围的歧视。她不敢把遭遇的委屈告诉母亲，更不能向其他人诉说，也不曾记得同霍老师就这个对于孩子来说实在太沉重的话题有过任何直接的交流——但是，她觉得霍老师知道、理解她所经受的一切：因为她能够体味到霍老师无言的爱护、扶助和抚慰。

屋漏偏逢连夜雨，一天下午刚下自习课，同班同学大为便发出了“挑衅”：“小燕，听说你乒乓球打遍全班无敌手，我还就真有点不太服气。我不但象棋下得好，打球也不含糊。你敢和我比试比试吗？”

大为那不可一世的样子把小燕气得够呛：“有什么不敢的，非打打你的嚣张气焰不可。”

教室外的乒乓球台两边，大为发球，小燕奋起还击，你来我往，就这样杀将起来。一个回合过去，大为连连败阵，然而他还嘴硬：“没想到你还瞎猫碰只死耗子，让你撞上了运气，再来一场，你准输。”

这话把小燕气乐了：“我撞的就是你这只死耗子。再来你也跑不了。”大为被这一激，更来劲了：“好，那咱们就非分出个胜负不可。”

战斗正酣之时，上课铃响了，小燕边挥拍击球边说：“坏了，别打了，我们上课去吧。”

“哈哈，你害怕了吧。你本来就不是我的对手，没本事你就认输吧。”

小燕还真不甘心就这样服输，于是硬撑着和他打下去。直到班长在教室门口喊他们的名字：“都上课多长时间了你们还打球，你们违犯了纪律，看霍老师知道了怎么批评你们。”

这一喊小燕真有点心虚了，赶忙收拍跑回了教室。大为在后面还正得意呢，就像他真赢了似的。

下课后班长就报告了老师，霍老师来了解情况。一见霍老师，小燕的脸就有些发红，要知道，从一年级到六年级，她可从来没有因违背纪律而被老师批评过，她一直都是受表扬的好学生呀。

这是课外活动时间，有些同学还在教室，大为也没走。霍老师和她们围坐在一起。老师问：“上节课打铃以后还有同学在打乒乓球是吗？”听了这话，小燕的脸涨得通红，跟着眼泪就涌了上来。

霍老师瞥了她一眼，然后转过头去，装作没有看到她的尴尬，马上转换了话题：“你们知道唐朝大诗人李白小时候的故事吗？”

“我知道，是铁杵磨成针的故事吧。”一个女同学抢先说。

“你们谁能说说，李白是在什么样的情况下，碰到磨针的那位老人的？”

"我知道，我知道，"大为傻乎乎地说，"李白逃学不上课，到河边玩儿碰上了老奶奶的。"

听到大为的话，小燕越发地羞愧起来，更不敢抬头看霍老师了。

霍老师没有再说什么，只是用赞赏的口气说："大诗人李白真了不起!"在聊天中，老师只字不提打乒乓球的事，可是小燕心里明白，霍老师是为了教育她和大为才讲这个故事的。

小燕偷偷抹去"不争气"的眼泪，故作自然地和同学们一道听完了霍老师的教导。在她的记忆里，霍老师从不就事论事地责怪她们，也从不揭她们的"短"或捅她们的"伤疤"，而总是用爱抚慰他们，用希望的目光鼓励他们，使他们一直生活在温暖的集体里。

启 示：

要使犯错误的学生从具体事件的反思中自觉地悟出情与理，从而使其真正在心智两方面都得到启迪和教育，而不是靠简单生硬的挖苦和体罚。在许多情况下，霍老师对学生的批评教育是不用语言，却胜过语言的，这样的批评不仅不会造成抵触，反而会点点入心，使学生印象深刻。这便是霍老师的"批评"艺术，是其在教育中倾尽心血的体现。《学记》有云："君子之教，喻也。"说的也就是这个道理。

话越说越清，理越辩越明

霍老师说，批评很简单，但让学生心服口服却不易。对犯错误的孩子，老师要善于创设具体的教育情境，引导学生自己认识错误，然后再帮他改正，这样效果就会大不一样。

初夏的一天，小宇等七个同学到中山公园过小队日。公园里已是一片葱茏，他们在亭台楼榭中穿行，玩得好不开心。

"哎，你们看，那儿有一片桃树林，多大的桃子呀，真好看。"小宇往前方一指，脱口喊道。大家顺着他手指的方向看去，就在不远处，诱人的绿毛桃挂满枝头，桃树不高，触手可及。大家一阵欢呼，就像发现了新大陆，沿着小径一齐奔跑过去。

大家在树下观望，已近中午，他们都有些口渴了，这时游人很少，正是绝好的机会。小宇的口水都快流出来了："我们能不能摘它几个呀，这会儿正好没人。"

小队长闻英却又摆出了副校领导的架子："不成，这是违反纪律的。我们来过小队日，怎么能随便摘人家东西呢，多给少先队抹黑呀！"

"没事，就摘几个桃子嘛。公园的桃子就是给游人准备的，为什么不可以摘呀？"小宇的意见得到了大家的响应："就是嘛，没什么大不了，又没人知道。"

事不宜迟，要让人抓住可就坏了。三个女生站岗放哨，四个男孩子眼疾手快，早已把住枝头，拧下桃子就往书包里塞。闻英还想制止，可也拗不过大伙儿了。

"快点，有人来了！"一个女生低声喊道。这时他们已经摘下十几个毛桃，一听有人，赶快松开了桃枝。

"我们找个隐蔽的地方把桃子消灭掉。"说着，他们一路小跑，逃离了危险地带。

当小宇第一个咬了口毛桃时，酸得牙都快掉了："哎哟，这桃根本就不能吃，酸死我啦。"

闻英在一旁还幸灾乐祸呢："谁让你没事找事，这就叫自作自受。"

"没关系，我们还可以拿着玩嘛，还挺好看的。"另一位同学主意不错，也算这桃没白摘。临回校时，他们相互约定这事绝对保密，谁也不能对老师说。

回到学校后，他们装得跟没事似的，同学们问他们小队过得怎么样，他们就说："公园不光是好玩，我们还探了一次险呢。"当他们再追问的时候，小宇嬉笑着："就不告诉你们，有机会自己去玩呗。"

下午第三节课是班会时间，这是每周的惯例。学生们都端端正正坐好，等着班主任霍老师的到来，他们想，这次班会一定又是一个有趣的主题。

霍老师推开了教室的门，奇怪，今天霍老师的脸上怎么没有往常的笑容了。他们的观察能力是霍老师培养出来的，老师的一笑一颦都逃不过他们的眼睛。

霍老师站在讲台上，环视了一圈，当霍老师的眼神和小宇相对时，他不禁有点心虚了。只听霍老师说道："今天我们来讨论一件事情。如果有同学在公园里游玩的时候，摘了公园的观赏桃，我们应该怎么看待这件事呢?"

当时小宇他们几位同学的脸都红了，相互对望，心想肯定是闻英当了叛徒。

霍老师班上的主题班会向来都是畅所欲言，同学们一听霍老师说完这事，虽然还不知道是小宇他们干的，却也热情很高，争着发言。

"老师，我觉得这是偷盗行为，比违反纪律还要厉害。""天哪，这位同学给我们扣了这么大的帽子，那我们不成了小偷了吗?"小宇心里嘀咕着。

霍老师一笑："先不用把问题说得这么严重，我们是要分清一个对错。在有人的情况下，他们肯定是不会摘的；在没人看见的时候，就可以摘了吗?"

"当然不能摘。没人看见才是真正考验人的时候，如果他摘了，他肯定就称不上一个有道德的人。如果是我们这样做，就不配戴红领巾了。"这位同学真是一针见血，说到了小宇他们的痛处，是啊，小宇还是少先队员呢。

同学们七嘴八舌这么一通讨论，小宇他们几个做贼心虚，脸都红到耳根了。"难道还要让同学最后把我们揪出来吗？还是自己承认吧。"小宇想。

他终于鼓足勇气站了起来："霍老师，同学们，我们错了，毛桃是我们摘的，我们过了一个最不光彩的小队日。"

小宇微微抬头看霍老师，发现她竟然没有生气，霍老师依然微笑着，说："小宇同学肯主动承认错误，我们应该为他感到高兴。"

其他几位同学也都站了起来，包括闻英在内，她说："我没有及时制止同学，我也错了。"

霍老师请他们坐下，然后接着讨论："犯了错误能够认识就好，那你们说应该怎么处理这件事呢?"

小宇知道该怎么做了，第一个抢先说："霍老师，我想明天就带着摘下的毛桃去公园管理处，向叔叔阿姨承认错误，还要写出检查。"

"哗——"同学们爆出一阵掌声，小宇却羞红了脸。几位摘桃的同学也都纷纷表示支持他的想法，明天一起去认错。

“很好，能够勇敢地承认和改正错误，就是合格的少先队员。你们是对得起胸前的红领巾的。”霍老师说。

第二天中午，利用休息时间，他们几个学生就带着桃子去了公园管理处。

小宇说，这件小事对他影响至深，此后他没再做过这样的事情。多年后当他的孩子犯了错误，当他在气头上忍不住想惩罚的时候，眼前总是浮现出几十年前霍老师教育他们的这一幕。

启　示：

孩子们总会犯一些错误，这是在其成长过程中必然要经历的事情。中国有句老话，叫做“吃一堑长一智”，就是在强调一个人的成长往往要通过出一些错误而逐渐走向成熟。而当孩子们犯错误时，既可以视情况进行单独的教育，也可以运用班集体的力量，在教育全班的同时对其进行教育。霍老师在遇到学生犯错误时，通常不仓促草率地加以批评惩戒，而是思考如何教育才会有更好的效果。我们现在强调教育要“以人为本”，霍老师便是用自己的亲身实践最好地诠释了这一思想。

水能灭“火”

霍老师说，当老师处在将要对学生发火的情况下，一定要理智地想一想，还能用什么样的方法，什么样的语言，什么样的方式来打动学生的心。“我觉得，千万不能对学生发火。你要一发火，就是你的失败。”

霍老师在一生的教育生涯中创造了很多奇迹，其中一点就是从没向一个学生发过火。这在别人看来不可思议，但霍老师做到了，因为她有自己的“秘诀”：水能灭火。

寒冬腊月的一个早晨，当霍老师踏着上课的铃声推开教室的门时，被眼前的一幕惊呆了。冬天的教室里生着火炉子，五六节烟囱接起来从教室后面绕个圈通向窗外。可是此刻的教室里却乌烟瘴气，烟囱七零八落地歪倒在课桌边，烟灰落在同学的书本和身上，倾斜的炉子里还喷着火苗，同学们乱作一团，几个女生吓得直叫。

她镇定了一下自己的情绪，走进教室，同学们争着向老师“报告险情”。原来是两个大个子男生在屋里打闹追逐，碰掉了烟囱，差点就把炉子撞倒。

望着惹了祸的那两个男生，霍老师气不打一处来，可现在当务之急不是批评他们，而是先把炉子弄好，别发生火灾。霍老师跑出去找来工人，收拾了眼前的这个“烂摊子”。

打闹的那两个男生，是班里个子最高的，一个叫大为，一个叫存平，其中一个还是高干子弟，做了错事还好像没事人一样。霍老师让他们俩先到老师的预备室去。

帮着弄好了炉子，整理好了教室，霍老师才回到预备室。不过她又一次愣了，只见屋里的椅子被晃到了一边，桌子的抽屉被拉了出来，抽屉里和桌子上的东西都给翻得乱七八糟。这俩孩子也太不像话了，刚在教室里做了错事，到预备室又来“撒野”。这时霍老师只能强压住自己的火气，因为现在绝不是教育他们的时机。

望着霍老师生气的样子，两个孩子也意识到了自己的不对，站在那儿愣愣地等候老师“发落”。没想到霍老师只缓缓地对他们说：“你们回去吧。”两个孩子有些莫名其妙，就这么轻易地得到了老师的“大赦”了？不管怎么样，老师不批评，他们求之不得，转身跑了出去。

霍老师找出杯子，倒了一大杯子水，不停地喝——这是她一贯的做法，每当要生气的时候，她就想办法把自己“压一下”。经过多次尝试，她发现先把学生调开，然后使劲喝水是个好方法，后来就经常用这一招儿。2004 年教师节前夕，她在教师节特别节目《奠基中国》现场接受主持人鲁健采访时就提到这个秘诀，当鲁健说“这个方法对，水能灭火”时，现场的所有观众都向霍老师报以热烈掌声。

喝完水，霍老师也回到了教室。一回到课堂上，她便来了精神，和往常一样，这堂课上得很生动。其实这件事并没有完，也不是不批评那两个孩子，只是霍老师有她批评的艺术。

霍老师的批评可不是打骂和惩罚，她还要和那两个孩子谈心，再找他们的时候可就不是一起找了，而是一个一个地来，因为她太了解孩子的心理了。

当大为再次来到霍老师的预备室，霍老师问他："在你们做的这两件事当中，你觉得哪些地方是对的，没关系，你认为有就说出来。"这孩子思考良久，慢慢地说："老师，我没有对的地方。"

"那没有对的地方你为什么还要那么做呢？"霍老师和蔼地问。

孩子无言以对，霍老师接着说："你先回去吧，想想你到底错在哪里。"

和另一个孩子存平也是这样开诚布公地交谈，因为这时候严厉的批评和教训只会适得其反，教育孩子就得尊重孩子的心理规律。

下一轮交谈就更进了一步，专找他们认为自己不对的地方谈："你撞倒了烟囱是偶然的，可是在教室里打闹本身就不对了，你也认识到了，说影响同学们学习。那你想一想，怎么做才是对的呢？"

就是这样一种耐心，这样一种循循善诱的启发，这样一种批评的艺术，让孩子由衷地发现了自己的错误，心悦诚服地接受了老师的批评。这两个孩子以后再也没在教室打闹过，学习也格外上进了。后来这两个孩子都考上了重点中学，都成了人见人爱的好孩子。

霍老师另一个"秘诀"是"散步，让自己平静下来，然后再找学生谈"。她说："我这个耐心有时候也耐不住了，人有七情六欲，哪能总有耐心呢！但我总是记得我是老师，我的责任是教育他们的，我不能跟他们一样，我得冷静。冷静下来后我会换一个环境，一般会到操场上散散步，或者找人聊聊天，找个借口让自己平静下来，然后再找学生谈问题。如果还要发火的时候，再用这样的方法，如此反复，慢慢就会好了。"

霍老师说，当老师将要对学生发火的情况下，一定要理智地想一想，还可以用什么样的方法，什么样的语言，什么样的方式来打动学生的心。"我觉得，千万不能对学生发火。你要一发火，就是你的失败。"她说。

启　示：

霍老师能创造"不对学生发火"的奇迹，既体现了教育家的深厚涵养与为人风范，同时也显示了霍老师不凡的处事智慧。不发火，乃因深知儿童心理，一是不想伤害学生；二是发火的状态下，不能达到教育的效果，更可能相反。因从不发火，所以霍老师的教育成功了。更重要的是，她的学生们健康成长了！

打骂只会伤害孩子

霍老师说，当孩子犯了错误时，打骂只会伤害孩子，应该用一种既能起到惩戒作用又不会伤害孩子的方法，这样才能起到教育的作用。

对学生，霍老师用妈妈般的爱助其成长，那么对自己的子女呢？霍老师的儿子小达讲述的一件事让我们看到，对自己的子女，她不仅爱，而且爱中有严，完美阐述了一位妈妈的教子艺术。

小达小时候很淘气。一年冬天，他和小朋友踢球时，一不留神把球踢到了邻居的窗玻璃上，“啪”的一下，玻璃碎了，窗户上露出一个蛛网似的洞，北风呼啸着灌了进去。邻居是位工人叔叔，脾气很大，平时小达都躲得远远的。这下可坏了，怎么办呢？几个小孩子面面相觑，连气都不敢出一声。

正在想办法，工人叔叔就跑下楼了，他一眼看出就是小达他们干的，一把揪住小达的耳朵，找霍老师兴师问罪去了。一番诚挚的道歉后，霍老师马上骑着车子出去买了一块玻璃，回来帮邻居装好。回到家，她对小达就“不客气”了。

“你把手伸出来！”

小达赶紧把双手伸了出来，脸都吓得变色了，心里咕咚咕咚乱跳：这下惨了！

霍老师拿起鸡毛掸子，然后高高举起，严肃地看着小达。小达双眼紧闭，咬着牙，心想，这次手不被打坏也被打肿了。

“啪”的一声，鸡毛掸子实实在在地打在了桌子上。小达双手一晃，还以为打偏了，赶紧站直身子，把手往回缩了缩，迎接着第二次暴风雨的来临。

可是第二次、第三次，鸡毛掸子都打在了桌子上，没有一次打在小达的手上。他睁开眼，愣愣地看着妈妈，不知如何是好。

“你犯了错误，就该打你的手，”霍老师厉声说，“但是，要以理服人而不能以力服人。希望你记住今天的教训，下次引以为戒。”

小达使劲点点头，慢慢收回双手，轻轻走了出去，一场“虚惊”就这样结束了——尽管是“虚惊”，但小达对此记忆犹新。后来他教育孩子时，常常想起此事。“当孩子犯了错误时，打骂只会伤害孩子，应该用一种既能起到惩戒作用又不会伤害孩子的方法，这样才能起到教育的效果。”他说。

启　示：

对学生错误的惩戒在一定的环境和状态下是必需的，也是合理的，但对惩戒的目的和效果，教师和家长必须事先有内心的追问。如果惩罚是为了使孩子遭受皮肉和精神之苦，那教育的目的就会被扭曲，效果就很难真正达到。霍老师在这方面是深知其利弊得失的，所以主张慎用或不用惩戒的方法，而是关注孩子是否得到心悦诚服的教育。

再者，家庭教育也是讲求艺术的，爱而不宠，严而不凶，慈爱而有理性，严格而讲方法。霍老师饱含浓浓爱心，爱学生，同样爱自己的孩子。教育学生的同时，对自己孩子的错误也自有独特的处理方法。她的爱严慈相济，充满教育家的智慧。

“表扬”犯错误的孩子

霍老师说，听表扬，可以令人奋进，挨批评，则常常使人沮丧。老师应该从孩子的错误中筛选出积极因素，努力化批评为表扬，使他们弃误就正，不断进步。

学生犯了错误被老师批评是很正常的事，但是在小超的记忆里，霍老师对他的错误却不是批评而是表扬。在学生的错误中寻找积极因素，化批评为表扬，这正是霍老师教育思想的一个重要特点。

小超是军人的儿子，出生在战争年代，一直跟爷爷奶奶生活在农村。新中国成立后，爸爸妈妈进驻北京，安了家。七岁那年，奶奶把他送到北京上学。但是，开学不到一个月，奶奶就要回乡下去了。那一天，他起得很早，吃完早点后仍然缠着奶奶哭个没完，非要跟爸爸一起送奶奶上火车不可。直到奶奶答应他放了假回农村过年，他才背起书包出了大门。可是，当他跑进学校的时候已经上课了。

小超站在教室门口抽泣着，不敢推门。忽然门开了，同学们的目光似乎一下子都向他射来，他“哇”的一声大哭了起来。霍老师见他痛哭流涕的样子，先是一愣，继而一笑，接着走下讲台，拉住他的小手，把他领进了教室，他怯生生地坐在座位上等待老师的批评。

“同学们，”霍老师微笑着，和蔼地说，“小超同学迟到了，但是他对自己的迟到感到很难过，很痛心。这种态度是应该受到表扬的。请大家给他鼓鼓掌。我们继续上课。”

在掌声中，小超不好意思地抬起头来，看着霍老师那和蔼可亲的面容，他仿佛感受到了奶奶给予他的那种慈爱和温暖。课间，老师走到他身边，当他说出“奶奶今天要回老家”的时候，又哭了。霍老师给他擦去泪水，捧着他的小脸说：“老师知道，你是舍不得奶奶走，对不对？你是个好孩子，不哭了，啊！”

这是他小学时代受到的第一次表扬——是霍老师对犯错误学生的一次真诚的表扬！

小超第二次怀着恐惧心理接受的表扬是在二年级的时候。

那时候，班里建立了一个小图书馆，好些花花绿绿的图书都是同学们从家里拿来的。为了配合语文教学，霍老师还专门给他们买了许多新书。图书小组还制定了借阅规则，其中一条是只能在学校借阅，不准带回家去。

有一天下午大家排队放学的时候，图书管理员很严肃地向老师报告：“咱们的图书箱里少了一本书。”

霍老师皱了一下眉头，问：“是不是你们点错了？”

“没有，我点了好几遍呢，就是少了一本。”图书管理员肯定地说。

“坏了！”小超的心一阵狂跳，平生第一次感到“做贼心虚”的滋味——那本书是他借的。

那是一本关于董存瑞舍身炸碉堡的小人书。他本想趁着中午回家吃饭的工夫把它看完，下午再还回去，不料姑妈带着表弟小杰来看奶奶，见到他的小人书死活要看。小超缠不过他，就把书留在了家里。心想，看就看吧，明天再悄悄地把书还回去不就得了。没想到现在“东窗事发”了，他心中不由暗暗叫苦：“小杰呀，你可千万别把书带走啊！”

霍老师看了看大家，说："请同学们在自己的书包里、桌子里再好好找找，是不是忘了放回图书箱里了。"

于是，同学们都去翻自己的课桌和书包，他也装模作样地翻了一通——当然不会有任何结果。

等大家空手来到老师跟前时，霍老师好像意识到了什么，亲切地说："这样吧，今天要放学了，同学们再回家找找，老师也要找。虽然咱们规定不许把书带回家，但也说不定有谁没留神忘了还，把书带回家了。如果哪个同学找到了，明天可以到办公室交给老师。"一场风波就这样平息了。

走出校门，小超飞也似的跑回了家，幸好表弟小杰还没走，他大声喊："就是你，就是你，差点让我挨批评。"小超赶紧把书装进了书包。晚上，他躺在被窝里怎么也睡不着，他很害怕，既怕老师当着同学的面批评他违反制度私自把书拿回家，更怕同学们知道后骂他是"小偷"。

第二天，他很早就来到了学校，捧着书去了霍老师的办公室，向老师说明了情况，承认了错误。心想，老师一定会批评他的。然而大出他的预料，霍老师不但没有批评，反而在上课前当着全班同学的面表扬了他："今天，小超同学把书还回来了。他是一个诚实的孩子。我再一次告诉同学们，做人，首先要诚实。什么叫诚实呢？小超这样做，就叫诚实。我希望大家都像小超一样做一个诚实的孩子。"

这就是霍老师，她从不就错论错地批评或挖苦学生，而是总能从学生的错误中找到可资教育的因素，保护犯错误同学的自尊心，并能利用这积极因素启迪大家，教育大家。霍老师之所以深受同学们的爱戴，这也是一个重要原因。

霍老师的表扬艺术还体现在发动同学自我表扬、自我教育，让全班同学在表扬声中不断进步。

二年级的时候，霍老师亲手做了一个十分精致的小纸箱子挂在黑板旁边，正面用毛笔工工整整写着三个大字——表扬箱。老师告诉他们，一个人的劳动习惯和优秀品质要从小培养，希望同学们努力学习劳动本领，多为集体做好事。这个"表扬箱"是好人好事的表扬箱，大家可以写纸条表扬做好事的同学，也可以自己表扬自己。老师还说，如果他们现在养成了热爱劳动的习惯和为别人、为集体做好事的品质，对一辈子都会有好处的。听了老师的话，他们这些小家伙们特别兴奋，好人好事就像雨后春笋一样涌现了出来：

“昨天下午放学以后，我和小朋一起修好了两把椅子。”

“上星期，我看见第三小队的女同学天天早晨帮助李大爷扫院子。”

“星期一中午回家的时候，我扶着一位盲人老奶奶过马路来着。”

“星期天，我看见王爷爷买了很多白菜，我帮他把白菜都抱到院子里去了。他说我是个好孩子。”

“我过去回家不干活儿，现在我已经学会熬粥、焖米饭了。”

“我刚从广东转到北京，普通话说得不好。小琴同学天天下午教我用普通话念课文。我表扬小琴，她愿意帮助人。”

……

各种各样的纸条很快就装满了表扬箱。每逢星期六班会的时间，霍老师和班长都要一张一张地念给大家听。那时候，小超是个比较淘气的学生，没有什么值得别人表扬的地方，于是就下决心回家帮妈妈干活。妈妈觉得很奇怪，一问才知道，原来小超是在按照老师的要求学习劳动本领和培养优秀品质呢。妈妈和爸爸听了特别高兴，都说他变了呢。于是，他也大胆地表扬起了自己：“从上星期开始，每天晚饭后我都主动刷锅洗碗擦桌子，还把地扫得干干净净。妈妈说我变了。”

“星期天，我替妈妈照看小弟弟，中午还哄他睡觉。”

“我跟妈妈学习洗衣服来着，就是还不太会用搓板儿。”小超记得，“搓”字不会写，就在“板”字前面写上了拼音。

还有一回，小超因为每天都坚持刷牙而受到了霍老师的表扬。其实，这话还要从头说起。上小学不久，霍老师每天早上都要例行“晨检”，从头到脚，检查每个同学的个人卫生。当她发现学生们不大注意刷牙时，便在班上做了一个实验：

她找来了一个鸡蛋，又找来一个罐头瓶装满醋。然后把蛋放在醋瓶里密封好，几天后，打开让学生们看其中的变化，他们惊讶地发现，原来外壳坚硬的鸡蛋变成了软蛋。霍老师趁机告诉他们，鸡蛋的外壳是坚硬的，好比大家的牙齿；醋是酸酸的，好比大家不刷牙的口腔，如果不养成刷牙的习惯，时间长了，牙齿就坏了。

从此，学生们都意识到了坚持刷牙的重要性，为了督促他们，霍老师便经常检查他们的牙齿，还教给他们刷牙的正确方法。小超按照霍老师的要求，每天都坚持刷牙，终于得到了霍老师的表扬。表扬更使他“乐此不疲”——以后甭管多忙多累，每天早晚都认真地刷牙，至今虽然已年过半百了，依然满口好牙，且均系“原装”。

后来有一天，霍老师念了这样一张纸条：“星期一下午有两个同学在操场打架，我看见小超给他们劝架来着。小超做得对。”

小超一听是同学表扬自己的，高兴得差点儿跳了起来，便随口说了一句：“老师，这也是做好事吗?”他的天真把老师和同学逗得哈哈大笑。霍老师笑着说：“当然是了。我们的小超过去看见别人打架就想掺和，就去起哄，现在懂得劝架了，这当然是做好事了。我们的小超变成好孩子了。”说完，霍老师还让同学们为他鼓了掌。从那天起，小超就再也没有跟别人打过架了。

启 示：

对于犯了错误的学生仍然表扬，这种表面上“违反”常规的做法，实质上却符合行为主义塑造儿童正确行为、矫正不良行为的强化规律。行为主义心理学家斯金纳将影响行为是否再次出现的结果因素分为积极强化和消极强化两种。前者指给予某种行为一种愉快的刺激，后者则是取消某种行为带来的不愉快刺激，两者都会增加某种行为出现的概率。霍老师取消了一般情况下犯错误行为带来的令小学生不愉快的“批评”，当然不是期望错误行为更多出现，而是在错误行为及其所带来的结果之间做了一种巧妙的“联结”，挖掘错误行为中的积极因素，并对于这些因素给予积极强化，用积极行为带来的愉快后果取代错误行为“本该”带来的不愉快后果，令儿童获得一种“意外”的、“双倍”的愉快感，从而更加有力地促进了儿童积极行为的出现。

十一、为孩子成长营造良好环境

线虽细，但它是一条纪律

霍老师说，任何问题的发生，都会反映学生的一种思想情绪。做教师的要及时去发现问题，分析问题的性质，并及时通过思想教育来解决问题。然后通过一个个问题的解决，提高学生的思想认识，使思想品德教育落到实处。

翻修好的操场终于投入使用了，孩子们大清早来到学校，高兴地在新操场里蹦蹦跳跳。这不禁使霍老师回忆起这半个多月修操场期间发生的一些事情。

半个多月前，学校准备对操场进行翻修，为了学生的安全，学校红领巾广播电台不断向全校播音说，在动工的地区将用小线拉开来——线虽细，但它是纪律，希望大家不要到线里去。

霍老师班上有些孩子平常就不太听话，现在修操场，不能踢小足球了，他们心里肯定会不高兴，这就有可能不遵守纪律，冲过这条线。“线虽细，但它是纪律。”这句话很重要，想到这里，她觉得有必要和孩子们再谈谈，让他们自觉地遵守学校的规定。

走进教室，她首先让孩子们谈谈对学校的规定是怎么想的。

大家沉默了一会，有的举手说：学校为我们考虑得太周到了！”

有的说：“没有什么说的，按照学校规定的几条去做。”

大家谈完后，霍老师提出了问题：“工人叔叔来帮助我们修操场，那么我们应该怎么办呢？”

有的同学说："在修操场的时候，我们也贡献点力量吧！"

霍老师问："我们贡献什么力量？"

有的说："我们也去动动工吧！修修操场多好呀！"

"参加施工？如果需要的话，学校会提出来，我们应当去。不过施工还有技术问题，我们不懂什么技术，可能还不需要。现在你们说能做到哪一点呢？"霍老师提示道，"我们肯定要出一把力，而且这一把力还是不小的。"

这么一说，学生们明白了些，大家说："我们一定要执行那几条规定。"他们就此议论起来了。

这时霍老师有意地提出踢小足球的问题："我相信大家能够遵守学校各项规定，不过有一条，不能踢小足球，心里是不是有点别扭？"

好几个孩子说："不别扭，不别扭，为了修操场，我们可以不踢，修好了再踢。"散会后，孩子们都没有不愉快的表现，而且后来的确都认真地去做了。

两个星期过去了，操场基本修好，甬道上也铺上了砖，可是还没干，不能在上面走。第二天，有一位老师不注意，匆忙地从甬道上走过，结果被霍老师班上一个同学看到了说："不让我们走，老师干吗走？老师能走，我们为什么不能走？"

这话很快就传到了霍老师的耳朵里，她觉得这虽是很普通的一句话，但可以看出孩子对这个问题的认识：一方面是对老师走有意见；另一方面"我们为什么不能走"，意思是他也希望在那条道路上走。这反映学生们对学校的规定没有很好的认识，有必要对全班再进行一次教育。再者，说这句话的同学平常骄傲自满，自尊心很强，直接批评他，往往不容易接受，霍老师决定趁此机会扭转一下他的思想。

利用班会，霍老师向全班同学说，操场快修好了，大家应该自觉爱护它。甬道刚铺上砖，还没有干，如果大家在上面走，路就坏了。接着，她就引述了那个孩子说的话让大家分析，可是大家都不说话。看来，还需要再引导一下。霍老师指出，那位老师从甬道上走是不对的，大家可以给他提意见。如果从爱护操场和善意帮助别人的角度出发，当那位老师在甬道上走的时候，大家可以跑过去对他说："老师，您别走这条路，上面的水泥还没干呀！"这样老师会感激同学们提醒了他，很乐意接受意见。

然后，她又分析了"我们为什么不能走"这句话包含的意思。她说：

“一个人的话往往是自己想法的直接体现，脑子怎么想，常常会从语言上反映出来。如果你希望老师不要走，怕甬道走坏，就不会说‘我们为什么不能走’这样的话，好像别人走了，自己也得去走走，不然好像自己吃了亏。假如别人走了，自己也去走走，那么操场的甬道将成为什么样呢？修了不等于白费吗？”这时，全班同学对此议论纷纷，很快就明白了霍老师的意思，对这两句话也有了深刻的认识。

课后，霍老师又找了那位提意见的同学谈话：“老师在课堂上讲的话你认为对吗？”

“对。”这位同学说。

她接着问：“你当时是怎样想的？”

他说：“我只想给老师提个意见，没有从爱护操场和帮助别人出发。”可见，霍老师在利用这件事教育集体的过程中也使他受到了教育。

霍老师勉励他：“提意见是对的，不过要注意说话的方式、方法，效果才能好。如果带着不满的情绪，反而起不到提意见的作用。”他点头称是，然后拉着霍老师的手回了教室。

启 示：

对孩子的教育在集体中进行会有诸多的资源和良性的影响因素，教师的教育、同学的互助、团体的荣誉等，都能给孩子多方面的激励。而在班级的建设中，班级的文化、班级的环境、班级的风气等都能使学生受到熏陶。霍老师在她的班级工作中，十分注意班级建设和班级优良文化的形成，使每一位同学都有班级的向心力，都能有意识通过自己的努力为班级争光。在这样的氛围中，许多教育都不必专门进行，而可以在良性的氛围与环境中加以适当熏陶。

羊群走路靠头羊

霍老师说，班干部是几十个孩子的带头人。干部的工作和形象是老师和同学们共同关心的大事。孩子也是识好歹、明事理的，他们愿意有自己的“领袖”。

霍老师是一位童心不泯的老人，她的心里总有孩子般对新鲜事物的好奇。一天，她打开了50年前的班长制作的一套VCD光盘，随着磁盘的转动，一首饱含深情的小诗出现在屏幕上，一个略显沧桑而又非常熟悉的声音回荡在她的耳边：

打开记忆的键盘，
点击脑海的鼠标。
亲爱的老同学啊，
让我们一起穿越时间的隧道。
走进童年的画卷，
回到美丽的母校。

啊，看到了么？
操场旁那高高的老槐树，
还是那样枝繁叶茂。
槐树下，
霍老师正带着我们，
把春天的足迹寻找。

啊，看到了么？
校园里不见了我们班矮小的平房，
座座楼宇又新，又大，又高。
但是，霍老师仿佛还站在平房的讲台，
笑盈盈，为我们讲课、辅导。

忘不了啊，
霍老师那亲切的言传身教；
忘不了啊，
那奖状奖旗给我们的鼓舞和荣耀；
忘不了，
在星星火炬的队旗下豪迈的誓词；
忘不了，
教室后边的图书箱和自然角；
忘不了，
在陶然亭踏青时的追逐欢笑……
啊，实验二小的六年，脑海里铭刻着多少忘不了！
六年的熏陶，
心中留下了多少磨不灭的信号！
……

五十年，天长地久春不老，
五十年，师生情谊胜春潮。
五十年，忘不了老师的谆谆教诲，
五十年，忘不了老师的音容笑貌。
啊，幸福的童年，童年的美好，
怎不叫人梦牵魂绕！

随着这动情的朗诵声，电视荧屏上展示着一幅幅孩子们的老照片，一张张幼年活动的新图景，一段又一段霍老师讲课的录像，一年又一年师生团聚的场面……霍老师被这难得的资料吸引了，更被这位老班长的精神感动了。

这位班长叫秀秀，现在是一家银行的退休干部。她个子不高，身材微胖，在笑声中，额头和眼角虽然有着明显的皱纹，但从那乌黑的卷发、发光的眼神和频率快捷的话语中，看得出她是一位干练、爽直、热情而敏捷的干部。"其实，"她说，"在六年的小学生活里，我只当过一年多班长。几十年来，同学们一直叫我班长，或许是对我的爱称，也没准儿还是个外号呢。前几年老同学相聚，有的人已经忘了我的名字，可都认得出我是班长。”

对小学同学来说，班长已经成了秀秀的符号，但是秀秀知道，这个符号和霍老师紧密相连。小学的话题总是扯不开，霍老师培养她当班长的往事又在眼前浮现……

秀秀刚入学的时候，好长一段时间里班上没有干部，更没有班长。老师只是按照座位，让她们一行一行轮流当值日生，做一些擦黑板、送作业本的事情。教室的清洁工作都是一位老伯伯负责的。有一天课间，老师忽然把她们好几个同学叫到教室后面，指着字纸篓儿说：“你们看看，纸片子扔了一地，弄得这么脏，你们也不管管？我们不能什么都指着老伯伯来干呀，他多累啊。”老师并没有指派谁来打扫，说完话，冲着他们笑笑，就走了。还没等老师走出教室，秀秀就跟另一个女同学把烂纸捡起来塞进了纸篓儿。

那天回到家里，秀秀把事情告诉了生病的妈妈，妈妈用微弱的声音说：“秀秀啊，你们的学校就像咱们这大院儿，教室就是你们的家。你应当像在家里帮妈妈干活一样，也要多帮老师做点事啊。记着，多干点活儿只能学会本领，是不会累死人的。”

那时候，秀秀的妈妈长年闹病，家里的活儿主要靠爸爸。秀秀虽然年龄最小，又是个女孩子，但没有谁来娇惯她，从小儿就跟着哥哥干活儿：什么生火添煤、刷锅洗碗、扫地铺床，她不但会干，而且干得都很麻利。小时候，秀秀是个比较懂事，干活也很痛快的小姑娘。“穷人的孩子早当家”，环境造就人就是这个道理。

秀秀的家离学校很近，就隔着一道墙。在妈妈的教导和催促下，她几乎每天都是第一个到校。放下书包，又是整理桌椅，又是开窗户通风，又是倒垃圾，就像在家里帮妈妈干活一样，从来不计较轮流不轮流，该不该自己值日。她的这种表现，霍老师都看在眼里。有一次开班会，老师还专门表扬了她，说像她这样就是做好事，就是为集体服务，还号召大家向秀秀学习。从那以后，很多同学都早来晚走，班上出现的好人好事越来越多了。

秋天到了，霍老师带她们去郊游。那时候，阜成门外和复兴门外一带根本没有什么高楼，玉渊潭那儿也没有国宾馆，周围都是荒地、农田和坟头儿。因为玉渊潭有一个由郭沫若先生题词的少年儿童水电站，所以老师常常带她们去玩儿。有一次，正当她们在树丛里的草地上奔跑追逐的时候，天上忽然飞过来好几队大雁，她们立刻仰起头欢呼了起来。霍老师善于借助外物对学生进行教育，她站在学生中间，指着大雁兴奋地说，大雁是一种很守纪律的飞鸟，它们春天准时从南方飞到北方，秋天天凉了，又排着整齐的队伍一起飞回南方。它们飞的时候，排成一个漂亮的“人”字形。飞在最前边的那只雁就像是将军，就像是班长，它总是在前头领着大家飞，给大家带路。霍老师还借题发挥地问，“以后咱们选班长的时候，大家说应该选什么样的同学呢？”同学们七嘴八舌地回答完后，霍老师说大雁有班长，同学们也应该选一个像带头的大雁那样的好孩子当班长。

因为秀秀的良好表现和对班级工作的热心，在霍老师的推荐下，后来在成立班委会的大会上，同学们一致选举秀秀当了班长。很多年以后，秀秀在诗人李季的长诗《王贵与李香香》中读到“羊群走路靠头羊”的句子时突然意识到，那“头羊”绝不是牧羊人指派的，它是在千百只羊的放牧过程中发现，并逐步培养起来的。这时她又想起了霍老师，才明白她当年之所以迟迟不成立班委会，不选班长，原来是要在轮流值日中看同学的表现，那是个发现和培养“头羊”的阶段吧。六年的生活表明，霍老师不仅是一个善于发现“头羊”的人，而且是一个善于发现每个同学的“长处”，并借以引导同学克服缺点、不断进步的老师。

小孩子从出生到上学之前，一直生活在妈妈爱的怀抱里，生活在家的爱的氛围中。上学以后，他们不可能马上从爱的温情中跳出来，他们的内心还企望着享受爱，他们的双眼还需要从周围发现爱的怀抱和爱的面容。哪怕是犯了错误，也希望在指责声中听出妈妈般的恨铁不成钢的心声。霍老师就是这样一位懂得儿童心理，善于体察孩子内心世界的老师。从她们踏进校门的那天起，霍老师给予她们的就是这种妈妈般慈祥的面容和充满着妈妈般深情的话语。霍老师把她们看作自己的孩子，同学们则把霍老师当做自己的妈妈。她们班像一个和睦友爱的大家庭，每个孩子都想在妈妈面前“争宠”。

在这样的集体里当干部是既容易又难。说“容易”，是因为同学们在霍老师的教导下已经养成了良好的生活、学习习惯，已经形成了良好的班风，绝大多数同学都很懂事、听话、守纪律，所以工作起来就比较顺利。但是在这样优秀的集体里当干部又很“难”。这不仅是因为对干部的要求高，而且，从一个整天偎依在妈妈身边撒娇的孩子，突然走进了孩子群中，大家像是出了“窝”的小鸟，都在无知地乱“飞”。在这样一群刚刚学飞的小鸟当中，却要秀秀当领队的“大雁”和“头羊”，哪儿知道该怎么“飞”、该往哪儿“走”啊。真的，在孩子的心里，除了觉得当干部“光荣”，可以“管”同学之外，真不知该怎么做。

在最初的那些日子里，霍老师几乎是手把手地教她们工作的。老师曾经告诉她们：什么叫“带头”作用，怎样“带头”；为什么要关心同学，怎样“关心”；为什么要遵守纪律，什么叫文明礼貌，什么叫为人民服务，等等。老师还特别嘱咐道：“秀秀啊，你家离学校最近，早上要早点儿到校，开窗通风，做好上课的准备工作；下午回家以前，一定要把教室的门窗关好。”在班委会上，霍老师常常说，你们当干部的跟大家一样，也是孩子，都是学生，首先要好好学习。你们跟大家不同的是，要比其他同学为班上操更多的心，做更多的事，而且要带领同学们都来做好事。

那时候，霍老师已经是特级教师，常常要做公开课、研究课。听课的人可多了，把学校的大礼堂都坐满了。课后，老师们开评议会去了，霍老师就让秀秀组织同学们讨论、评课。开始，根本不懂什么叫评课，在老师的指点下，慢慢地她们都学会了。某个老师哪个问题提得妙了，哪个问题不好回答了，什么地方启发得有意思，什么地方讲得不太清楚，以及哪个同学问题回答得好，哪个同学精神不集中等等，同学们都能一套一套地说出来。有表扬，有批评，常常争论得面红耳赤。如果老师第二天要外出开会，下班的时候就顺便到秀秀家说一声：“秀秀啊，明天上午老师出去开会，没有老师代课，你组织大家自学吧。”每逢这种时候，不论是按老师要求背书、预习、做作业，还是自己写日记，看课外书，同学们都特别自觉。有一次，秀秀把老师留的数学作业告诉了大家，其中有两道题比较难，教室里一时乱了起来。她就站起来说：“大家不要随便乱问了，让赵明给大家讲讲吧。”赵明的数学是班里最好的，可就是有点自私。一听让他讲，他急了，大声说：“馊主意，干吗耽误我的时间呀。”当时秀秀也生气了，声音比他的还大：“就得讲，就得讲，谁不知道你的数学最好。自私鬼！”那天，同学们的作业都做对了，但是，秀秀和赵明却差点儿打了起来。

处理学生之间的矛盾，霍老师的办法绝对高人一等。霍老师回校后在班上是这样说的：“咱们的秀秀班长在工作遇到问题的时候，能动脑筋想办法，帮大家解决问题。她请赵明讲数学题是好心，也是对赵明同学的信任。但是，如果她态度好一些，不对同学发脾气，那就更好了。不过，我想赵明同学是能理解班长的好心的，对不对?”在谈到赵明的时候，霍老师一字也不提他的缺点，而是亲切地表扬。说他学习努力，不保守，愿意把自己会的东西告诉同学，愿意帮助同学一起进步。真没想到，从那以后，赵明一反常态，变成了一个主动帮助同学的好学生了。在缺点中找优点，在消极事物中找积极因素，从而化批评为表扬，正是霍老师班主任工作的一大特点。

从理性的高度回头审视霍老师的教育，很多同学都深深感到，她们的霍老师不但善于“言教”，而且更重视“身教”。古人说“其身正，不令则行。其身不正，虽令不行”，特别是对小孩子，他们的心灵有如一张白纸，“染于苍则苍，染于黄则黄”（墨子语）。他们的行为习惯，他们对人对事的态度以及办事的方法等，常常不是老师或家长用“嘴”、用“书”教出来的，更多的则是从老师或成人们的身上模仿来的，是在特定的环境中熏染出来的。从这个角度看，老师的人品是至为重要的。霍老师在孩子们心中几乎是个完人，班干部和同学们许多良好的行为习惯几乎都是在模仿老师的过程中培养的。

互相关心是师生之间、同学之间，也是人与人之间最起码的一种品德。霍老师用她的行动感化着每一个同学。秀秀她们班的小足球队有个同学叫小海，球踢得特别好，但总是穿一双妈妈做的布鞋。为了保护他的鞋，有时候干脆光着脚丫子上场。在一次班级联赛前夕，霍老师突然拿着一双崭新的“回力牌”球鞋和一双洁白的球袜来到小海面前。当时那种惊喜的场面，同学们现在还记忆犹新呢。有一年夏天，霍老师突然对秀秀说：“秀秀，走，咱们买条裙子去。这么热的天儿，还老穿长裤子!”不容分说，拉着她的小手就去了西单商场。下雨了，有的同学回不了家，老师那儿备有雨伞雨衣；同学们玩儿，不小心将衣服撕破了，老师就拉开抽屉，拿出针线包儿，为同学缝补衣服；家长出差了，或家中临时有困难，老师就把学生接到自己家里食宿。这样的事多极了，数也数不过来。秀秀刚当班长不久，妈妈又住医院了，秀秀在学校、医院两头跑，结果也病倒了。上午没有去上学，下午，霍老师就提着挂面、鸡蛋到家来看她了。一进门就说：“哎呀，看看我们的小可怜儿，还没有吃饭吧。”于是就给她捅火做饭。“哟，秀秀啊，你们家的香油在哪儿呢?”几十年过去了，老师慈祥的面容、亲切的话语和那碗香喷喷的鸡蛋挂面还常常勾起秀秀的回忆……在她们这些还不太懂事的孩子们心里，老师的行动比语言更富有感染力和教育作用。在霍老师这种全方位的关爱下，班上渐渐地形成了干部对同学关爱，同学之间互相关爱和同学对老师关爱的氛围了。六年里，这个班之所以能连续五年被评为优秀集体，与她们团结友爱的班风是绝对分不开的。关爱和互助是绽放在她们幼小心田的两朵美丽的小花。父母的关爱对自己的孩子还不免有所“偏心”，老师的关爱面对的是几十个来自不同家庭，有着不同品行的孩子，而且还必须公正无私、一视同仁，这该多难啊。但是，霍老师做到了，而且做得很好。霍老师用她的爱心把学生们培养成了懂得关爱、懂得互助的好学生、好孩子。

霍老师是这样，她教出来的学生也是这样，她们都有一颗用知识和智慧激励出来的上进之心，都有一种用爱心培植起来的互相关爱之情，还有一种用良好的习惯熏陶出来的文明之风。“当霍老师的学生是幸福的，在霍老师的班上当干部、当班长更是幸运的，”秀秀说。桃李不言，下自成蹊，霍老师就是这样教学生们做人，教她们当学生干部的。

启　示：

成功的班级管理，首先是熟悉班主任的职责。亲密融洽和彼此依赖的师生关系是关键，而作为领导者的班主任在“出主意，用干部”上的功夫则是班集体建设的基础。其次是有周密的班主任计划。这种计划的目的是为了塑造学生的灵魂。第三是有意义的策略。在培养良好的班集体和组织各种教育活动中提出创新的方法，以此来陶冶每一个集体成员的成长。最后是细致有效地做好每个个体的工作。通过班主任以身作则、严慈相济的作风来促进每个班集体成员的自我管理。

万紫千红才是春

霍老师说，一个优秀班集体的形成必须具备以下几个因素：一、老师必须要为集体培养一批积极分子和骨干力量，并充分发挥他们的作用，带领集体不断前进；二、在集体中要树立一个共同的奋斗目标，根据学生的年龄特点和班级的实际情况，按照学校的计划和要求，分别定出每个阶段奋斗的小目标，并带领学生们一步步奋斗，最终实现共同目标；三、要围绕班级奋斗目标开展一系列有意义的活动，引导学生们不断前进；四、积极向上的班风十分重要，它就像无声的命令，会鞭策孩子们严格要求自己，不断克服缺点，不断前进。班主任要注意在各种活动中，营造优良的班风，为学生学习和成长创造有利条件。

六一儿童节那天，学校开庆祝大会。当校长在会上宣布六年级三班是优秀集体，小匀、小京、小春等几个学生是优秀队员的时候，霍老师内心有说不出的喜悦，一年前的情景又浮现在眼前。

一团糟的班级

有一年秋天，霍老师新接了六年级三班的班主任工作。事先她了解到，这个班在四年级时纪律较差，在五年级虽有了进步，但还是不尽如人意。六年级开学的第一个礼拜，她便发觉这个班的同学有个很奇怪的表现，她上课时，不论提出什么问题，都没有人举手回答，可是，凭多年班主任工作练就的敏锐观察力，她看出有些孩子是在互相传递眼色，有几双小眼睛瞧来瞧去，似乎在进行暗示。这使她渐渐意识到，同学们不发言，不是因为胆小不敢举手回答问题，而是对老师的一种集体无声的对抗。

一天两天过去了，为了进一步了解学生们的情况，课下，她有意识地同他们一起玩儿，细心地观察他们的表现，这让她看到了真实的一幕：有一部分同学下课后乱打乱闹，满屋乱跑，甚至有的人踩着桌子跑；有一部分同学刚下课就跑去打球；女同学三三两两地在聊天或跳绳；几个班队委经常聚在一起窃窃私语，有时她跑过去，想听听他们在谈什么，他们见老师过来，就一个一个地溜走了。

有一天，霍老师看到这几个班队委员在一起打乒乓球，都表现得非常傲气，觉得自己了不起，尤其是班长小匀更是神气得很，不论是打球或开玩笑，他都要占上风，其他的小干部，好像很听他的话。又有一次，她发现小匀的作业是女同学替他做的，扫除的时候，几个女同学也替他打扫……

班长小匀是怎样一个孩子呢？开学第一天，霍老师根据以前班主任的介绍，让他继续当班长。起初，她觉得小匀很积极，工作能力很强，比如学校图书馆发下一批巡回借阅的图书，第二天，他就主动做好借书证发给大家。看到这种情况，她十分高兴，觉得这个班长确实不错。可后来又经过不断深入地观察，她逐渐发现他不是那么听老师的话。开学初，班上照例要编排座位，本来教室里的桌椅早已排好，编座位时不需要再搬动。全班的同学都按照老师的要求做了，唯独小匀却要两位同学把他原来坐的桌椅搬到新的座位上去。别的同学提出意见，他还骂人。后来霍老师阻止他这样做，并且批评了他，他还替自己辩护，说是因为对老师的话“没有听明白”。他为什么要搬桌椅呢？原来是他先前坐的桌椅比较光滑，新一些。

又过了两天，吃饭的时候，霍老师又发现他不遵守纪律，把馒头搁在兜里，到外面边吃边玩儿。其他几个队委和他很要好，几个人凑在一起嘻嘻哈哈，极不严肃。通过大小事情的观察，她感到小匀对班长工作极不负责，在老师面前表现的是一套，背后又是一套。为了搞好班级工作，霍老师又临时指定小春当副班长，目的是希望他督促和帮助小匀开展班级工作。就这样，在第一个星期里，霍老师抓紧一切机会，观察和了解班上各方面的情况。可是，让她更意想不到的事情发生了。

大队改选的风波

到了第二周，问题一个接着一个地发生了：班上有同学给新来的历史老师起了外号；有的同学为了打球而殴打小同学，体育老师找打人的同学谈话，找了六次他都不理睬……

教室里乱打乱闹的事情天天发生，更严重的问题是由大队的改选引起的：按照惯例，大队改选时原来担任大队委员的六年级学生，基本上都要撤下来。这个班本来有一个男生小京和一个女生郑丽珍是大队委员，这次公布候选人名单时，没有小京的名字，只保留一个郑丽珍。这件事引起了小匀等几个男生干部的不满，于是他们就在班上活动，要全班同学都不参加大队改选。同时，他们还故意向刚参加工作的辅导员提出辅导员改选不改选的问题，“企图”以辅导员不改选为理由，来“阻挠”大队委员的改选，好让小京继续当大队委员。霍老师了解到这些情况后，决定正好利用这个机会好好解决一下班上积累的问题。

她首先把小京找来，给他解释这次没有选他担任大队委员的原因：一方面是学校的惯例，一方面是希望他回来搞中队的工作。同时帮助他从思想上认识到，一个优秀队员应该无条件地服从大队委员会的决议，他从三年级就开始当大队委员，经过几年的培养和锻炼，对这次改选的问题，相信他能有一个正确的认识。霍老师讲话后问小京还有什么意见，小京表现得很懂事：“我听大队的话，让我干什么就干什么。”

当时霍老师认为只要本人思想搞通了，别人也就没有什么意见了。谁知道问题并不是那么简单。

中午吃饭的时候，辅导员慌慌张张地跑来告诉她：“霍老师，可糟啦！同学们决定不参加下午的大队会了，您看怎么办呢？”她一听也吃了一惊，没想到他们居然敢这样做！怎么办？是生硬地批评一顿强迫他们去参加呢？还是耐心地进行教育，说服他们去参加呢？教育方法是否得当直接影响到教育的效果，她暗自给自己下了命令，要沉着冷静。她将几天来了解到的一些情况加以分析，从中得出结论：不愿参加会议，绝不是全班同学都那么心齐，有的同学只是在当时的情况下不敢去参加大队会议；有的同学是糊里糊涂跟着跑；只有少数同学是带头闹事的——在这少数人中情况也不一样，有的是为了向小京讨好，用这种办法表示和他够朋友，也有的是和班长小匀好，盲目地听他指挥。但是，孩子们到了六年级，多少懂了些道理，只要给他们讲清楚道理，他们是能听老师的话的。于是她决定耽误一堂语文课，好好地和他们讲道理，启发他们去开会。

工作分为两步，上课前她先找来小京，又和他谈了一下，帮助他认识这个问题的严重性，让他带头参加大队会。上课时，她先向同学们讲明这次大队候选人产生的经过，以及名单上没有小京的理由，肯定学校这样做是完全正确的，另外也提出六·三班中队热烈欢迎一个能力很强的同学，回到班上来，帮助大家把中队搞好。

这时，她观察了一下同学们的表情，发现自己的话似乎还不能完全说服他们，于是进一步说：“小京很好，不愧是个优秀队员，他自己对这件事没有意见，他明白从三年级开始，大队就培养他当大队委，连续当了几年，现在他六年级了，马上就要离开学校，他有责任帮助学校培养新的大队委员。”说到这里，没想到小匀竟站起来说，为什么大队单留郑丽珍，而不留小京呢？说完后，很得意地坐下去，一副胜利者的样子。教室里的空气顿时显得紧张起来了。看到这种情况，霍老师越发证实了自己事前的估计是不错的。很明显：问题并不简单地在于对大队留下郑丽珍思想不通，它只是一个借口。而一切都是经过少数几个同学预先在下面计划好了的。这时她真想狠狠地批评他们一顿，但是马上想到自己要沉着冷静，争取绝大多数，要用道理教育他们，帮助他们改正错误。

霍老师冷静地想了想，当前班上需要马上解决的问题，不是讨论谁当大队委，而是参加不参加大队会的问题，于是她在解释了没有选小京而保留郑丽珍的原因后，就赶快转变了谈话的中心。她说：“听说你们有人主张全班都不参加大队会，我听到这个消息以后，心里很难过。想不到在我们学校的六年级里竟会有人这样做。大队会是咱们少先队的组织生活，作为一个少先队员，怎么能随便不参加队会呢？”最后她说：“我没有权利要求你们去参加自己的组织生活，这是你们自己的事情，如果你们认为应该去参加，你们就去参加；有谁觉得我的话没有道理，不应该参加，那谁就可以不参加。”她又利用中午休息的时间，分别找同学们谈话，进一步指出不参加队会是错误的，动员他们参加队会。下午大队会就要开始了，她暗中观察了学生们的行动，看到他们排了队去参加，沉重而紧张的心情才平静下来。

大队会公布了候选人名单后，各中队回到班上进行投票选举。当她走进教室的时候，学生们正在读大队宣布的13个候选人名单，女生看着男生，男生个个都很神气的样子，每提一个候选人，谁都不举手，没有一个赞成。看情况，就知道问题还没有解决。最后他们还是提出选小京，全班一致通过。霍老师觉得问题严重，一定有人在暗中指使。为了进一步弄清真相，晚饭后，她找了班上几个住校同学了解情况，他们反映，就是小匀、小春等几个人在班上威胁大家：谁都不许参加大队会，选那些候选人。

第二天早晨，问题暴露得更明显了。班上乱哄哄的，小匀清早一来就发牢骚，讲怪话，一位实习老师问他大队改选的情况，他埋怨地说：“学校不民主”。这位实习老师无意中把他讲的话告诉了霍老师。恰巧这时卫生室一个老师也告诉她一件事：小匀、小春两个孩子骄傲得不得了，昨晚他们两个人在大队候选人名单前面，每念到一个名字，就说："唉！不怎么样。""不比我行。"再念一个，还是"不怎么样。"原来小春是小匀在班上最好的朋友，两个人住得十分近，天天一块儿来去。霍老师以前没有深入了解情况，还让小春当了副班长，结果两个人凑在一起，小匀胆子更大了，闹得更凶了。

艰难的转变

这天上午，勉强上了语文和算术两堂课，其他课就没有好好上。有的老师在教室门口站了10分钟都不能进去，小匀等在教室里又说又骂。饭后，霍老师和几个老师一起分析了情况，准备了几种措施。下午第一节课，她来到了班上，但她没有直接谈到选举的事情，而是问："咱们今天上午的课上得好不好？"

有的同学说："不好。"

"为什么不好？"谁也不愿说了。

她动了很多脑筋，启发学生们谈谈不能好好上课的原因，可他们总是不做声。她又讲了一次，但大家还是瞪着眼睛干瞧着，谁也不发言。看到他们这样顽强地对抗，霍老师心里确实也很恼火，但看看坐在自己面前的都是戴着红领巾的孩子，心情又平静下来，感到教育好他们是自己义不容辞的责任，相信只要能对他们进行耐心的启发和教育，他们是会转变的。

于是她又继续对学生们从正面进行启发教育，她说："老师相信问题能够得到解决，咱们六·三班也能成为很好的集体，目前的现象是暂时的。"

经过两周的细心观察，她慢慢觉察到，自己以前的判断是正确的：这个班的问题，主要是几个小干部的问题，他们能力很强，几个人凑在一起形成一股力量，一般同学都怕他们，不敢反映情况，他们说什么，同学就得依顺他们，他们在班上乱说乱闹，同学们不敢给他们提意见。要整顿这个班级，就得树立正确"舆论"，争取同学中的大多数。

解决的方法确定以后，她就跟同学说："学校的生活是民主的，对一些问题可以交谈彼此的看法，最后取得一致的认识。你们有意见就大胆提吧，对学校有意见，给学校提，对我有意见，你们也给我提出来。你们愿意大家在一块谈，可以彼此互相启发，如果不愿意，也可以干部与同学分开谈，或者男生与女生分开谈。大家赞成哪一种方式呢？"

动员了半天，没有动静，谁也不举手。看看孩子们的脸色和表情，都很不平静。他们望望老师，又望望小匀他们几个，心情十分紧张，有的孩子脸憋得红红的，想说又害怕，似乎背后有一种无形的压力，不让他表达自己的意见。而小匀等人坐在那儿板着脸孔，瞪着眼睛，转来转去，一脸凶狠相。一望便知，无形的压力就是从这里来的。

必须让同学们摆脱这种压力！霍老师临时决定，采取写出来的办法！她给每人发了一张纸，要求大家简单地在纸上回答两个问题：一、你认为是谁影响了咱们集体？二、你打算用哪一种方式开会？写完以后，不用签名，把纸条折起来，她一个一个收，其他人谁也不许看。许多孩子都认真地把自己想要写的写了下来，教室里静悄悄的，只有笔在纸上沙沙地作响，他们谁也不愿意让别人看到自己写的东西。

霍老师收回小纸条一看，一些能力强的孩子、学生干部等，主张集体开会；而女同学都赞成男女生分开开会；也有个别的要求干部和同学分开谈，很多同学都认为是小匀、小春等一些干部影响了课堂纪律和班集体。两个问题联系起来，小匀等少数干部想控制班级的情况，就很明白了。霍老师和辅导员商量以后，分别组织男生、女生、干部和一般同学分头开会。这么一来，许多学生"揭露"了小匀等干部的许多问题，特别是女孩子像倒苦水一样，哭诉小匀欺侮她们的许多事情。例如有一次小匀追打一个女同学，吓得她躲在厕所不敢出来。谈到大队改选，大家认为大队部的意见是合适的，不过就是小匀要大家那样做，否则她们就会挨打。

经过分组会后，学生们受到了很大的教育和启发，小京自己的认识也有所提高，经过个别交谈，他把和小匀两人打赌一个乒乓球的经过，详细告诉了霍老师。原来小京认为自己到六年级肯定当不上大队委员，而小匀认为能够当上，两人打了赌，要是小京当不上大队委，小匀就输一个乒乓球给他。

为了更好地教育全班同学，提高他们的认识能力，霍老师组织了一次班会，讨论了什么是"是"、什么是"非"，引导同学从一些打架、骂人、说怪话的现象中，逐渐认识到这些错误的本质是什么。有的同学不守纪律是由于习惯不好，有的是瞎闹，但有些问题，如欺侮人、说怪话、带头闹事、处处从个人利益考虑等行为是受社会不良风气的影响，现在不好好改正，将来长大了，想改就改不掉了。通过讨论让全体同学明确了什么是"是"，什么是"非"，在是非问题面前，应该怎样做。并教育全体同学逐渐明确，社会不良风气经常在影响大家，同学们一定要提高警惕，严格要求自己。凡是对集体不利的事，大家都不能做。发现自己身边的同学有不良行为，每个人都有权利去帮助他。通过这次讨论，同学们的认识提高了，班上的风气也明显好转了，同学们终于“摆脱”了少数几个小干部的控制，心情也舒畅了。这个主要矛盾解决了，其他一些次要矛盾，如有的孩子好打架、骂人和女同学嘀嘀咕咕不团结的现象也逐渐减少了，班上情况有了很大的转变。

集体风气的扭转，对小匀等同学也起了一个督促作用，有利于他们改正错误。这次会后，小匀知道老师对他的情况有所了解，但还没有认识自己的错误，相反常常在教室里谩骂同学，发牢骚。许多同学经过这次教育，知道老师可以给他们解决问题，胆量稍大了些，班上出现了问题敢于来告诉她，这时她不像过去那样什么都不知道了。

大队改选已经过了几天，小匀的思想问题还没有解决，霍老师的脑子里也产生了一系列的问题：为什么一个聪明能干的12岁孩子，会那样蛮横无礼欺侮同学？从哪里学来那种不堪的词句来谩骂同学和学校？为什么为了一个乒乓球竟煽动同学闹事和大队组织对抗？在同学面前“作威作福”，随便欺侮同学，在老师面前又装好学生，这是什么行为呢？如果不好好帮助他，长大了该怎么办呢？班上的同学，在是非问题面前认识不清，对不良现象不敢进行批评这怎么能行？她越想越觉得问题严重，越想越觉得自己责任重大，苦苦地思索着解决这些问题的办法，结果一夜未能入眠，东方刚刚放白，就一滚身爬起床，往学校跑去。她站在校门口等着小匀，盼望他能早点来，利用课前时间和他多谈一会。

7点左右，小匀进了校门，霍老师跟他到教室，让他放下书包，带他到预备室，同他进行了一次较长时间的谈话。她诚恳地把自己的想法告诉小匀，希望他能够认识错误，做个好学生。但是他没有接受帮助，表现很不虚心，第一次谈话失败了。

放学后霍老师第二次又找小匀，这时她把他过去打人、骂人犯过错误的一系列事实都摆出来，又把他平常讲的怪话逐句加以分析，并要他回忆这些话是什么人说的，从哪里听来的。在事实面前，小匀不得不承认错误，并告诉她，这些怪话是向社会上的小混混学来的，有些坏行为是从小说或电影中的反面人物身上学来的。接着霍老师又从正面对他进行启发教育，给他讲新旧社会的对比、党和国家对青少年的期望，他的爸爸妈妈对他的希望……小匀感动得哭了，态度也终于转变了过来。此后她又帮助他订出了具体改正错误的计划，每星期帮他总结，有进步的地方就及时肯定，提出表扬。她还和小匀的家长共同研究他的问题，采取家校联动的方式教育、扭转小匀。在家里，父母给他安排了一些家务劳动，订好作息时间，督促他认真执行，然后通过小结本，每周家校联系一次，把小匀在家的情况及时通报给霍老师，霍老师再根据学校的情况及时安排活动让小匀参与，这样双管齐下，教育的效果好了很多。此外，霍老师还从生活上关心他、照顾他。有一次学生都在教室午睡时，突然变天了，她看到小匀没盖衣服，就把自己穿的上衣脱下来盖在他身上。这件事也使他很受感动，后来他曾在日记上写道："霍老师样样关心我，真温暖了我的心"。就这样，经过一系列的工作，小匀终于有了很大的转变。

让班级成为鲜花盛开的乐园

旧的破了后，就要立新的。纪律整顿好后，在班上要展开新的活动，让学生在丰富多彩的教育活动中，培养良好的行为习惯和道德品质。霍老师带领学生们，利用教室后面的空间开辟了中队活动场所，建立了一个中队角。把中队旗挂在墙上，旁边写着，"时刻准备着"几个字。建立中队日记和小队日记——学生们自己动手钉了一个本子，糊上漂亮的封面，请霍老师取了一个"鲜花开放的记录"的名字，然后大量记录好人好事，把大家关心集体、热爱集体的事都写上，让它像朵朵鲜花在班级里开放。

在中队角里，霍老师领着学生们成立了小图书馆，除了学校给的巡回图书以外，同学们还把自己的图书交到这个小图书馆，选出图书管理员，订出借阅制度，让大家能更多地看到自己喜爱的书。小匀过去比较自私，不肯把自己的东西给同学玩儿，这时他却能带头带来自己的图书，放在班级图书馆里。

从这时开始，班上陆续出现了新人新事，爱中队的事迹多了。学生们都在想，自己能够为集体做些什么？霍老师就抓住这个时机，有意识地进一步来启发引导他们。她带头为集体做好事，如给他们准备针线盒，在盒子上面写道："亲爱的朋友：当你衣服破了的时候，请你缝上；当你扣子掉了的时候，请你钉上。希望你永远保持衣服整洁。你的朋友。"同学们见到这个盒子后，不知是谁做的，他们在议论说，"这个同学不错，他为集体做了好事，不愿意让我们知道，我们应当找一找，好好表扬一下他。"

为了加深同学们对做好事的认识，霍老师就给他们讲《信箱管理员的故事》，指出为集体做好事是应该的，不是让人家来表扬，但别人应该感谢他、关心他。现在班上有人做了好事，不让别人知道是对的，大家要向他好好学习。接着班上出现了更多的好人好事，每天早上，孩子们都盼望早点到班上来，有的孩子在日记上写道："今天又是星期一，希望快点进教室，好早点看到班上新的好人好事。"

小匀、小春在这项活动中表现得很积极，对班长工作认真负责，留心观察班上的事情，发现桌椅坏了，他们主动钉好；同学们作业本的皮子掉了，他们主动包上；一天放学后下雨了，他们冒着雨把乒乓球台子搬开，又冒着雨到各教室去关窗户……他们不仅关心自己班上的事，也关心其他班的事。同学中谁有了困难，他们主动伸出热情的手。同学彼此关心，互相帮助，为集体做好事的新风气逐步形成，不团结和吵架的现象很少发生了。

一些孩子爱打乒乓球，班上就成立了一个乒乓球小队，组织他们练习比赛，这几个小干部成了班上的主力队员，有时还和外班同学赛球。有些孩子不喜欢念书，霍老师就根据学校期中将要举行朗诵比赛的计划，在班上成立朗诵小组，选一部分同学参加朗诵活动，并给他们挑选材料，帮助他们练习。像《我们的友谊》和《马猴祖先的故事》等等，内容都很生动，朗诵起来比较容易上口。这样增加了他们的兴趣，朗诵能力提高得很快。他们参加了全校比赛，得了第一名，后来在西城区少年之家举办的朗诵比赛会上，也得到第一名，他们的劲头因此越来越高。更可喜的是男女生在一起活动，增进了友谊，加强了团结，小干部们也提高了独立工作的能力。

那时候，班上有些学生音乐成绩不好，上课时不张嘴，霍老师就借着音乐比赛的机会，鼓励他们多练。开始兴趣不大，后来她听到广播电台教唱一首叫"亚克西"的歌，觉得非常优美，也很适合男女生合唱，于是就在班上教唱这首歌，大家很感兴趣。从这时起，又组织了歌唱小组。学生们潜力巨大，下了工夫进行练习，结果又在全校歌咏比赛中获得了第一。有些女生喜欢跳舞，可是不敢跳，班上于是成立了舞蹈小组，请外校的一位同学来教，男女生一块儿跳，后来还参加了学校六一儿童节文艺会演。另外又成立了木偶剧团，教大家演木偶戏，如此等等。

在这种情况下，下课以后，大家都分头干自己的事，出现了人人有事干，个个动脑筋的好局面，整个集体很自然地活跃起来了。孩子们就像春天里的花朵，万紫千红，开放在校园里的每个角落……

由此可见，一个优秀班集体的形成是逐渐的，而且要不断巩固、不断提高。霍老师经常给同学们讲：“虽然我们班比过去有了很大的进步，可是离最好的标准，还有一段距离”。她在黑板上画了一个山，在高山的顶峰树立一面红旗，写着“最好班集体”的字样，然后说：“最高顶峰的红旗，才是我们努力的目标。我们应当要求自己在毕业的时候，都能成为合格的毕业生。现在我们只向上爬了一步，今后还要一个山头、一个山头往上爬。爬上了一个山头，占领一个山头，近了一点儿；再爬一个山头，又近了一点儿，最后大家都上去了”。学生们体会到了这番话的意思，为集体荣誉而努力的积极性逐渐高涨。

接着，霍老师按照小学生守则有重点地进行教育，如发现孩子们清洁卫生工作做得不好，就利用两、三周的时间集中攻克，从个人卫生到环境卫生，从学校到家庭，一直到搞好为止。然后召开总结会，对班上卫生工作做得好的同学进行表扬，还向家长写信祝贺，再提出下一阶段的任务……如此往复，大家取得了一个接一个的胜利，孩子们在不断前进，班级因此出现了崭新的气象，大家热爱自己的集体，关心集体里的每个同学。这为班级各项工作的开展打下了好基础：无论学校提出什么要求，这个班的同学都能齐心合力地把工作做好。辛勤的付出换来了甘甜的果实，毕业前夕，这个班的中队被评为优秀中队，这个班级也由一个“问题班”变成了优秀班，得到了全校师生的一致表扬。

启　示：

尽管班集体是典型的教育或学习型组织，但有形的教育并不是总在发挥作用。霍老师所带的班级有一种和谐的气氛，这种和谐不是单向的，不是只有老师感到和谐，而是所有的学生都能在这一氛围中得到舒心的成长。在每个学生的成长过程中，都会遇到困难与问题，也都会有不舒心的经历，但只要班集体是和谐的，班级文化是和谐的，学生们就会在遇到问题和困难的时候，能依靠班级的力量与帮助，保持心理的平衡。我们说，真正的和谐是内心的和谐，在学校中就是师生之间、生生之间的内心和谐。只有师生之间、生生之间有了真诚相待和真诚交流，真正的和谐班级才会产生。

家校合作，助孩子成长

霍老师说，老师与家长都希望孩子长得活泼健壮、品德好、学习好，将来长大了有所作为，两方面的目标是一致的。在这个基础上，老师与家长完全可以配合起来，把孩子教育好。

上世纪60年代初，我国遭受了严重的自然灾害，人民生活遇到困难。那时候，学校里的伙食很差，一位中央领导人为了让孩子们跟人民同甘共苦，要求他们都要住集体宿舍，在大食堂吃饭。

小源便是这位领导人的孩子。初冬的一个中午，小源拿着发给自己的几块薯干回到宿舍，嫌不好吃，就悄悄地把它们扔到了墙角里。老师发现后，批评了小源，并把这事记在“家校联系本”上。星期六晚上，小源带着联系本回到家，爸爸照例要认真地看一看老师的批语。他把小源叫到身边，语重心长地说：“老师批评得对呀！粮食是农民伯伯、阿姨一滴汗珠跌八瓣，辛辛苦苦种出来的，要珍惜它。现在国家有困难，你要从小尝尝吃不饱的滋味，将来，你们替人民办事的时候，才会站在人民一边。”小源点点头，小脸蛋儿红了。

星期一，他回校的第一件事就是跑到墙角拣回那几块薯干，用小手轻轻搓去上面的泥土，洗干净后，大口、大口地吃了下去。后来，小源在农村当了多年农民，他真正懂得了爸爸教诲的深刻含义。

还有一次，小源回到家，把换下来的衬衫、袜子随便往床上一扔，对保姆说：“阿姨，衣服脏了，给洗洗吧。”

阿姨答应了，她觉得小源是个男孩子，这类事做不来，再说，给孩子们洗洗衣服也算是自己分内的事情。

后来，这件事被爸爸知道了，他耐心地向小源讲明了道理，又亲笔给小源的班主任霍老师写了一封信，其中有这样一段话：“小源应当从小养成爱劳动的习惯，自己的衣服要自己洗，自己的事情自己做。劳动是光荣的，不劳动是可耻的……”

霍老师看到后，有意识地从各方面培养小源的劳动观念，小源也知道自己错了，开始一点点学会料理生活。后来，有人到小源家做客，看到他的屋子收拾得井井有条，壁橱里的衣物干净整齐。听他妈妈说，这些事，都是小源自己做的。

启 示：

早在半个多世纪以前，霍老师就非常重视家校联系。为此她创造性地建立了家校联系本制度，及时和家长沟通，为孩子成长营造良好的环境。教育是个需要用心去做的工作，凡是对学生成长有利的做法，霍老师都愿意尝试，她的教育理念是新的，她的教育方法也同样历久弥新，给今天的教育界以启迪。

家庭之爱是孩子健康成长的基石

霍老师说，良好的家庭教育不仅能弥补学校教育的不足，还能促进学校教育的效果。老师要和家长保持经常联系，共同解决孩子成长中遇到的问题，为他们提供良好的学习和成长环境。

有一年，霍老师接任了一个实验班的语文课。刚一接课就发现一个叫平平的女孩子，每次上课都无精打采，好像心不在焉似的，而且只要一放学，背起书包就回家。霍老师想，可能是家里有什么事儿。作为一名科任老师，对这种现象她完全可以不想，更可以不管，但是她心中总是放不下，于是就向班主任反映了情况。正在这时，平平又一连两天没有来上课，也没有交请假条。于是霍老师就和班主任立刻去家访。在一个深秋的夜晚，霍老师跟着班主任走进了平平家。出现在霍老师面前的是一间不大的西房，因为是傍晚时分，显得很暗，但她还是一眼就看见平平正躺在床上睡觉呢。靠窗户摆着一张老式的红漆八仙桌，桌上放着一个暖水壶——空的，壶旁放着一个搪瓷碗，碗里有水——凉的。床上挂着平平的小书包，枕边是打开的语文书。当班主任去摸她头的时候，孩子惊叫道："妈！"等她定睛一看，又改口道："老师！"声音变得有些颤抖，一双大眼睛呆呆地看着她们，像个犯错误的孩子，显得有点胆怯。

“平平，你发烧了，我们上医院吧。”霍老师轻轻拍着她说。

平平点点头。霍老师给平平穿起了衣服，这时，班主任递过来一个小本子：“霍老师，您看看吧。”霍老师打开小本子，只见发黄的横格纸上写着：

爸爸：明天我们考试，您早点儿回来吧。

平平：桌上有五毛钱，放学后你去买点肉末儿，晚上爸爸给你包饺子。

平平：今天星期六，下午回来把屋子打扫一下，妈妈今天回来……

看看父女二人的“留言”，霍老师的心紧缩着，眼泪夺眶而出。屋里静悄悄的，孩子站在地上，睁大眼睛，惊异地看着她们。几十年过去了，但是当时平平那种惊异的、无助的眼神霍老师始终未曾忘记。

天黑了，当她们给孩子看完病，再回到那间小屋的时候，她爸爸也进门了。在谈话中她得知，平平的爸爸是丰台一所中学的老师。每天天不亮就出发，晚上七八点钟才能到家。常常是爸爸到家了，孩子也睡着了。她的妈妈也是老师，工作单位更是远在房山，两三个星期才能回来一趟。

这次家访，她们虽然不是为“兴师问罪”而来的，但是当她看到孩子卧床，没有人照看的时候，心中却陡然升起了责怪家长，想劝他们多关心点儿孩子的念头。可是那本父女的“留言本”让她们看到了生活的另一组镜头，感受到了心灵的又一种高尚。多么好的一对教师夫妇啊！她们宁可“牺牲”自己的孩子——那是刚刚读三年级的孩子啊，却不愿舍弃自己的学生；他们放弃了对女儿的直面教诲和沟通，却用一页纸维系着彼此的心。面对着她可爱的学生，这个无人照看的孩子，自己能做些什么呢？霍老师在想。

在回家的路上，霍老师的心很沉重，脑子里充满了问号。这件事自己管不管？自己管得了吗？但转念又想，学生的困难自己能不管吗？如果不管，这种父女留言的日子什么时候是个头呢？于是，她想只有把妈妈调回城里才能使孩子摆脱“留言”的生活，才能有一个温暖的家，孩子的心理才不会在孤独中扭曲。

此后，在将近半年的时间里，霍老师多次向教育局反映情况，到处为平平妈妈联系接收单位。听说她妈妈是骨干教师，学校不愿放行。她就又打电话，又一次次去房山教育局谈平平家的困难，劝领导放行。经过半年多的奔波，到三年级第二学期，平平妈妈终于调到了城里的一所中学。孩子终于有了一个温暖的家，父女二人互相留言的日子结束了。生活的温暖，心情的愉快，使平平的性格也逐渐开朗起来了。她与同学的交往活跃了，也主动关心班上的事情了，学习更是有了明显的进步。到四年级班委会改选的时候，同学们选平平当了学习委员。六年级毕业后，平平顺利地上了中学，以后又上了大学。大学毕业后在外地当了一名中学教师，干起了和霍老师一样的工作。

2001 年前后，当平平从报纸上得知北京有关部门为霍老师举行从教 60 周年庆祝活动的时候，她给霍老师寄来了一封长信，开头第一句便写道：

“亲爱的霍妈妈，您好！”

40 多年了，她还记得霍老师。霍老师很感动，也很幸福，她仿佛看到同样的事情正在平平的工作中发生，又一个和平平情况相似的孩子正在健康成长！

启　示：

学校的教育和影响不是万能的，还必须有家庭和社会的配合。基于这样的认识，霍老师的教育工作和家访的几乎做到了极致，甚至要帮助学生的家庭营造良好的教育环境去奔波，远远超出了一般教育者的想象和作为。也正是因为霍老师做出了这样的努力，她的学生才有可能获得更多的关爱与帮助，在其成长和发展的过程中才有难得的体验和感受，使其一生念念不忘，受到激励。

集体活动的魅力

霍老师说，组织活动就像上课一样，提前准备很重要，没有备课便上不好课，没有提前准备便组织不好活动，也起不到教育的效果。

春游是孩子们最向往的事情，美丽的春天来了，霍老师带他们去颐和园玩儿。

走进颐和园园门还不到十分钟，突然紧急集合，中队长告诉大家队旗丢了，怎么办呢？同学们都说：“队旗可不能丢呀！”于是大家分头在附近找。孩子们都很奇怪，刚才还插着呢，怎么一会儿就丢了呢？

正在这时候，三个小队同时收到了一封鸡毛信，还盖上了“火急”的戳。信上说：“我们的队旗丢了，它是红旗的一角，是无数先烈的鲜血染成的，我们必须找回它。据情报敌人劫旗向北山逃去，我们的任务是设法夺回队旗。估计沿途我们会遇到重重困难，要通过敌占区，甚至可能遭到袭击。因此我们全体战士要团结一致，要用集体的智慧和力量战胜困难，取得最后的胜利”。信是由中队委员会具名的，里面指定三个同学分别为连长、副连长、指导员，要求他们负责指挥战斗，另外还指定一人为随军记者，两人为缴获物资管理员。信中希望全体战士听从指挥，奋勇前进，以辉煌的成绩在庆功大会上报功，如有违反纪律的将按军纪处理。最后说明了各小队路标标记在不同颜色的纸上，写着自己小队的番号。这时大家才恍然大悟，游园节目就这样开始了。

战斗任务下达后，队伍用了很短的时间进行了作战部署，再一次强调大家要服从领导指挥，随军记者一定要认真记录沿途经过情况，缴获物资管理员一定要把缴获的东西交到大本营等事项，然后按三个小队分三路出发，霍老师也跟着队伍往前走。

到了山坡上，各小队按自己的路标分三个方向前进，走了不远，忽然发现前面有指挥作战的信号：“我们前面是敌占区。”大家情绪顿时紧张起来了，认真做好了戒备。不久又发现战斗信号：“战斗开始，希望全体战士团结一致，奋勇前进。附近有敌人埋的四枚地雷，你们一定要注意安全，扫除地雷，然后继续前进。”这时，连长就指挥大家在附近找地雷——这是事先画好的四个地雷，埋在不同的地方。找到后，随军记者进行了简短的采访，缴获物资管理员收好地雷，大家再继续往前走。接着又有信号：“前面发现敌人‘密探’二人，要设法抓住，并看好俘虏，到大本营报功。”密探是什么？真的假的？顾不上那么多了，大家都围着一棵树找，很快就发现树上钉着一个纸画的小密探，马上抓住看好。还有一个隐藏在秘密的地方不好找，这时一个最淘气的孩子走过来，霍老师故意说：“我们走吧！找不到就算了。”孩子一听急了：“那可不行，丢掉一个密探还行吗？等于留下祸害呀！我们还是赶快找吧！”他们采取了多种办法，终于在一条石缝中找到了密探。

危险一个接着一个，情况越来越复杂，行动也就越来越困难。大家刚想在树下休息，信号又发出了：“敌人飞机来了，快趴下。注意用高射炮射击，打下敌机以后，向驾驶员了解敌情。”同学们都迅速趴下，在想什么是高射炮呢？抬头一看，在树枝上发现了飞机，仔细一瞧，原来机上有一个驾驶员，驾驶员身上有一份情报："向左前方向走十步，有我方哨兵在打盹，他身上有十发子弹。"指挥员说："好机会，你们要像董存瑞那样智取敌哨兵，缴获子弹向大本营报功。"大家按照方向，数着步子前进。打盹哨兵在哪儿呢？找了半天找不到，大家又重新找方向、数步子，最后终于在一棵树上找到了子弹，这才明白打盹哨兵原来就是那棵树。

这时，前进中又发现了路标："敌人来了，快躲在树后面，向树公公请教，它会帮助我们。"怎么请教呢？大家一想，请教应该有礼貌，向它鞠个躬吧！低头时，发现树下有个路标："前面进入敌占区，注意安全，每人要匍匐前进十步。"刚学的"匍匐"两个字也用上了，大家匍匐前进十步，抵达了安全地带，敌人被全部歼灭了，同学们带着俘虏和战利品往设在佛香阁的大本营走去，不一会儿三个小队全部都到齐了。随军记者汇报了沿途记录的情况，缴获物资管理员也把缴获的物资缴上了来，同学举行了庆功大会，表扬了战斗英雄，检查了行军纪律，一场公园里的模拟战斗便在无穷的回味中结束了。

庆功会后，同学们就在公园里的佛香阁休息。这里地势居高临下，可以看到整个颐和园景色。于是，同学们便三三两两聚在一起欣赏起湖光山色来。他们有的唱歌，有的背诗，有的见景生情，甚至还做起诗来了——其实，现实中他们只学过一些古诗。霍老师借此鼓励他们："好呀！我们以前念的诗有李白的、杜甫的，将来也有我们二小七中队的了。"同学们一听都乐了，三个小队分别做起诗来了，第一小队做的诗是：

今朝来到此山中，绿树丛中点点红。
遥望昆明水如镜，无数轻舟水上行。

第三小队集体做的诗是：

二小七三登上山，遥望湖面小小船。
隐隐约约望长廊，桥上行人往来欢。

听了这首诗，有的就有疑问了："二小七三登上山"是什么意思？"诗人做诗都是有所指的，'二小七三'是指第二实验小学七中队三小队，这不是很明显吗？"一个孩子立刻回答……他们你一言我一语地争论着，唧唧喳喳地就像一群在树林子里乱蹦的小麻雀。

休息时间差不多了，大家沿着台阶往下走，向公园的排云殿前进。霍老师看见了队旗，就明知故问道："队旗在哪儿？找到了没有？"一个中队委高举中队旗迎上前来，孩子们欢天喜地地拥上去，兴高采烈地谈起抓俘虏的事来，欢笑声不绝于耳。

在排云殿参观后，大家都到了预定目标——长廊，休息、吃饭。饭后还有几个小时的时间，孩子们就趁机进行自由活动。这时中队主席说："听说侯宝林同志也来了，想和我们联欢，大队决定让咱们中队参加，大家同意吗?"大家一听顿时欢呼起来，齐喊"同意"，可是要参加联欢，就要准备节目，于是便争先恐后报上节目，然后就认真排练起来了：有的小队在唱歌、有的在跳舞、也有的在说相声。最后全中队在一起彩排了一下，就派几个同学去接侯宝林。不一会儿，远远看见几个人，其中两人穿着大褂，戴着礼帽，手拿折扇一摇一摆地走了过来。大家热烈鼓掌欢迎，可是有的同学发现来者不像侯宝林，仔细一盘问，才知道是同学假扮的侯宝林和马季。大家围着他们乐了半天，然后高高兴兴开始了联欢，玩儿得不亦乐乎。太阳西下，回校的时刻到了，同学们依依惜别了颐和园，唱着嘹亮的歌儿往回赶。

这次春游给同学们留下了深刻而愉快的印象，回校后大家更加团结了，更亲密了，班队委的威信也更高了，工作也更好开展了。

组织孩子们春游是为了欣赏大自然的美丽景色，开阔视野，锻炼身体，同时也在活动过程中培养他们的组织性和纪律性，促进他们之间团结友爱。可是怎样组织才能既达到春游的目的，又起到教育的作用，同时保证安全呢？为此，霍老师在春游前两个星期就着手准备，所有班、队委一起商量，针对孩子们的思想情况，共同组织安排了一系列活动，取得了意想不到的效果。

启　示：

小学生需要教师无微不至的关怀，也需要事无巨细的指点。但随着他们逐渐长大，他们就会越来越需要有自主发展的空间，这是一个普遍的规律。霍老师在她的教育教学生涯中会把握其间的分寸，不失时机地给予学生充分的信任与自主发展的空间，帮扶孩子们在其最需要支持的时候给予支持，而不是仅把学生当做"受教育对象"。要做到像霍老师这样并不容易，不仅需要教师娴熟地了解教育教学及人才成长规律，还要有对每个学生深切的爱与深层的了解。只要把握住这两方面的原则，教师是可以大胆地扶持学生自主成长的。

十二、用人格魅力感染学生

坚守讲台是教师的天职

霍老师说，一名合格的教师不仅要忠诚于党的教育事业，更要有献身于这个事业的决心，要兢兢业业地履行教师的职责，哪怕遇到再大的困难也不动摇。

1966年开始的“文化大革命”使原本正常的社会秩序被打乱，大多数人都无暇自顾，主动或被动地卷入了历史漩涡中，随着社会的风浪跌宕起伏。但是也有一些人“任凭风吹浪打”，顽强地坚守在自己的工作岗位上，为国家恢复正常积蓄力量，霍老师就是其中之一。学生小贤回忆了霍老师坚持为他一个学生上课的往事。

小贤是北京第二实验小学1966届的学生，霍老师是他们的班主任。1966届在还没毕业时就发生了“文化大革命”，用小贤的话说，“我们落着一门没有考完的功课就被卷进了这场史无前例的运动中。学停了，课上不了，我们这些懵懵懂懂的孩子一时不知将接受怎样的命运”。

在社会与学校处在一片混乱中时，霍老师也受到了很大冲击。在这样的情况下，她仍然坚持给学生上课。由于家庭受到运动影响，很多学生被迫中断了学业，来学校上课的学生很少，最多时也不过全班的一半。可不管学生多少，霍老师还是像平常一样站在讲台上。

当时小学的内容已经讲完了，霍老师就给学生讲中学的知识。看到学生不解，霍老师清清嗓子说：“国家总会恢复学业的，将来你们还要继续上学。现在给你们讲初中的内容，为的是让你们将来接上学习的进程。”

听到这话，有些学生脸上还是茫然，但还有些学生似乎看到了还能上学的希望，端正了态度，认真听讲起来。

这时，教室后面传来了嘤嘤嗡嗡的声音，学生们都回头看，一位女同学正低着头哭泣。霍老师鼻子一酸，转过身面向黑板，镇静了一会儿，开始用粉笔写起了板书。教室里鸦雀无声，只听到粉笔划在黑板上沙沙作响。

后来有一天，下起了大雨，教室里只来了小贤一个学生。等了半天，还是没有同学到，不会有人来了，今天肯定不会上课了，小贤想。出乎意料的是，当上课铃响起来的时候，霍老师像往常一样走进了教室，站在了讲台上。她习惯性地向教室里扫视了一圈，发现只有一个学生时，紧锁着眉头，略微沉思了一下。可是很快，她就宣布“上课”。小贤一愣，在没有班委喊“起立”的情况下，他的身子不由得站了起来，“老师好”三个字脱口而出。“同学们好！”霍老师没有多想，熟练地打开课本，讲起课来。小贤静静地坐在下面，看着老师憔悴的身影，根本没有心思听课，恨不得课早点结束，好让老师回家休息。

一个人在教室里，小贤如坐针毡，好不容易熬到下课，但霍老师并没有离开，而是径直走向他的座位，和他坐在一起唠起了家常。小贤的妈妈也是老师，正在接受审查，原本活泼的他已经变得不太爱说话。可当霍老师聊到她和小贤的母亲有着共同的遭遇时，师生二人的话题超出了课堂之外、学习之外，之间没有了距离，他的话也多了起来。他把一股脑儿的问题全都倒了出来，霍老师一一帮他解答，并鼓励他不要中断学习，最好能坚持自学，因为将来知识还有用得着的一天。小贤没有忘记霍老师的话，“文革”后以小学的底子参加了高考，后来在一家大型出版社做编辑。他在纪念霍老师的文章中写道：“能成为霍老师的学生，是我们的福气，今生来世都受用。”

需要一提的是，1966 年“文革”刚开始，霍老师的爱人就被定为“历史反革命”，全家受到严重冲击，是年 6 月，她就被定为“资产阶级反动学术权威”，被关进“牛棚”劳改一年零九个月。但她从来没有忘记教学，刚被“解放”就走上了讲台，继续她为之奋斗一生的事业。

启　示：

一个真正的教育家，在国家与民族动荡之时，在个人不知何去何从时，在面对大是大非时，更能够表现出超出常人的见识、气魄与从容。即使国家风雨飘摇，学校几无学生，霍老师依然挺立于三尺讲台之上，兢兢业业，尽着一个教师的职责。大家风范，可见一斑！

身处逆境，不忘职责

霍老师说，教育关系国家兴衰，教师肩负千钧重担，无论什么时候都不能忘记自己的责任和使命。

霍老师曾到学生小壮家做过多次家访，但有一次让小壮印象深刻，至今难忘。其实，这也是一次普通的家访，只是在一个特殊的背景衬托下，让这次普通的家访显得颇为特殊。

1967 年秋冬之交，学生们已经停课“闹革命”一年多，老师们也没有几个能置身事外的。可是谁也没有想到，刚刚从“牛棚”解放出来的霍老师就召集小壮他们这些学生一起上课，而且教的是正儿八经的数学，不是当时时兴的那些。在“文革”还如火如荼的当口，这次复课注定是短暂的，但霍老师一如既往，极其认真地履行教师的职责，授课、复习、考试一应俱全，不省略任何环节。更让小壮他们没想到的是，霍老师还恢复了家访。

小壮记得，复课后的第一天晚上，霍老师就去了他家，就复课后的情况和需要注意的事项和小壮的妈妈进行了沟通。当时时兴讲大道理，但霍老师没有大道理，而是根据小壮的具体情况，提出了一些实实在在的建议。小壮妈妈看到老师此时来访万分惊讶，她不无担忧地对霍老师说，外面形势混乱，孩子又整天在外面游荡，做妈妈的很担心。同为母亲，她对小壮妈妈的担忧感同身受，可是大环境如此，她也无能为力。不过，她还是告诉小壮妈妈，某某同学在某某方面优点突出，孩子多和他交往会有长进；某某同学在另外一个方面做得好，多和他交往会弥补孩子该方面的不足……

和班里很多同学一样，当时小壮家也遭受了冲击，就连亲朋好友也很少来往，更何况，霍老师也身处逆境。“自己身处逆境，心里仍然装着学生；在学生家遇到困难的时候，送去关心，送去温暖，这就是爱，人间大爱。点滴小事，彰显出老师的大家风范。”小壮回忆说。

启　示：

学校教育与家庭教育相辅相成，为学生创造健康成长的氛围是师者应尽的责任。霍老师不仅平时做到了，在那个特殊的时候，还能够一如既往，坚持不变，实属难能可贵。这就是一个真正的教育家，即使自己身处逆境，依然不忘教师之责，心系学生成长，点滴之事彰显师之大爱！

化解磨难，笑对人生

霍老师说，人的一生很漫长也很短暂，实际只有三天——昨天，今天，明天。昨天已离我们而去，今天我们要加倍努力，美好的明天要靠我们共同创造！

小亮和哥哥小明都是霍老师的学生。在小学、中学、大学及研究生的老师中，他们都觉得霍老师对他们的影响最深、最大。小学教育是人生的第一块基石，霍老师不但在传授知识的同时教授了学习方法，使他们受益匪浅；而且她身体力行，以特有的魅力，向他们指明了应该怎样行路、怎样做人。

在离开小学后，他们和霍老师的联系几十年不断，在“文革”期间亦是如此，足见师生情谊之深。他们都是北京四中老三届的高中毕业生，上世纪60年代末下乡后，小亮还在北大荒的农场小学当过几年老师。“文革”后小亮从事科研和高等教育工作，哥哥小明进入一家跨国公司，至今兄弟二人在事业上都取得了巨大的成功。虽然半个世纪过去了，但是在他们心中，霍老师始终是他们做人、做事的榜样。

霍老师去世后，小亮接受了我们的采访，深情回忆了霍老师教育、引导、关怀他们的点滴往事。

初识霍老师

小时候，小亮他们家住在西单报子街，即今天的民族文化宫对面。1953年他们就近进入了北京第二实验小学附属幼儿园。小亮比哥哥小一岁，哥哥小明上一年级时，小亮还在上幼儿园。霍老师是哥哥的班主任，平时，哥哥放学一回家，就讲“我们霍老师长，我们霍老师短”的，说起来倍儿自豪。哥哥班上的同学到他家做作业时，也常常谈起霍老师，话语中总流露出特别的敬重和亲切。小亮听多了，觉得霍老师非常“神奇”，还在幼儿园时就梦想有一天也能当霍老师的学生。

有一年冬天，霍老师生了孩子，坐月子了。小明和小亮琢磨着去看看霍老师，可又不知该怎么去，想了好久，他们决定给霍老师送些鸡蛋——他们从大人那里知道，去看坐月子的人，送鸡蛋最好了。那时候民风淳朴，孩子们天真无邪，没有丝毫现在流行的所谓公关意识，有的只是对老师一腔真挚的爱。

每天早晨，当他们在后院养的小油鸡咯咯地叫个不停时，他们都争着去鸡窝里把热乎乎的红皮鸡蛋取回来，用铅笔依次写上日期。哥哥已和全家说好，新下的鸡蛋都不吃，全给霍老师留着。

一个星期天的早晨，小亮跟着哥哥提着一个小小的竹篓，里面垫着棉絮，装满了鸡蛋到府右街的一个小院去看霍老师。听到声音，霍老师的爱人赵老师迎了出来。他们想留下鸡蛋就走，可赵老师执意不让留，这时霍老师在屋里叫他们进去，让他们暖和一会儿再走。进到屋，他们看见霍老师头上包着毛巾，披着棉衣半靠在床上。

霍老师详细询问了班上的情况，又叮嘱小明不要浮躁。然后，霍老师又问了小亮在幼儿园的情况，并告诉他，哥哥是个好学生，希望小亮将来向哥哥学习，也当个好学生。

离开前，经过几番推让，他们还是把鸡蛋留下了。霍老师看着那用稚气的笔画写下日期的鸡蛋，眼圈红了。

这是小亮第一次见到霍老师，印象极为深刻。后来，在哥哥小明那个班低年级升中年级、中年级升高年级的时候，家长们纷纷到校长那儿请求，希望霍老师能继续教这个班，于是霍老师从一年级一直教到他们小学毕业，当了他们整整6年的班主任——这也是霍老师教育生涯中绝无仅有的一次。

见证恩师的教育魅力

四年级时发生的一件事，让小亮真正见识到了霍老师的教育魅力。

有一次，小亮在家里的书柜里找书看，不小心翻出一本计划生育方面的小册子，觉得好奇，他又把哥哥也叫来看。童言无忌，事后有一天，放学后他在同学家做作业的时候，提到了这本书，结果被同学捅到班主任那里去了。

小亮受到了班主任严厉的批评，整整一个上午都站在老师预备室里反省。恰在此时，他从楼上预备室的窗户上往楼下看时，发现霍老师和哥哥正站在操场大柳树下谈话。没多久，哥哥抬起头向霍老师敬了个队礼，就回教室了。可是他直到下午上课，小亮才被允许回到教室。

同一事件的兄弟俩，在两种不同教育理念下，结果截然不同：小亮当时的班主任是一位年轻的女教师，工作很有朝气，班级管理得也很好，然而对学生成长中遇到的问题缺乏经验。从这件事起，在班主任眼里，小亮仿佛犯了大逆不道的错误，再怎么积极努力也改变不了“形象”。小亮灰心了，开始由好学生变成爱跟老师作对的“刺头儿”，小队长的臂章也被摘掉了，明明他的乒乓球在班里打第一，却不能代表班里去参加年级比赛，结果从此一蹶不振；但是，哥哥小明在这件事后没有受到任何影响，他始终作为一名上进的好学生直到毕业考上了北京四中。小亮后来才知道，霍老师给他们家打了电话，那本小册子被“妥善保存”了。

可见，霍老师是从爱护学生自尊心的角度出发的，当她以这种前提告诉孩子应该怎么做时，孩子能够心悦诚服地接受。而另一种做法只是很轻率的惩戒教育，它容易挫伤孩子的自尊心、自信心，并且往往达不到教育的预期目的。

后来还有一个小插曲。小亮30岁那年，曾去母校老师宿舍，正好碰到当时的班主任在散步。问候之后，小亮自责地说：“老师，我小时候很淘气，又倔，惹您生气……”意外的是，班主任马上打断他的话：“其实你小时候并不淘气，是一个好孩子，只是因为当时不该做的一件事……”

这样的事情在目前很多学校还在重演，“呵、唬、横”，注重惩罚依然是一些老师轻率使用的“法器”，甚至有的老师被学生称为“专横跋扈”。而这些做法在霍老师身上是绝对看不到的，可能这也是霍老师深受学生爱戴的原因之一吧。

霍老师的点金术

小学五年级时，一个外地调来的老师当小亮他们的班主任。由于这位老师缺乏管理班级的经验，本来在四年级时还不错的班级一下子变成全校有名的乱班：男女生画分界线，上课纪律涣散。一位科任老师上课时气得甚至要把教室门都打开，希望让全校师生看看这个班乱成了什么样子。

不得已，学校拿出了杀手锏，六年级时由霍老师担任他们的班主任。

霍老师接班后一不发火，二不来“呵、唬、横”。她分别做男女同学的工作，首先解决了男女分界线的问题。然后她针对不同的学生采取不同的方法，调动学生工作和学习的积极性：对过去被起外号、经常被男生惹生气的女生干部，霍老师和她们谈天，帮助她解开心里的疙瘩；对比较淘气的男生，霍老师注意发现他们的优点，引导他们发挥特长……

新学年新气象，霍老师的做法就像神奇的点金术一样，让班风大变，同学们都争着为集体做好事。同学们都说霍老师身上有种魅力，正是这种魅力折服了他们。小亮认为，这种魅力首先来自霍老师对学生的爱——这种爱是发自内心的，不是做给别人看的，再淘的孩子也懂得谁在真正关爱他；这种魅力来自霍老师的智慧——她善于打开孩子们不同型号的心灵之锁；这种魅力来自霍老师精湛的教学艺术——她让学生们特别爱上她教的语文和数学两门主课，使学生的成绩在短期内有了大幅提高。

母爱和师爱

霍老师接手小亮他们班后，她的二女儿得了红斑狼疮。一边是病重的爱女，一边是小亮他们四十几个将要面临毕业升学考试的学生，霍老师的压力可想而知。霍老师爱自己的女儿，也爱自己的学生，她没有因为女儿的病而耽误学生一节课，不仅如此，在女儿生命的最后时刻，她仍然坚守讲台，认真履行着一个教师的职责。

1961 年 6 月的一天，医院通知学校转告霍老师二女儿病危。当时霍老师正在上课，学校把这个危急的消息告诉了霍老师，但她还坚持把课上完。待她赶到医院时，女儿已经不幸病故了。这件事感动了全校师生，更感动了小亮他们班上的全体学生，他们都流着泪说：“霍老师，您不要难过，我们都是您的儿女。”

当年 7 月，小亮他们参加了小学升初中的考试。在霍老师这种精神的激励下，他们班考得非常好，近一半的同学考上了北京四中、实验中学、清华附中和北京八中。当他们班兴高采烈地站在毕业典礼舞台上，朗诵由霍老师指导他们写的长诗——“七月的风吹开了白色的槐花，七月的阳光映红了我们大家的脸……”时，霍老师坐在台下，露出了微笑。那个微笑是小亮记忆中最难忘的一个镜头。

精湛的师艺

听霍老师讲语文课是一种享受。小亮还记得霍老师讲《小英雄雨来》一课时的情景：霍老师没有让他们打开书，而是先用散文诗般的语言，描述了在晋察冀边区北部平原，有一大片芦苇荡，芦苇荡边有一个芦花村……这让他们很快进入了故事的意境中。然后，霍老师饱含深情地朗读了一遍课文。他们被深深吸引了，处于高度兴奋中，在兴趣和兴奋中体会到了语言文字的情趣、美感与韵味。当孩子们爱上了语文后，学习就是一件惬意的事，这种氛围对文学素养的提高是非常有益的，这与那种先"扫荡"字词，再分段落、然后分析中心思想的模式化教学效果是大不一样的。在这种氛围熏陶下，霍老师的很多学生写作水平都很高，部分后来从事记者、编辑等工作的学生都做出了成绩。

在"文化大革命"中，霍老师被打成反动学术权威，遭受批判并被关押，加上幼子被红卫兵扎死，受尽磨难。后来，中小学复课，她又被不公正地调离了任教多年的实验二小，到当时条件很差的丁字胡同小学任教。1971 年冬天，小亮从东北农场学校回京探亲，到丁字胡同小学去看望霍老师并向她取经。他问老师，农场许多学生也受"读书无用论"的影响，不好好学习怎么办？霍老师跟他反复强调了自己的教学真谛：要想办法在课堂上调动学生的学习积极性和主动性。

小亮因此受到启发，后来在大学讲课、指导研究生学习、科研中也一直遵循这样的真谛。

最后的情愫

2009 年 12 月，霍老师已重病在床，基本处于昏迷状态。哥哥小明从大洋彼岸飞回北京，兄弟二人一起前往北大医院住院部探视恩师。霍老师平静地躺着，一直陪伴在她身边的女儿赵萱老师对他们说："我早先已在耳边告诉妈妈你们两个要来，但不知道她听明白了没有"。她俯下身在霍老师的耳边一遍一遍地轻声呼唤："妈妈，妈妈，小明、小亮来看您来了！"过了一会儿，霍老师慢慢睁开双眼，然后眼睛突然一亮，两滴晶莹的热泪流淌下来……

在送她们出来的时候，赵萱老师说："我们平时呼唤妈妈，经常是没有什么反应的。今天真没想到她一下就听到了，并认出了你们。"可见在弥留之际，霍老师的心中仍非常思念她的学生们。

小亮说："霍老师用她的一生书写了爱学生的真情，诠释了'师者，传道授业解惑'这一经典论述。她教会了我们如何学习，如何思考，如何做人，并用她的实际行动践行了'学高为师，身正为范'的教师精神。"

启 示：

霍老师的一生充满光辉，也充满坎坷，但正是由于她拥有了自己最热爱的教育工作，所以能够宠辱不惊，一直以坚定不移的精神探索教育教学的原则和规律。要做好教师，先要学会做人，这是霍老师对人生、对事业的基本认识，也是其教育生涯之所以能历久弥新的重要原因。

身教胜于言教

霍老师说，教师生活在一群孩子中，这些孩子对任何细致事物的观察都是敏锐的，教师每一句话、每一个行动都在直接、间接地影响他们，因此做教师的不仅要言教，更重要的还是身教。

孩子的模仿性是很强的，大人的一举一动，一言一行，都能给孩子深刻的影响。特别是教师，课上、课下都有几十双敏锐的眼睛在观察着。孩子们都是从自己的角度来注视、模仿和学习老师的，老师走路、说话、穿衣、吃饭等动作，处理工作和待人接物的态度，都会成为孩子们注意的中心和学习的榜样，所以一点也马虎不得。

老师平时经常会要求孩子注意清洁卫生，每个星期天要把衣服换干净，指甲剪短，每天脸要洗干净，衣服破了要补，扣子掉了要钉好，等等。这样做都很好，但是老师自己一定要先记住并做到这些事，给孩子们起到表率的作用。霍老师就是这样，平常即使再忙，她每个星期一总会换了干净衣服，剪短指甲，整理好仪容仪表，然后再到学校去。

可是有一次，她衣服上掉下来一个扣子，临时来不及缝，就上课去了。这是个很细微的问题，可是孩子们却看得清清楚楚。她刚进教室不久，便有个孩子跑过来说：“老师，给您提个意见。”

霍老师忙问：“什么意见？”

孩子说：“您要大家钉扣子，您自己的扣子掉了却没钉好，您快瞧！”

霍老师诚意地接受了孩子们的监督，并向他们道了歉，下课后，她赶快跑到预备室把扣子钉好。其实，孩子们“盯”的不单是她一个人，对其他老师“盯”得也很紧。有一个辅导员到霍老师班上听课，带的课本没包上书皮。下了课，有的孩子就去找他：“老师，老师，霍老师要求我们把书都包上书皮，您的书怎么不包上书皮呢！”从这些“小事”可以看出，老师的行为即使出现很微小的问题，孩子都是看得清楚的，所以教师要处处以身作则，用实际行动去影响学生。

在贯彻“学生守则”时，霍老师要求孩子们早上到校碰到老师、辅导员、同学都要问好，如果有问题问老师，或者跟老师讲话时，都应该站起来，这是应有的礼貌。

她不光要求学生们做到，而且要求自己先做到。有一次在预备室，她正在批改作业，有个老师走到桌前和她谈话，她立刻就站起来了。这件事恰巧被一个孩子看见了，他就向其他孩子说了这事，“霍老师真有礼貌”一下子就在班上传开了。其实这只是一件很平常的小事，可是如果她当时没有站起来，“霍老师多么不礼貌”之类的话也会在班上传开，学生们还会说：“老师光会要求他们，自己却不这样做。”如果出了这种情况，霍老师再要求他们讲礼貌就不容易了。

有的孩子怕吃苦，天气刚一转冷，班上有些孩子就不想去做操。针对这种情况，霍老师给孩子们讲了解放军叔叔在天寒地冻的环境下英勇抗敌的故事，他们听了深受感动，多数孩子都能挺起胸膛，鼓足勇气来出操了。可是还有少数孩子，把手插在裤兜里，缩着脖子，不停地喊冷，也有个别孩子在小声嘀咕：“要求我们不戴帽子，自己却戴顶大棉帽子，敢情不冷，我们脑袋可冻着呢！”听到这些，霍老师就知道他们是有所指的，学校有些男老师有戴帽子的习惯，他们总是戴着帽子，站在前面看孩子们做操，难怪他们要说怪话了。霍老师及时提醒老师们注意这些事，并且反思到，自己虽然没有戴帽子、围围巾，可是却喜欢站在操场前面暖和的阳光下晒着，而同学们多半站在后面没有太阳的地方做操，是不是也不合适呢？察觉到这一点后，她自己再上操时就有意识地站到没有阳光的地方，并且注意不带手套，也不把手插在兜里。做了这些工作，孩子们在做操时出勤率高了，表现得也比较好了，在很冷的气温下都能坚持做操。

启　示：

前苏联著名教育家加里宁曾说：“教师的世界观、品行、生活，以及对每一现象的态度都这样或那样地影响着全体学生。这点往往是觉察不出的。……所以一个教师必须好好检点自己，他应该感觉到，他的一举一动都处在最严格的监督之下，世界上任何人也没有受着这样严格的监督。”对霍老师来说，对学生的言传身教并非教师的职业的要求使然，而是其内在的崇高追求所致。所以，她所说的和做的不是为了完成任务，而是发自内心的自觉行动。在她的工作与追求中，和学生一起成长、一同体验，是一种职业的幸福。

树园丁楷模，育桃李天下

霍老师说，孩子是祖国的花朵，民族的未来。尽管他们的成长轨迹和人生道路各不相同，但在我的眼里，他们都是好孩子，都是我的骄傲。我为拥有了他们而深感自己是世界上最幸福的人。

1979 年 8 月，霍老师的学生、小亮的哥哥小明在历经重重困难考上北京工业大学的研究生之际，给霍老师写了一封信。信是这样写的：

尊敬的霍老师：

您好！

告诉一个您听了一定会高兴的消息：我已经被录取为今年北工大的研究生了。

真的，不知道为什么，接到录取通知书的那一刻，我的眼前掠过了您慈祥和蔼的面容，我的脑海中腾起了回忆往事的浪花。

我好像又看见了，在“爱祖国、爱人民、爱劳动、爱科学、爱护公共财物”的巨幅油画下，您谆谆教导我们的情景；我仿佛又置身于课堂上听您简明扼要地给我们讲：“长、面、体，十、百、千；长、面、体，三、九、二十七。”我似乎又听见您在说：“孩子们，你们是祖国的未来！”……

老师，您知道吗？您六年辛勤的培育，在我们幼小的心灵中深深地埋下了献身祖国、奋发向上的种子，而随着我们年龄的增长，它逐渐萌发、破土……尽管在过去的十二年中，我的家庭经历了千磨万击，我自己走过了曲折坎坷的道路，但是，您灌输给我们的这一坚定信念，却从来没有动摇过。

记得在小学作文时，我们曾不止一次地用“人类灵魂的工程师”“辛勤的园丁”来形容和歌颂我们的老师。回想起来，那时的这种感觉还只是感性的、朦胧的。现在，特别是经历了“文化大革命”后的现在，我们才真正理解和体会到了这些话的深刻寓意和全部涵义。

正因为如此，霍老师，除了父母之外，您是我第一个通知这一消息的人。

我知道，新的、更加艰巨的学习任务摆在我的面前。请您放心，在实现四个现代化的新长征中，我一定贡献出我的全部力量。

教学劳累，工作繁忙，请您保重身体。

……

“正因为如此，霍老师，除了父母之外，您是我第一个通知这一消息的人”——30多年后，读到这句话，感受到的不仅是浓浓的师生情谊，而且更能体会到霍老师对学生无尽的爱意。

霍老师去世后，小明动情地回忆起当初的点点滴滴。

小明记得，三年级第二学期，大家正在期末总复习，一次课间休息的时候，霍老师的左脚被滚烫的开水烫到了，结果脚面皮肤被烫伤变得红肿，而且起了大水泡。学生们都要求霍老师去医院看医生，但她只是到校医务室简单地包扎了一下，忍着伤痛回来继续给他们上课。之后的三个星期，北京天气炎热。霍老师只好把左腿垫在一把凳子上，以架高有伤的左脚，减少疼痛和液体渗出。她仅用右腿站立，天天照常给小明他们上课，从未间断。那时候，全班同学好像突然长大了，学习格外认真，纪律也格外好。

小明他们全班有46位学生，霍老师每学期都会骑着她那辆28寸女式自行车，逐一对他们进行家访，了解学生在家的情况，和家长沟通配合，使家校结合起来，为他们学习和成长创造良好的环境。

在一个寒风呼啸的冬夜，霍老师晚饭后从学校骑车来到小明家里。那天不巧，小明的父母开会都还没回来。霍老师坐下一边等候，一边取出学生们早上交的作文，专心批改起来。晚上八点了，小明困了，只好上床躺下，在霍老师批改作业的唰唰声中进入了梦乡。他不知道父母是几点钟才回来的，也不知道霍老师是多晚才离去的，总之他知道的是，第二天早上，霍老师依然神采奕奕地走进教室，把作文本一一发回到他们的手中，每一篇作文上面，都有她字迹秀丽的评语和精心工整的批改。

“文革”期间，霍老师受尽磨难，后被不公正地调离了任教多年的实验二小，调到丁字胡同小学任教。1972 年，小明从东北农场回京探亲，到丁字胡同小学去看望霍老师。小明看到，在课堂上，霍老师依然认真负责地教学生；在课间操时，她仍然一丝不苟地纠正学生的懒散动作。在老师办公室，小明看到了校领导发给霍老师的教学奖状。带着由衷的敬佩，他问霍老师是怎么想通的。她只说了一句话：“孩子们是祖国的花朵呀……”刹那间，霍老师那无怨无悔、辛勤耕耘的园丁形象在他心目中更加高大了，他对霍老师的崇敬之情更加浓烈了。

后来，实验二小另一位很有名的老师胡汉娟曾对小明的弟弟小亮十分感慨地说：“你们霍老师就像一头老黄牛。‘文革’整老师，有的身体垮了，有的精神垮了。但霍老师无论受了多大罪，还是那么努力干，让人佩服。”

1979 年 9 月建国 30 周年前夕，一位《中国青年报》记者采访了霍老师时，她在给记者展示一张照片时又提到了小明。“诺，你们看这个小家伙，”霍老师充满深情地指着照片上正在举手的一个男孩说，“他叫小明，上学的时候，他写过一篇作文：《飞向宇宙》，想要当一个科学家，今天，这孩子战胜了重重困难，终于实现了他的愿望！”

霍老师没有忘记小明，小明更没有忘记霍老师。2010 年 2 月 11 日，霍老师走完了人生 88 岁的历程，其后在八宝山举行的追悼会上，小明和小亮亲自送上了他们兄弟精心准备的挽联：

懋德千丈，奉献大爱，倾毕生心血，树园丁楷模
征迹万里，躬身小教，以纯青教艺，育桃李天下

这，正是霍老师一生真实的写照！

启　示：

霍老师从教六十多年，历经新中国教育发展的各个重要历史时期，不仅长期身居一线探索教育教学改革的经验，而且长期做班主任，滋润着每一位学生的心田。从具体的家访，到参与国家教育改革的决策，霍老师都尽心尽力，将个人的荣辱置之度外。她的一生平凡而伟大，她用生命证实的教育规律永远值得人们记取。

附 录

霍懋征生平

霍懋征，1921 年 9 月 18 日生于山东省济南市。1943 年毕业于北京师范大学数理系，自愿赴北师大第二附属小学任教（即北京第二实验小学），先后担任数学教师、语文教师、班主任、副校长等职。

霍老师是教育战线上的一面旗帜，是教师的楷模。她从教 60 年，为国家培养了大批卓越人才，为中国的教育事业做出了卓越的贡献。

霍老师开创了我国高等学历人才从事基础教育事业的先河。她爱教乐业，与时俱进，勇于创新，用自己一生的实践证明了忠于事业的高等学历教师对推动基础教育改革发展的重大意义。她躬耕于小学教育园地，孜孜不倦、矢志不渝。她始终热爱着基础教育，无论顺境逆境，无论国家、学校、家庭发生什么变化，她都坚守在教学第一线。她始终生活在学生中间，痴心不改，无怨无悔。她几十年如一日地辛勤耕耘，无私奉献。勤奋，使她的业绩在日积月累中逐渐丰厚起来，直至达到卓尔不群的境界：1956 年被评为全国首批特级教师，在第一次全国教育工作会议上被评为“中国现代百名教育家”，荣获北京市“模范教师”，北京市“三八红旗手”、全国“三八红旗手”等多种荣誉称号，并先后担任北京市妇联副主任、全国妇联执行委员、中国教育学会常务理事、中国小学语文教学研究会常务理事等职务，曾当选为民进中央常务委员、第五届全国政协委员、第六、七、八届全国政协常务委员。她积极参政议政，为教师呼吁，为教育发出了强音，教师节的确立、教师法的制定都凝聚着她的心血。

霍老师把毕生的精力无私地奉献给教育事业，为了教育事业倾注了全部的心血和全部的爱。她爱学生，爱老师，爱朋友，爱家人，爱所有需要帮助的人。她的爱是大爱，在她的感召下，全家四代十一人从事教育工作，1991 年霍懋征老师一家被评为“全国优秀教育世家”。她以自己特有的人品、师品、学品演绎了一位小学教师完美的一生，她是我们心中的楷模。

霍老师是爱的教育的早期倡导者和实践者，爱的教育贯穿了霍老师的一生。“没有爱就没有教育”是霍老师教育思想的精髓，是她教育的动力和源泉，是她追求的目标和境界，也是她一生的座右铭。霍老师对学生的爱是高尚、纯粹而又无私的。她爱所有的学生，对特殊的学生给予特殊的关爱。她用“激励、赏识、参与、期待”的教育艺术，教育好了每个学生，给每个学生一个金色童年。她坚信“没有教不好的学生”，她从教六十年，她的学生个个成才，从没有一个学生掉队，每届学生几乎都是全面发展的好学生。她是和谐先进班集体的创建者，她对学生一视同仁，高干子女从无炫耀之举，市民子弟更无自卑之颜。她的学生都能和谐相处，亲如兄弟姐妹。几十年里，霍老师把她当过班主任的班级都建设成了团结友爱、和谐进取的先进班集体。她和学生的感情深似海，每个学生都能讲出霍老师爱他们的故事，他们把霍老师比作自己的妈妈。1960 届的学生年年正月初三去看望她，至今已经保持 50 年的师生情。

霍老师是新中国历次教育改革的带头人和成功经验的创造者。她运用创新思维，前瞻地思考教育教学问题。她以学生为本的教育思想和以学生为中心的教学艺术，她的育人必先育德、教人必须教心以及家庭也是学校、社会是教学的大课堂等思想不仅在自己班上产生了巨大效益，而且对我国基础教育的改革起到了引领作用。她把改革的着眼点放在提高课堂质量、开发学生潜能、培养学生创新意识和营造民主、宽松、和谐的课堂氛围上，在减轻学生负担的前提下，把课外时间还给学生。她在教改中坚持文道统一，寓德于教，加强学生创新思维的训练，鼓励学生质疑问难。霍老师制定了“速度要快，数量要多，质量要高，负担要轻”的教改方针，创造了独特的“讲读”教学法，继而发展为“读讲”教学法。她具有高深的学养，是一位充满智慧的教师，她运用儿童心理学激发了学生学习兴趣，让学生变得聪明起来，学生不仅“学会”而且“会学”，她的教学改革获得了巨大成功；她的数学实验创造了全班学生周周作业无错题，学期考试得满分的好成绩。在小学语文教学改革实验中，一学期可以讲授 95 篇课文，远远超过教材设定的 24 篇，学生的作业都在课堂上完成。三年实践后，全班的作文人人字迹工整，卷面干净，无错别字，全班平均成绩达到 98.7 分。她创造了教学改革的奇迹，专家一致公认她的课达到了炉火纯青的教学艺术水平。

霍老师是党的教育方针和先进教改经验的积极宣传者，她的足迹踏遍了祖国大江南北。几十年里，她应邀在全国50多个省市地区讲学，上了百余节公开课，节节都获得了极高的评价。霍老师1998年退离一线工作，但年逾古稀的她依然非常关心青年教师的成长，因为她深深地认识到未来的世纪是教育的世纪，只有教育上去了，我们国家才能繁荣富强。她要在自己的有生之年竭尽全力奉献。所以她到处去听课、讲课，经常到农村学校为老师们排忧解难，不辞辛苦地致力于青年教师的培训工作，常常一天工作十几个小时，身边的人都说她是一头不知疲倦的老黄牛。她是青年教师的朋友和导师，并培养出无数位优秀的青年教师。她在80高龄以后仍壮心不已，积极响应党中央的号召，支持西部教育，送教上门。先后到新疆、甘肃、贵州、广西、内蒙古做教育考察，给学生捐赠图书、文具，为老师传经送宝；介绍先进的教育思想和教育手段，传递最新的教改信息、教改动态和国内外教育发展形势，交流教育教学的管理经验，宣传良好的师德典范，她为农村的孩子们亲自指导编著了全国第一套农村小学语文教材。她把多年积累的教育教学的宝贵经验毫无保留地奉献给祖国西部的人民。

为了表彰霍老师的模范事迹，2004年12月，教育部特邀请83岁高龄的霍老师在人民大会堂向全国教师做师德报告。为了弘扬霍老师的教育思想和实践经验，全国教育科学规划领导小组将“霍懋征教育思想与实践研究”作为“十五”规划教育部重点课题，在全国近20个地区展开了深入的研究。这一研究得到了温家宝总理的大力支持，温总理批示说“霍懋征老师的模范事迹充分说明高学历人才从事基础教育具有深远意义”，并指示教育部“积极推动霍懋征教育思想与实践的研究工作”。

霍老师把一生中积累的经验撰写成多本专著，她崇高的师德、厚重的经验给教育界留下了宝贵的财富。有关方面为了介绍她的教学经验，录制了许多她授课的录音带和录像带，还拍摄了她讲授《月光曲》一课的彩色教学影片，不仅在全国各地，还在美国一些城市放映，受到普遍赞誉，反响很大。霍老师对我国语文教学改革产生着深远的影响，她是基础教育的骄傲，更是一座丰碑。

几十年来，霍老师受到了众多党和国家领导人的接见。周恩来称她为“国宝”，薄一波为其题词“一代师表”，温家宝称她是“把爱心献给教育的人”，刘延东称她为“教育大家”……霍老师说，这绝不仅仅是个人的荣誉，这是党和政府对教育事业以及对教师的关怀和鼓励，荣誉属于大家。她曾无限深情地说：“我一生从教的体会，那就是六个字：光荣、艰巨、幸福。”

霍老师的一生是乐观向上的一生，是淡泊名利、勤奋耕耘的一生，是为教育事业无私奉献的一生，是忠于祖国教育事业的一生。

我一生的追求

霍懋征

童年的心愿

1943年，我从北京师范大学毕业后，留任于师范大学第二附属小学（现北京第二实验小学），至今已近60年。如今已年近80的我还在为教育事业忙碌着，每天的日程安排得满满的，内容也很丰富。有时，我一天要参加两个会议，经常应邀外出讲学，参加各种不同的研讨会、教育部教材审查会，到学校去听课、评课，帮助青年教师备课……东奔西走，乐在其中。

我是在一个教师家庭中成长起来的。我的母亲孙文景是一名深受学生敬爱的中学教师。父亲赴美留学，回国后离弃了这个家。我们4个孩子靠母亲教书为生，生活是清贫的。我是老大，知道母亲的不易。尽力为她分担忧困，做家务，照看弟弟、妹妹。只要我能干的，我都抢着干。俗话说，穷人的孩子早当家。贫寒的家境使我养成了爱劳动、关心体贴他人的好品质。在成长的过程中我感受极深的，是母亲的爱生之情，母亲不仅努力教好每一个学生，还无微不至地关怀那些生活穷困的学生。学生们来家里看望母亲时，他们那种良师益友的深情厚谊感染着我，使我萌发出长大也要做像妈妈那样的好老师的念头。

记得上世纪80年代初，我曾去济南讲学，一种强烈的思旧之情，把我带到了儿时住家的附近。在那里，我遇到了一位似曾相识的老大娘。她知道我是孙文景的女儿后，激动地哭了。她说："我找了多少年呀！一直得不到孙老师的消息。我一辈子都忘不掉孙老师对我的关怀与帮助，忘不了她对我的恩情。我小时候因家里穷做了别人的童养媳，是孙老师给了我读书受教育的机会。那时，孙老师的生活并不富裕，还为我交学杂费，买书买本，像对自己的孩子一样照顾我。"

还有一次，我在北师大遇到了张天麟教授夫妇。他们非常激动地忆起母亲对他们的帮助。特别说到济南“五卅惨案”的前夜，他们因参加了学生运动遭到敌人的追捕。危难之时，是母亲把他们藏了起来，并且每天偷偷地给他们送饭，为他们传送信息，最终帮助他们脱离了险境。后来我才知道，母亲很早就投身于进步学生运动。济南“五卅惨案”后，母亲是赴北平和南京请愿团中唯一的女代表。

母亲的正义感和革命精神使我受到强烈的启发和教育，尤其是母亲对教育工作的热忱和与学生亲密无间的关系，以及母亲由此而得到的愉快和幸福，令我激动，使我崇尚。从那时起，在我幼小的心灵中，播下了热爱教师工作的种子。

1932 年，我 11 岁时随母亲及全家迁居北平。翌年，我考入育华中学。由于刻苦努力，我获得了优异的学习成绩。我的数学作业本经常被老师作为榜样拿到各班，甚至拿到外校去展示。后来，我还被选入校篮球队，球队的活动给我打下了好身体的底子。1939 年，我考入北京师范大学数理系。我之所以选择师范专业，一方面是受母亲的影响，另一方面也是因为家境困难。上师范大学学费便宜，可以减轻母亲的负担。我十分珍惜进入大学学习的机会。我知道，要当一名好教师，不仅要有丰富的学识，更要有高尚的情操，远大的理想。因此，我严格要求自己，刻苦努力地学习，老师和同学们夸奖我是品学兼优的好学生。因此，我多次获得奖学金。1943 年的毕业典礼上，我身着学士服，头戴学士帽，心情异常激动。因为我选择与母亲一样的教师岗位的愿望就要实现了。

留校后，我坚决要求到小学工作。因为我喜欢小孩子，更重要的是我认为小学教育是启蒙教育，是一个人一生中最重要的教育。基础打好了，才能盖起高楼大厦。我愿做打基础的工作。校领导终于批准了我的要求，于是，我满怀喜悦地来到了师范大学第二附属小学，走上了小学教师的岗位并从此为之奋斗。

探索与追求

初上讲台的我没有经验，遇到过很多的困难，常常是面对窘迫而不知所措。那时不要说怎样让孩子们爱听、爱学，就连如何组织教学，让学生能安静地听讲，我都办不到。旧社会，教师之间从不共同备课、研究教学。上课前，顶多是同年级教师“碰碰头”，说说课上该讲什么，就各自走进了教室。我总是硬着头皮去问，可往往得不到真实的回答。有一件事，至今仍深深地印在我的脑子里。那时，学校每周六上午都要按学校的中心工作，分年级由学生登台表演。下周该我们年级学生表演了。在这个星期的第一天，我向一位老教师请教该怎样组织学生准备表演。他一笑，说："我还没考虑呢。"到了周三，我又向他请教时，还是这句话。我思忖着：排不出节目大概也无妨。到了周六，各班学生都上台表演，只有我教的班没有学生表演，我接受了领导的批评。

教训使我变聪明了，不愿教我，我就偷着学。平时，我细心观察，从同年级组老师们的言谈话语中琢磨体会。有时我抱着作业本，偷偷地蹲到其他班的窗下，一边批改作业一边听老师在教室里如何讲课，如何组织学生的活动。渐渐地我的工作有了起色，常常受到家长、老师们的表扬。我的体会是：要当一个好老师就要在"勤"字上下工夫。要做到勤学，勤想，勤做，勤总结，勤分析，勤改进，勤能补拙。功夫不负有心人。我的教育教学工作终于有了进步。

1949 年 10 月 1 日，我荣幸地参加了新中国诞生的开国大典，这对我的一生起着很重要的激励作用。那天，当我听到毛主席宣布"中华人民共和国成立了"的声音，看到五星红旗冉冉升起的时候，我激动万分，暗下决心：一定要做一个新中国的好教师。新中国成立后，学校有了党的领导，各项工作发生了很大的变化！学校领导开始重视教师的学习和提高，组织教师钻研业务，学习政治。请苏联专家到学校来指导工作。校领导还多次请专家听我的课，课后由专家评议。这一切使我大开眼界，我的教学理论水平得到了明显的提高，开始懂得了"五段教学法"，学会了采用"五级分"等凯洛夫教育学中的教学原则。

当时，中国科学院心理研究所的同志到我校试用新编小学代数教材，由我在班上试验，专家们亲自指导我的教学工作。我十分珍惜这个难得的机会，严格地要求自己，努力学习和实践，终于使我的教学水平有了明显的提高。50 年代，可以说是形成我的教学风格与特点，奠定我应有的各种素质的重要时期。在政治上，我从社会发展史学起，开始懂得了什么是马克思主义、毛泽东思想，什么是社会主义、共产主义，使我有了政治上的信仰和追求。

在校党支部的信任与安排下，我不但承担了语文、数学教学和班主任工作，还担负着教研组长工作。我把所有的时间和精力都放在了钻研业务、教学实践以及培养教育学生身上。当时，我经常组织年级组的老师，一同研究教材，方法是先由一位教师试讲，课后一块儿评议，提出修改意见，再由一位教师主讲，大家参与评议，最后，由我来示范和总结。经过不断地探索与改革，逐渐形成了一套有效的、以讲为主、以读为辅的“讲读法”语文教学法。这一方法充分地调动了学生学习的积极性，受到了学生的欢迎。我教的那个班每学期语、数两科考试，大多数学生都能取得优异的成绩。有时数学考试成绩能达到全班人人都得满分。平时，学生们经常是一周无错题，毕业时的考试平均成绩达到了98.7分。由于我在思想上积极求进，工作勤奋，而且教学效果显著，班主任工作出色，1961年，我光荣地加入了中国共产党，并多次受到北京市和全国教育部门及政府的表彰。我知道这是党和人民给予我的鼓励，因此，我不满足已有的成绩，信心十足地要在原有的基础上向更高的境界攀登。

在大家的帮助下，我的教学水平不断提高，在小学教育界有了一定的影响。经常有全国各地的教师来京听我的课，《光明日报》《北京日报》《人民教育》《小学教师》等报刊上纷纷介绍了我的事迹和教学经验，霍懋征的名字已为广大教师所熟悉。

痴心不改

1966年6月，史无前例的“文革”开始了，我被打成了“资产阶级反动学术权威”，被群众“专政”。老伴儿是中学的数学特级教师，被打成了“反革命”，也和我一样，天天挨批斗，不能回家。几个孩子丢在家里无人照管。一天，我被“造反派”押送回家，万没想到，祸从天降。13岁的儿子小鸣被人扎死，躺在血泊中。15岁的小女儿吓傻了，痴呆呆地立在门口。家里的东西被抄，屋里院里一片狼藉。天啊！我一个小学教师，我热爱中国共产党，勤奋工作，每天起早贪黑，几十年如一日，何罪之有？为什么要遭如此劫难？我想不通！一百个想不通！我怀着悲痛的心情草草料理了儿子的后事，还来不及给女儿治病，就又被押进了“牛棚”，一直被关押了一年零九个月。在这漫长的苦难时光中，我在精神上和肉体上虽然受到了种种折磨，但我始终没有动摇做一名优秀小学教师的信心。我坚信，总有一天我会重返教学岗位。

这一天终于盼来了。1978年4月我重新回到实验二小，还被教育部任命为副校长。这时我已经56周岁，我更要加倍努力工作，尽快夺回十年“浩劫”失去的时间。

“文革”虽然已经过去，但是它对我的伤害，还隐隐作痛。记得有一次，我到重庆讲学，利用等回京船票的半天空闲，随大家来到一所庙宇参观，庙门口的一副对联使我深受启发。上联是“肚大能容，容世间难容之事”，下联是“慈颜常笑，笑天下可笑之人”。这也正是古人说的“宰相肚里能撑船”。我们共产党人不是也提倡要襟怀坦白、虚怀若谷吗？这些都是在告诉我一个道理：做人应当豁达大度，遇事拿得起放得下才能站得高看得远，胸怀远大。想到此，我豁然开朗。我跟随大家来到江边，乘船沿江而下。站在甲板上，看着滚滚江水东流，感到自己似沧海之一粟，是那样渺小。是啊！人要办成几件事仅靠个人的力量是不行的，必须与大家团结一致，共同努力。

船过了葛洲坝，我看着滔滔江水东去不返，想起毛主席诗词中的一句“弹指一挥间”，是啊，人生是多么短暂。我在这沉思与感悟中顿开茅塞，就像得到了一剂良药，医治了我在“文革”中受到的心灵伤害。我想：在“文革”中，有的人为了保自己过关，无中生有地说别人的坏话，伤害别人。其实，他们也是迫于无奈。我应该理解他们，不计前嫌地团结他们，共同搞好工作。我深深地体会到：人生短暂，时不待人，我要抓住这有限的时间，更多地为我心爱的教育事业贡献力量。

这次回京后，我心情舒畅，“文革”的阴影在我身上一扫而光，我相信，今后即使遇到再大的困苦，也动摇不了我对教师工作的一片痴情。

上下求索

重返工作岗位后，由于我承担了副校长工作，不得不放弃了我十分喜爱的数学教学，兼任了一个班的语文教学改革实验工作，开始了新的探索教育教学的征程。

针对当时小学语文教学中存在少、慢、差、费的弊端，我决定在一个普通三年级班进行语文教学改革试验。首先，我在总结过去多年行之有效的“讲读教学法”的基础上找出不足之处，并与世界科技发达国家的小学语文教材相比较，发现他们的阅读量比我们的多。对比中我感到，在教学中加大阅读量很重要。学生多读书不仅可以丰富知识，增长智慧，熏陶情感，激发兴趣，提高阅读能力，而且可以培养良好的学习习惯。于是我决心在语文教学中闯出条新路。

我提出了“速度要快，数量要多，质量要高，负担要轻”16 个字的改革方针，准备从教材到教法全面进行改革，把着眼点放在开发学生潜能，使学生不仅学会更要会学的基点上。当时，有的老师觉得经济可以快速增长，教学工作哪能提“速度”呢，劝我不要乱来。但我考虑，一本教材只有24篇课文，课堂教学时间有限，教学要讲速度，讲效率，就要加大学生的阅读量。怎么才能让学生多读呢？我改变教学方法，充分利用有限的时间，尝试着在精讲、多练、合理地组织课文上下工夫。我认为：精讲可以为学生课上多练创造条件；课上多练则有利于保证增长学生智力，培养学生能力，减轻课外作业负担；合理地组织课文又为课上精讲多练创造了条件。

精讲　首先，我强调以学生为主体，教师为主导，让学生多读书，在读中发现问题、提出问题、探讨研究问题，最后设法解决问题。这样既能快速提高学生阅读能力，又能激发学生学习的兴趣。我注意在课堂上适时引导、点拨、启发、示范和讲解。如，教学记叙文《小马过河》，我从课题入手，以学生自学为主，引导学生正确理解小马为什么要过河？怎样过河？过去了没有？重点部分放在怎样过河上。讲《落花生》一课，我通过讲种花生，收花生，吃花生，议花生的过程，最后突出要学做“花生”这样的人。我用“种、收、吃、议、学”5个字概括了全文。课上精讲这些带有规律性的知识，从审题入手，让学生理清文章思路，抓住重点部分领会全文。同时，使学生学会如何写好一篇记叙文的方法，这样，随着学生读写能力和思维能力的提高，加快了语文教学的速度。

多练　课上一定要“多练”。学生只有大量练习，才能形成熟练的技能和技巧，就是熟能生巧。但是绝不是无目的地练。那么该练什么？怎么练呢？我的体会是：第一，要练得充分；第二，要形式多样，练得灵活；第三，要从实际出发，从学生实际，从教与学的实际出发；第四，引导学生在旧有知识的基础上学习新知识。例如，学了“看”的同义词以后，我引导学生把有关“看”的同义词“望、瞅、瞧、盯、俯视、凝视、瞻仰”等都说出来，然后引导学生归纳，再引导学生练习，“站在楼上往远处看用哪个词？”“眺望”；“从下往上看？”“仰望”；“从上往下看呢？”“俯瞰”；“到天安门广场去看英雄纪念碑呢？”要用“瞻仰”，是怀着尊敬的心情去看。这种练习，不仅丰富了学生的词汇，还可以使学生学会准确灵活地运用文字。对于这种练习，我常常对学生进行由浅入深、由简至繁的训练，用较少的时间做大量的练习。比如，我引导学生练习形容“说”，让学生先用一个字的词形容“说”，再用两个字的词、3 个字的、4 个字的，一直练习到用 5 个字的词组形容“说”；学生从“叙说、乱说……”，“跳着说、笑着说……”，“高兴地说、轻声地说……”，一直说到“有气无力地说、兴高采烈地说……”。学生积极思考，踊跃发言，兴趣盎然。还可以引导学生分别说出关于“手”的动作的词，关于“脚”的动作的词，有关声音的词，有关天气的词，有关时间的词，有关心情的词……做类似的练习，内容十分丰富，形式非常灵活，趣味性强，学生乐于参与，而且用时不多，收效却很大，使学生的发散思维得到了训练。另外，多练还要体现在多朗读与多背诵上。古人说：书读百遍，其义自见。朱熹主张：读书要“三到”，即心到，眼到，口到。这都是有益的经验之谈。

古诗是我国文化中的精品，诗人用高度凝练的语言，表达丰富的思想感情，字数虽少却合辙押韵，读起来上口。根据学生的年龄特点和学习的心理，可以通过读古诗提高学生阅读兴趣和能力。开始，为了使他们对读古诗感兴趣，给他们讲了“七步诗”的故事：曹丕想迫害曹植，要曹植当着众大臣的面，以他们兄弟二人为题材，走七步做出一首诗。如果做不出来，就要杀掉曹植。听到这，学生们瞪大眼睛举手问：“老师，曹植做出来没有?”“做出来了，是后来很有名的‘七步诗’。”“您教给我们行吗?”我看到学生急于学习的样子，立即把课前写在小黑板上的“七步诗”挂出来。学生高兴地读起来了。他们提出“豆萁”“燃”“釜”“泣”这几个词义不明白，我就只给他们讲解这几个词，他们明白后就愉快地读起来，很快就会背了。第二天上课，学生们要求我再教他们一首诗。还主动将“七步诗”背给我听。借机，我进一步告诉学生，古人怎样吟诗，教给他们该怎样诵读古诗。过去两节课学一首古诗，现在只用几分钟就可以学一首。从此，我们几乎每天都学一首古诗，每个学生都有一个抄诗本。放学时学生收拾书包前，我把写有古诗《花影》的小黑板挂在前面：

重重叠叠上瑶台，几度呼童扫不开。
刚被太阳收拾去，却叫明月送将来。

我辅导学生利用查字典的方法学习其中不理解的字词。很快，他们就可以自己讲，自己背这首诗了。回家后，他们有的还把《花影》一诗给家人猜谜语。就这样，学生学习古诗的兴趣越来越高，读、记和运用古诗的能力越来越强。

合理地组织课文 就是把联系紧密或有相同之处的教材组织成一组文章集中教学。有的精讲，有的让学生自读。辅导学生学会阅读同类文章，从而达到提高教学效率的目的。教学《找骆驼》一课，我为了培养学生观察和分析问题的能力，又选了《沙漠之舟》和《蜜蜂引路》两篇文章。教学时我先让学生认识骆驼，看骆驼的模型，听《沙漠之舟》的录音，自读课文，复述骆驼的外形特点。然后正式学习《找骆驼》一文，审题后，我先要求学生读课文，在读中理清文章的思路：丢骆驼——找骆驼——找到骆驼；在读中悟出课文的重点是“找骆驼”；在读中体会课文中老人从看到的情况推想出走失骆驼的样子。我把“看”和“想”两个词写在黑板上，辅导学生把“看”和“想”换一种表达方法表示，他们说出：“看就是观察，想就是分析”，“老人会观察又会分析”，“老人善于观察又善于分析”，“老人既会观察也会分析”，“老人既善于观察又善于分析”。有的学生说：“我们要像老人那样既会观察又会分析。”有学生说出：“正是因为老人既善于观察又善于分析，所以商人才找到了骆驼。”这样，学生在大量的阅读中，自己总结出了文章的主题和中心思想。接着，我带领学生学习《蜜蜂引路》，我提出问题：列宁为什么能自己找到养蜂的人？然后，完全由学生反复读课文了解到，因为列宁善于观察，善于分析，跟着蜜蜂走，找到了养蜂人。就这样，两课时学完了三课书，而且做了大量的练习。

三课时教学六课书也是用的这个方法。这样教的结果，不仅加快了教学速度，而且学生读得多，开阔了眼界，极大地提高了学生读书的兴趣。

就这样，在我教三年级实验班时，第一学期学生学了95篇课文，超出课本71篇。每天课后作业从不超过30分钟。这个实验班的学生毕业时参加北京市最后一次统考，成绩名列前茅。

这个班的教改试验，引起了大家的注意。我上课时，总有人听课，听课的人多时达到成百上千，少时也要有几个徒弟。当时我不仅带着本校、本市的徒弟，还带着外省市派来的徒弟。他们从早跟到晚，参加我的备课、上课、批改作业、跟学生谈话、组织学生活动，甚至和家长谈话，他们也列席参加。这倒成了我不断克服各种困难、努力教改的动力。

从1978年起，寒暑假期间，我经常应邀外出讲课。多年来，我应邀到全国50多个地方介绍经验，做报告几百场。这也给我创造了极好的学习机会。1979 年在长春召开全国 23 个省市中学语文教学会议，小学教师代表只有我一人。会上争论的焦点是粉碎“四人帮”以后，语文教学要强调加强“双基”，即基础知识和基本技能的培养，可是，他们却淡化了语文教学中要进行思想品德教育。会上有些代表发言：“对学生进行思想政治教育是各科教学的任务，不能强加于语文教学，这样会两败俱伤。”我表示了不同的意见，我认为：语文中的语言文字是为内容服务的，教学中就是要通过语言文字的学习，对学生进行思想政治教育，做到文与道的统一，怎么能说两败俱伤呢？

会下，他们一致邀请我上一节示范课，看看如何做到文与道的统一。参加这次会是我第一次到长春，敢不敢当着全国语文界的专家学者做示范课，对我来说，是一个严峻的考验。示范课成功与否关系到语文教学改革的方向，我理应努力做好。于是，我就地在吉林师大附小三年级的一个班上了一节语文课《毛岸英在狱中》。课文中有这样一段话：“敌人拷打杨开慧，审问杨开慧，岸英亲眼看到妈妈多次被敌人打得皮开肉绽，鲜血直流，却宁死不屈。他牢记妈妈的嘱咐，什么也不对敌人说。”我认为课文中“多次”一词在这段话里分量很重，是对学生进行思想教育的切入点。于是，在课上我引导学生反复读这段话，然后提问：岸英为什么能战胜敌人？学生有的说：“他为了实现共产主义。”有的说：“因为他有远大的理想，要解放全人类。”这些带着成人套话痕迹的回答，显然不符合当时只有 8 岁的小岸英的思想实际。我又引导学生反复读课文中的那段话，并进一步启发学生深入感悟“多次”这个词的含义。我还富有感情地范读这段话，把重音放在“多次”一词上。学生想象着杨开慧妈妈一次次面对敌人严刑拷打英勇的表现对岸英的深刻影响，终于懂得了是妈妈的言传身教，使小小年纪的岸英有了战胜敌人的勇气和智慧。学生在读这几句话时热泪盈眶，怒火满腔。在场听课的人也大为感动。这堂课上成功了。与会同志们心服口服地接受了语文教学要坚持文道统一的观点。从此，我无论到什么地方去讲学，都会应邀上示范课。

1979 年到 1995 年的 16 年间，我应邀到河北、河南、哈尔滨、上海、兰州、重庆等地讲座百余次。每次都上示范课。人们说借班上大型示范课是“艺高人胆大”，不认识也不了解学生就敢去上课，而且每次都获得成功，真了不起！这当然是对我的过誉。我并非“艺高”和“胆大”，只是比较好地掌握了不同年龄学生的共性，认真备课，上课时注意观察每个学生的神态，冷静处理偶发事件，因势利导就能上好每一节课。

1980年在全国小学语文教学研究会成立大会上，我做了题为“语言形式是为思想内容服务的”的发言。我从语文学科的特点出发，着重讲了思想政治教育、道德品质教育和语言文字训练的辩证关系，阐明了进行思想政治教育和思想品德教育是语文教学中的一项不可推卸的重要任务，语文教学就是要以育人为本。我的观点在会上引起了强烈的反响。随着时间的推移，实践证明了语言文字的训练离不开思想教育、情感教育和审美教育。而思想教育、审美教育又要通过语言文字的训练来实现，二者有着内在的联系，不可分割。语文课应在训练学生语言能力的过程中，塑造学生的灵魂。

爱的教育

没有爱就没有教育。要教育好每个学生，就要爱每个学生。有些年轻的朋友问我：“霍老师，您对每个学生都爱吗？淘气包，您爱吗？学习很差的学生您爱吗？总跟您捣乱的学生您爱吗？”我真诚地告诉他们：“我在几十年的教育生涯中，什么样的学生都遇到过。我爱他们每一个人。他们也爱我。我从来没有体罚过一个学生，也从没向他们动过气，发过火。更没有对他们失去过信心。我和学生平等相处，爱他们，尊重他们，帮助他们解决渴望解决的一切问题。他们也爱我，尊重我，听我的话。我知道：在老师面前，没有不可教育或教育不好的学生。

“文革”后期，恢复组织生活后，我被调到丁字胡同小学工作。在那里，我担任六年级班主任。班上有一个非常调皮的男孩，整天胡说乱叫，不学习，不做作业，常常大闹课堂。老师们拿他没办法。有的说他软硬不吃，刀枪不入。有的说他朽木不可雕也。我想：他只是个12岁的孩子啊，会教育好的。从家访中，我了解到他平日里缺乏良好的家庭教育，在社会上又沾染了一些坏毛病。此时，他母亲要去农村干校，父亲又要到外地演出，家长正发愁无人照管他。我就对他的家长说：“把孩子交给我，你们放心地走吧。”家长惊喜不已。之后的一段时间里，我和这孩子吃住在一起，上下班骑车带着他同来同往。他有遗尿的毛病，常把被褥尿得一塌糊涂，我从不埋怨他，他把被褥尿湿了，我就给他洗干烤干；他再尿湿了，我再为他洗干烤干。通过仔细观察，我发现他对音乐感兴趣，就让他和我的女儿一起学弹钢琴。发现他不爱看书却有较强的好奇心，我就经常给他讲故事，讲到吸引人的地方就故意停下来不讲。他急着知道下文，只好向我借书看。看到这，我心中欢喜，常常借讲故事启发他，帮助他。一天晚上，我和他一边吃饭一边聊着，我问他："最近表现怎么样?""还不够好。""你还挺谦虚的呢，和过去比你还真有进步了。"他的脸上露出了掩饰不住的喜悦。我趁热打铁，对他说："你进步的地方很多，比如……你还可以做得更好，比如……"说着说着，他嘴里的饭咽不下去了，两眼看着我，喃喃地说："霍老师，你对我真好。比我爸爸、妈妈还好。您总是耐心地给我讲故事，教我好好学习，从来没在同学们面前给我难看。我以后一定好好改我的毛病……"我激动极了，两眼湿润了，一把把他搂在怀里。

几个月过去了，这孩子天天在变化，他不再调皮，按时写作业，学习成绩也有了进步。小学毕业时，他已是一个不错的学生了。后来，他参了军，又考上了部队文工团。我曾应邀到部队观看他的演出。看到他一表人才，表演得很精彩，我心里甭提有多高兴了。

为了学生的健康成长，即使是学生家里的事，我也尽量帮助。在担任三年级实验班的语文教学工作期间，一次，一个女生没有请假信却连续两天没有到校，我和班主任一起去家访，发现生病的孩子独自躺在家里，一问方知和她同住的奶奶不久前去世了，她的母亲在房山县一所中学任教，一两周才回来一次。他的父亲在丰台区任教，早出晚归，每晚八九点钟以后才到家，因此，父女俩只好以写条子来对话。这时我才明白，为什么常看到她放学后在校逗留。带她看过病，我走在回家的路上，心情很沉重。为了这个孩子，我一定要帮她的妈妈调回城里工作。为此，在将近半年的时间里，我多次跑到市教育局反映情况，为学生家长联系接收单位。听说她原单位不放行，我又不止一次地跑到房山县，说服有关领导，终于把她调回了京城。这个女生在日记里写道："妈妈调回来了。从今天起，我和其他同学一样，每天回家就可以看到妈妈，就可以和妈妈一起吃晚饭了。我真是太高兴！太幸福了！"

几十年来，我真诚地热爱所有的学生，热爱我所从事的教育教学工作。无论遇到怎样的困难，我都勇往直前。80 年代初，我的心脏病复发，医生开出了全休的假条，但我依然走上了讲台。医院几次把要求我住院的通知送到学校，校长也动员我住院治疗，我一一拒绝了。我知道学校人员紧张，不能因为我个人而影响学校的工作，影响学生的学习。医治病的良药是和学生在一起，只要一走进教室，见到学生，我就会来精神。就这样，我兜里装着一张张假条，带着治病的药，天天带病上课，带病外出讲学……

学校党支部书记褚连山与我相处三十几年，我在他的关怀下一步步提高。当我教的班被评为学校先进集体，被评为北京市优秀少先队中队时，当全班同学的学习成绩有了进步，全班一周无错题，全班以优异的成绩毕业时，当我的工作取得了一些成绩，又受到上级领导的表彰时……褚书记都会亲切地给予我握手的奖励。褚书记经常帮我总结经验找出不足。他把我的教育教学工作概括为 8 个字，即“激励、赏识、参与、期待”。这是学校党支部对我的工作给予的最高奖励和最好的激励。而这 8 个字也充满着我对学生们的爱。

来自教师的激励是学生积极进步的动力。我激励学生们增强自信，勤于努力；我为每一个学生取得的哪怕是小小的进步而鼓劲加油，使他们感受到由于各自取得的成绩和进步而带来的喜悦。

我热爱、赏识每一个学生。作为教师，要用发展的眼光看待他们，鼓励他们在原有的基础上不断进步。1978 年我接的那个三年级班因受到社会的影响，学生大多不爱学习，课上不会听讲，也不愿发言。在近半年的时间里，我使用各种办法，调动他们学习的积极性和主动性，教给他们学习的方法，终于有了起色，班里大多数学生有了明显的进步。可还有 4 个女同学在课上从不发言，课下远远地躲在一边，不和其他同学交往，我留心观察，发现她们不热心学习，但是很勤快，手很巧，喜欢劳动。于是，我想办法，找机会让她们展示自己的才华。

教室后面墙上有一排挂钩，其中的几个已经断的断，脱落的脱落，挂不住东西了，学生们挂上去的东西常掉在地上。我就把这几个女生约来，让她们帮老师想办法，修好这些挂钩。第二天，我和她们早早来到学校，让她们动手修好了挂钩。上课后，我请学生们看教室后面的变化。学生们看到衣服又整整齐齐地挂在挂钩上，赞不绝口。我马上表扬了那几个女同学，夸奖她们爱集体，善于观察，动手能力强。学生们情不自禁地鼓起掌，表示对她们的赞扬和谢意。之后，她们还帮助我为班里建立了“自然角”，让同学们观察种子怎样发芽、蝌蚪的变化、蚕的成长过程……渐渐地拉近了她们和同学们的距离，她们开始主动和同学们交往，参加班级活动，同时，也调动了她们学习的积极性。一次，我做《人桥》的教学观摩课，当着几十位听课的教师，她们抢着举手回答问题，并以精彩的发言博得了听课教师和同学们的赞扬。通过这件事，我更坚信，要赏识每一个学生，找准契机与方法，以信心、细心、耐心和爱心期待她们的成长，就一定会成功。

教育教学活动是教师与学生的双边活动，必须重视学生的参与。我一向主张让学生参与教育教学的每一项活动。有一段时间，学生们的作业错字多了。为此，我找来小干部商量办法，决定成立“错别字病院”。于是，在学生中产生了“院长”“副院长”和“医生”，决定先对全体同学的学习进行“体检”，然后，请“重病号”住院治疗，请“轻病号”门诊医治。体检后，“医务工作者”还给“病号”家长发了诊断书。一份诊断书是这样写的：

> 亲爱的家长：您好！最近我班同学作业本中的错别字多了。我班成立了错别字病院。报告您一个好的消息，您的孩子当选为“院长”。向您表示祝贺，并请您帮助她做好工作。

另一份诊断书写道：

> ……告诉您一个不太好的消息，您的孩子得了“重病”，需要“住院治疗”。请您不要着急，他会很快痊愈的……

结果，本想用两周解决的问题，在学生的共同参与下，只用了一周就解决了。从此，学生的习作中，几乎消灭了错别字现象。

总之，在组织学生们开展参观、调查、旅游等各项活动中，我都以学生为活动的主体，让小干部担当组织者、领导者，让学生做活动的主人，在活动中培养他们的各种能力。以一颗真诚的爱心期待每一个学生都获得成功，是我始终坚持的。

终生无悔

1999年春节，已经50多岁的30多名毕业生，邀我在一个俱乐部团聚。我给他们每人带去了一张照片。这张照片是我于1998年10月在海拔4000米的长河边挥舞长鞭，骑着牦牛照的。照片的后面，是彭清一教授为我写的一首打油诗："人生七十古来稀，骑上牦牛变十七。挥手扬鞭千重意，晚辈我等要牢记。"我看到学生们高兴地伸出一双双大手来接我的照片，感慨万分，激动不已。深深地感到做一名小学教师的幸福。我对他们说："同学们，45年前，你们每人每天伸出两只小手，让我检查卫生。45年后的今天，你们伸着两只大手来接我的照片。你们的大手为党和人民在各自的工作岗位上，做出了优异的成绩。现在，你们当中有政府工作人员，有医生，有教授、学者，还有董事长、总经理……我拥有了你们，深感自己是世界上精神财富最富有的人，是最幸福的人。"这些毕业生中有人曾这样对记者说："我们班的同学没有做过什么大事，但是，有一点我们可以肯定，就是我们当中没有一个人做过对不起党和人民的事。是霍老师为我们打好了做人的基础。"听后，我感到莫大的欣慰。

1998年，我虽然退休离开了朝夕相处的讲台，但是，我没有停下脚步，又以热爱学生的心去爱青年教师们，忙着为培训青年教师做计划，搞讲座，听课、评课，帮助他们备课……女儿多次提醒我说："您什么都可以忘，就是不要忘了您的年龄。"而我却因自己已是耄耋之人，才更有紧迫感。我深知自己能有今天，是党和人民培育的结果，我应该在有生之年，趁身体好，精神强，多说点，多做点，把党和人民给予我的还给党和人民。

说也奇怪，我年轻的时候，患有多种致命的疾病，现在年高了，这些病倒逃得无影无踪了。记得70年代末，我患有冠心病。在参加全国第一次教育工作会议住会期间，我睡在宾馆里不敢关门，生怕自己夜间犯病死在屋里无人知道。80年代时我得了乳腺癌，动了手术，后来，腰椎也出了问题，行走很不方便。双臂又因肩肘发炎而伸不直……真可谓满身是病。可是，只要一干起工作来，我就有使不完的劲。我外出做报告时，大家经常说："您快80岁的人了，居然还能一气讲上3个小时，太让人难以置信了。"散会后大家纷纷问我："您为什么身体这么好？"其实，原因只有一条，就是心情愉快，就是知足常乐。我所深爱和追求的教育事业，从来没有像现在这样被这么多人重视、关心。因为基础教育是国家科教兴国教育人才工程的基础，是创新人才的摇篮。我积极参加与基础教育有关的活动，再苦再累，我不以为苦。曾有人这样问我：您一个大学毕业生，从事一辈子小学教育不后悔吗？我的回答很简单，我热爱着这个事业，并决心为之奋斗到最后一息。

现在，中央号召开发西部地区，我举双手赞成。要发展经济，教育必须先行，特别是基础教育要先行。我要在自己有生之年，多为祖国西部的发展做点贡献，到西部贫困的地区去，支教上门，还计划把那里的骨干教师接到北京来培训。我已到过西部地区的新疆、青海、甘肃、广西、贵州等地，调研那里的教育现状。我的朋友对我说："您已经是80岁的人了，不要太劳累了，还是身体要紧。"可我却想，只要自己走得动就一定要为西部教育的发展多做点事，贡献自己的微薄之力。我坚信，各级领导和各位有识之士会支持我，帮助我。使我在为教育事业最后的追求中，能为发展西部的教育献出一片爱心。

回顾自己走过的近60年的艰难历程，我没有做过一件惊天动地的大事，做的只是一些平凡的工作，党和政府却给了我极大的荣誉，让我担任了许多重要的工作，参加国家的许多重要会议，安排我到国外去参观访问……1991年，市政府把"全国优秀教育世家"的光荣匾送到我家。1993年12月18日，在人民大会堂为我举办了从教50周年的纪念活动，各级领导、学生家长、学生代表和老师们欢聚一堂，向我祝贺，中央和北京的新闻媒介都对这次活动作了报道。一次次的新年会上，江泽民主席、李鹏委员长、李岚清副总理与我亲切握手交谈，知道我在带病办农村学校时，非常关心地询问我的病情，支持我的办学工作。李鹏委员长在1989年1月1日亲自为我写了题词：为农村办个学校是件好事。这一切更使我寝食难安，今后，我为党和人民工作的时间毕竟不长了，我要在自己的有生之年加倍努力，为支持西部教育事业的发展再作贡献。用我的一生报答党和人民对我的培养，终生无悔。

（本文写于从教60周年暨80寿诞之际，有删改）

没有爱就没有教育

霍懋征

站在人民大会堂的讲台上，我的内心很不平静。我今年83岁了，在小学教师的岗位上，度过了60个难忘的岁月。如果用简练的语言概括我一生从教的体会，那就是六个字：光荣，艰巨，幸福。

1943年，我从北京师范大学数理系毕业。学校本来希望我留校，但我再三要求去当小学老师。在那个“家有三斗粮，不当孩子王”的年代，一个大学本科毕业生选择小学教师工作，是件不可思议的事，许多人不能理解。但因我特别喜欢孩子，知道小学教育是启蒙教育，只有基础打好了，才能盖起高楼大厦，我愿意去做打基础的工作。于是，学校分配我到北师大二附小（现北京第二实验小学），一口气干了60年！

1956年，我被评为全国首批特级教师，许多单位请我去工作，但我离不开孩子。这时我知道孩子是祖国的花朵，是祖国未来的建设者，爱孩子就是爱祖国，我要把热爱祖国、热爱教育事业之情，倾注到我的学生身上，全身心地投入到小学教育事业中。

“文革”后，组织上安排我做校长，但我仍然坚持要做教师，仍然坚持在教学一线，坚持搞教学改革。只是我放弃了心爱的数学，改教语文，因为我当时认为，语文更有利于育人，所以我要用“文道统一”的原则，教会学生做人。

我从教60年，没有丢掉一个学生，他们全都长大成才，我得出一个结论：没有教不好的学生。许多人问我秘诀在哪里？我说就两点“没有爱就没有教育，没有兴趣也没有教育”。教师对学生的爱应是真诚的、无私的、广泛的、一视同仁的。尽管孩子情况不同，但要相信每个学生都能在老师爱的教育下长大成才。

我的育人方法是“激励，赏识，参与，期待”八个字，激励每一个学生上进，赏识每一个学生的才华，让每一个学生积极参与，期待每一个学生获得成功。我始终认为我的学生“人人都是材，人人都成才”。我常常把更多的爱，倾注在那些后进学生的身上，倾注在那些需要帮助的学生身上。

2004 年春节后的一天，我接到一个电话：“娘啊，娘，我的亲娘，我可找到您了，您答应一声吧，我要给您拜年去，没有您就没有我的今天。”我惊讶地说：“请你告诉我，你贵姓?”“我姓何。”我立刻脱口而出：“你是何永山吧?”我高兴得流出了眼泪。第二天，他就领着全家给我拜年来了。

何永山当年是全校有名的淘气鬼，留过两次级，家长管不了他，很难教育。只要他在班上，老师就无法上课；外宾来校参观，得把他藏起来，以免他到处乱窜；哪个班的老师都不敢要他。学校万般无奈，决定送他去工读学校。

我听说后立刻去找校长，要求把何永山放到我班里。校长回答：“不行，不能让这么调皮的孩子毁了你们先进集体的荣誉。”我对校长说：“把他交给我吧，相信我能把他教育好。”

我把何永山领进班前，先统一全班的认识，然后“约法三章”：不轻视他，不提他过去的事，不揭他的短处。

一个孩子的转变和成长需要一个过程，期待学生成功要有耐心、有信心，教师要善于等待，善于寻找和挖掘孩子的闪光点。

何永山进班后，我苦思冥想，寻找工作的突破点。我发现他比别的学生大两岁，个子高，有力气。我对他说：“咱们班卫生责任区的清扫小组由 5 个人组成，我和你，还有另外三个同学，请你当组长。”孩子看到老师让他负责，非常高兴，每天都认真打扫。一天，何永山扛来一把长把儿扫帚，他看出我腰有毛病，就特意给我准备了一把不用弯腰的扫帚。我非常感动：谁说他是个坏孩子？明明是个聪明、细心而又热心的孩子嘛。

那年六一儿童节前夕，少先队员们都喜气洋洋地参加鼓号队的练习，何永山眼巴巴地在一旁看着。我明白他很羡慕别的同学，可自己还不是少先队员。我就和大队辅导员商量，让他背起了大鼓，参加队列训练。儿童节那天，我们要去景山公园活动，我给他买了白衬衫、蓝裤子，他背着大鼓雄赳赳地走在队列前边。那一天，他特别遵守纪律，第一次在同学面前受到大队辅导员的表扬。

第二天，他来还衣服。我趁热打铁对他说："这衣服是老师给你买的，拿回家吧，只是你胸前还缺少一样东西呀！"没等我说完，他就说："老师，我知道我还没有红领巾呢，您帮助我，我会努力的！"在爱心的感召下，何永山进步很快，不久就加入了少先队。

是什么力量把一个人见人烦的孩子，变成人见人爱的孩子？是爱。爱是阳光，可以把坚冰融化；爱是春雨，能让枯萎的小草发芽；爱是神奇，可以点石成金。从事小学教师工作60年，我从没有对学生发过一次火，从没有惩罚过一个学生，从没有向一个学生家长告过状，从没有让一个学生掉队。

班上有个爱下象棋的孩子，经常逃课，找人下棋，与人比高低。一天，我对他说："听说你爱下象棋，放学后咱俩下一盘好吗？"他惊讶地说："你行吗？"我说："不如你的话，就向你学呀。"第一盘我故意输了，他特高兴。我说："我不服气，再来一盘。"第二盘他输了，他不服气了，但第三盘、第四盘、第五盘都输了。他服气了："老师，您真棒啊！"我趁机说："我虽然下得比你好，但你看到我到处找人下棋了吗？我不能因为爱下棋就不上课呀。以后我们在课下交流，互相提高怎么样？"从此，这个孩子开始好好学习，再也不逃课了。

我的一个毕业生说，霍老师教我们做人，不是说出来的，而是做出来的。我觉得孩子的眼睛就像摄像机，耳朵就像录音机，他们会把老师的一言一行记录下来。老师在学生眼里是一个榜样，是他们学习的楷模，所以我认为教育是科学也是艺术。

60年代，我连续经历了两次人生重大打击。1962年的一天，我正在上课，学校通知我22岁的二女儿病危，赶到医院时，可怜的孩子已经永远离开了我。女儿临终前没能看见我，给我留了一张字条：亲爱的妈妈，我要活啊！40多年过去了，孩子的身影还常闪现在我眼前；1966年，我被打成"资产阶级反动学术权威"，在关押、批斗一年零九个月期间，有一天被押送回家，我心里太想见到两个没人管的孩子了，可一进家门，眼前的情景让我惊呆了：13岁的儿子，无辜地被红卫兵用刀扎死，倒在了血泊中。我不顾一切地扑到儿子身上，大声地叫着他的名字。就因为我保护过一些老干部的子女，我的孩子才受到了牵连。我当时有一百个想不通，但我还是挺过来了，在这么沉重的打击下，我不但没有被击垮，反而更加坚定了对青少年教育的信念。

60 年来，我的生活中经历过失去亲人、骨肉分离的痛苦，经历过被误解而受到的非人虐待，经历过严重疾病的折磨。但这都没有摧垮我的意志，没有改变我从事小学教育的选择，没有改变我对孩子的爱。这种爱还影响了我的子女。如今我一家三代 8 人，都选择了“教师”职业，都取得了优异成绩。1991 年，我们这个教育之家，还光荣地被评为“全国优秀教育世家”，三代教师，四世同堂。

现在，我虽然离开了教学一线，但我的心永远都不会离开学校，不会离开讲台，不会离开学生，我时刻都在关注着祖国的教育。这些年我主要做了三件事：一是送教上门，应邀到西部贫困山区学校做义务讲学；二是教育科研，参与“霍懋征教育思想与实践的研究”课题组的工作；三是指导培训，对青年教师教育教学工作进行指导。

我没有做过什么惊天动地的大事，我所做的一切都是一个人民教师应该做的工作，可是，党和政府却给了我极大的荣誉和关怀。50 年代，我曾受到过毛主席、周总理的接见；90 年代，我又受到过江泽民、李鹏、李岚清同志的接见；特别是今年教师节前夕，温家宝总理亲切地看望我，还为我亲笔题词：“把爱献给教育的人”。

今天，我依然可以无悔地说，教师工作虽然艰苦，但最光荣，最幸福。当看到学生一批批地成为国家栋梁之才时，我所获得的成就感，所获得的欣慰，是一般人难以体会得到的。

不久前，在一次毕业学生的聚会上，我们当年的小班长，突然下令：让同学们举起双手，让老师检查卫生。当几十名年过半百的学生，像当年一样伸出双手，接受老师的检查时，我眼前立刻浮现出 45 年前的情景。当年那一双双小手如今已经变成了大手。我多么期望我学生的手，永远干干净净。我对他们说，同学们，人的一生很漫长也很短暂，实际只有三天——昨天，今天，明天。昨天已离我们而去；今天我们要加倍努力；美好的明天要靠我们共同创造！

谢谢大家。

（本文系 2004 年 12 月 14 日在全国优秀教师师德报告团首场报告会上的报告，有删改）

班主任工作的几点体会

霍懋征

多年的班主任工作使我深深体会到，班主任工作是非常重要和艰巨的。重要的是它不仅关系到每个学生的健康成长，更关系到千千万万的家庭乃至国家的未来；艰巨的是班主任工作是复杂和多面的，它所包括的任务很多，需要采取多种多样的方法开展。下面谈谈我自己从事班主任工作的几点体会：

一、必须通过一切途径、利用一切机会，自觉地按照党和国家的教育方针，把学生培养成德、智、体全面发展的社会主义现代化事业建设者和接班人

一棵小树苗能长成参天大树，是辛勤的园丁不断修枝、灌溉的结果。班主任工作就像辛勤的园丁，按党和国家的教育方针培养人才。作为班主任，要从小培养学生优秀的思想道德品质，培养学生树立正确的学习目的，养成良好的学习习惯，不断提高学习成绩；关心学生的健康，使他们在德智体等几方面都得到发展——德、智、体是个有机的整体，决不能把它们割裂开来，孤立地进行教育。班主任应自觉地从每项细小的工作做起，而且这一做法不仅要贯穿在日常的思想教育工作中，同样，也应贯穿在各科教学中。举例来说，在语文教学中，除利用课文内容进行思想教育，还应利用其他一切机会对学生进行思想品德教育。当一个学生朗读课文后，大家进行评议时，同学们站起来往往是先提出缺点，这时教师就要引导大家首先要看到别人的优点，然后再指出不足之处。这样做不仅能使学生具备对事物一分为二的观点，而且还能引导他们善于发现别人的长处，取人之长，补己之短，不断进步。当学生起立回答问题时，老师对他们的站立姿势、语言表达都要提出要求，培养他们养成良好的习惯。教师要周密地组织好课堂教学，充分利用四十五分钟时间完成教学计划，不给学生增加课外负担，使他们能在课外参加有意义的活动，这是关心学生健康的重要方面。总之，班主任要创造条件，通过各种途径、利用一切机会把学生培养成为品德高尚、知识丰富、体魄健康，即德智体全面发展的社会主义现代化建设者。

二、要培养和形成一个团结友爱、积极向上的班集体

班主任的主要任务是，把全班学生培养成一个团结友爱、奋斗目标明确的集体，然后通过集体对每个学生进行教育，以便顺利完成教育、教学任务。

为了实现这个目标，还应做到以下几点：

1. 班主任要向各任课教师公布自己的工作计划，使各任课教师了解班级的情况和奋斗目标，以便配合班主任工作，形成一个以班主任为核心的教师集体对学生进行教育。

2. 班主任接到一个新班后，不仅要对全班学生进行全面了解，制定班级工作计划，明确每个时期的工作重点，一步步带领全班前进，更重要的是发现人才、培养干部，使他们成为老师的得力助手和班集体的核心。班主任要重视对学生干部的培养，尤其要在处理班级事务中，培养他们分辨是非和独立工作的能力。

3. 班主任要根据儿童年龄特点开展各种有趣的活动，使学生在活动中受到教育。例如，为了培养学生热爱科学的兴趣，可以举行“我们爱科学”的主题班会。在准备过程中，班主任要指导学生搜集科学家的故事，请科学家和大家见面、制作各种模型、进行科学实验等等。当工作中遇到困难时，要鼓励学生知难而上直到取得成功。通过这些活动，不但可以培养学生坚强的毅力和克服困难的决心，而且使他们增长了知识，开阔了眼界，汲取了科学的养分。

班主任还特别要注意通过各种活动教育学生热爱集体、关心集体，增强他们的集体荣誉感，使他们懂得人人都应为集体贡献力量。例如，在开展讲卫生的活动中，我做了一个针线盒，盒里有针线、扣子等，盒上边放一张纸条，上面写道：“同学们，当你的扣子掉了，请你把它钉上；当你的衣服破了，请你补上。你要保持爱整洁的好习惯。”大家都不知是谁做的，可是看了很受教育，也都暗暗地为集体做好事，例如班上就会出现一盒擦手油，旁边注明：“同学们，请你洗完手后擦点油，免得把手冻裂。”这样的事多了，班里就会形成互相关心、互相帮助的好风气，进而就会创建出团结友爱、积极向上的班集体。

三、要努力培养学生的学习兴趣

在对学生进行思想道德教育的同时，班主任要运用各种方法帮助学生树立学习目标，端正学习态度，掌握学习方法，养成良好的学习习惯。在班集体中要形成重视学习的氛围，在学习上倡导既独立思考又互相帮助、切磋琢磨的好风气。特别注意的是，对那些学习上的“懒汉”和只知珍惜自己的时间而不愿帮助别人的学生要进行教育。

班主任还应培养学生的学习兴趣，调动学生学习的积极性——前提是要提高自己的教学水平，掌握教学规律，改进教学方法，使学生每一堂课都学有所得。例如：在教《找骆驼》这一课时，课文中有这样一句话，“你的骆驼是不是左脚跛右眼瞎的?”其中“是不是”属于疑问句，我接着提问一个同学：“你是少先队员吗?”同学回答：“我是少先队员。”我板书“是”，并问同学它是什么意思，同学们都回答：肯定的意思。我再问另一个同学：“你是少先队员吗?”他回答：“我不是少先队员。”我再板书“不是”。于是我说：“‘是’是肯定的意思，‘不是’是否定的意思，但是‘是不是’是什么意思呢?”同学们一看，肯定加否定变成疑问的意思了。他们感到十分有趣，我再进一步启发他们：“你们生活中有没有肯定加否定变疑问的句子?”学生经过思索，纷纷回答：“会不会”“要不要”“想不想”“看不看”“来不来”“去不去”“吃不吃”“说不说”“洗不洗”“穿不穿”……大家争先恐后地发言，课堂十分活跃，同学们学习的积极性调动起来了，不但增长了知识，而且发展了智力。这样一来，同学们就爱听你的课了，老师的威信自然就树立起来了，就会更顺利地完成教学任务。

四、要培养学生养成自觉遵守纪律的好习惯

自觉遵守纪律是保证学校良好的教学秩序和提高教学质量必不可少的条件——这就是说，培养学生在学习、劳动、工作各方面的组织性和纪律性是班主任工作中一项十分重要的任务。

培养学生自觉遵守纪律的习惯是一个细致而复杂的工作。班主任要根据小学生守则的要求和本班学生的具体情况，拟定培养学生遵守纪律最有效的办法。这就要求班主任首先要了解学生，特别要注意每个学生在组织和纪律方面的表现——即学生已经养成了哪些符合纪律要求的行为习惯，哪些还没有养成，特别是对个别学生破坏纪律的原因要进行调查，然后制定出行之有效的方法，提出切实可行的要求。

自觉遵守纪律习惯的养成必须和提高学习质量联系起来，必须跟培养学生的任务联系起来。班主任要和所有任课教师共同努力，以教学为中心，对学生提出纪律方面的要求，并通过各种活动，如主题班会、队会、故事会、讨论会等贯彻执行。在执行过程中，树立榜样、鼓励先进，使遵守纪律成为每个学生的自觉行动。

五、必须热爱、关心和尊重学生

多年的班主任工作使我深深体会到，只有热爱学生才能关心学生，只有尊重学生才能要求学生，只有了解学生才能教育学生。这是做好班主任工作的关键和前提。

我们面对的是几十个天真可爱的孩子，由于每个孩子的家庭环境和生活条件不同，因而每个孩子的性格和习惯也不相同，但不管他们之间有多么大的差别，甚至有的孩子可能脾气古怪，缺点较多，很难教育，然而他们都是祖国的花朵，是革命事业的接班人。我们要爱护他们，急他们之所急，爱他们之所爱，做他们的知心朋友。热爱和严格要求是一致的。辛勤的园丁爱护他种植的小树苗，希望它们长大成为有用之才，但他们绝不心疼砍去在主干上滋生出来的七枝八杈。班主任爱自己的学生，就必须严格要求他们，关心他们的成长，绝不放过每一个小问题，针对学生身上的缺点，及时给予帮助和教育。千里之堤，溃于蚁穴，班主任对学生的教育要做到未雨绸缪，防患于未然。

平时对学生的要求若不与对他们的尊重相结合，就不会收到应有的效果。特别是对后进生的教育，如果不把“尊重”放在第一位，而是一味批评指责，这样就会挫伤学生的自尊心，使他们不但不能了解老师的苦心反而产生对抗情绪，更有甚者有的学生会因此失去上进心，产生破罐子破摔的思想，这就更难教育了。所以尤其要尊重后进生，使他们真正体会到老师是为他们好，这样他们才愿意接近老师，认真按照老师提出的要求去做。

为了教育学生还必须深入了解他们。由于每个学生的性格、爱好、习惯、和家庭环境不同，因此教育的方法也应因人而异，比如胆小懦弱的孩子和胆大的孩子，在教育方法上就应有所不同。胆小的孩子要鼓励他勇敢，为他创造条件进行锻炼。如在课堂上，要选择适当的时机让他起来读书，回答问题。稍有进步就要进行表扬，增强他的信心。在班队活动中给他安排一些工作，让他在老师和同学们的帮助下提高工作能力，增强胆量。但对胆大的孩子就要求他细心、沉着，遇事多加思考，然后再付诸行动。只有对孩子了解得深透、细致，教育方法得当，才有可能把孩子教育好。

六、班主任要做好家长工作

学校与家庭，老师与家长都希望孩子长得活泼健壮、品德好、学习好，将来长大了有所作为，两方面的目标是一致的。在这个基础上，学校与家庭完全可以配合起来，把孩子教育好，因此学校必须采用多种办法与家长取得联系，共同做好这一工作。

班主任与家长联系，除了通过家长了解学生及家庭教育的情况，更重要的是让家长了解，如何配合学校教育子女。我在家访时，常结合各个孩子和家庭教育的情况，向家长深入地介绍我们学校采取的教育办法和措施。可是孩子比较多，要把每个学生的家庭都访问一遍，就得花很多时间，因此我总是有计划、有目的地进行一些访问。

比如，对一般孩子平时就利用家校联系簿联系。班上每个学生都有这样一本联系簿，要求他们每周把自己在校的学习、劳动、纪律等方面的表现，存在的问题和下周努力的方向，以及家务劳动的情况、每天作息时间的安排等简单小结一下，然后送给家长和班主任看。家长和班主任看后都写下自己的意见，如此一来家长和班主任可以通过书面形式每周交换一次情况，及时了解和解决问题。这样做不仅能对一些情况较好的孩子起到督促和鼓励的作用，而且能对学习和纪律较差的孩子采取家校一致的方法进行教育。

另外，召开家长座谈会也能起很大作用，因为在座谈会上不只是班主任谈，还有更多的家长谈。家长们对学校教育措施的体会有深有浅，具体做法也各有不同。如果让体会较好的家长谈谈自己的看法和做法，对其他家长也有启发作用，而且比教师自己谈还有说服力。

在一次家长座谈会上，我请王星的妈妈介绍她教育孩子的经验。王星以前是个比较淘气的孩子，贪玩、不爱学习，对自己要求不严格，上课喜欢随便讲话，学习成绩也不好。经过一个学期的教育，这孩子转变了，上课时能比较踏实地听讲，作业写得比较用心，成绩有了明显的提高。王星为什么转变这么快呢？原因是他不仅得到了同学们的帮助，而且也得到了家长的帮助。王星的爸爸妈妈都是机关干部，每天工作很忙，晚上除了开会，在家里不是工作就是学习。开学不久，我到他们家里谈到王星的情况，提出这个孩子的特点，希望家校紧密配合，共同教育这个孩子。我们又一起细致地分析了王星的问题，肯定他的优点，找出他存在的主要缺点，家长也认识到过去对他估计不足，觉得他很聪明，学习和纪律差不多，虽然存在一些毛病，但认为长大了就自然会好。通过这次家访，他们明白了过去的想法是不合适的，开始重新对他进行教育。家里把他的生活、家务劳动和学习等都作了具体的安排，晚间爸爸妈妈工作或学习时，也要求王星在旁边复习功课、做习题，姐姐妹妹也是如此。有时爸爸指定一本书让他们看，看完后组织他们姐弟进行讨论。这样使王星在思想认识上有了很快的提高，学习成绩有了很大的进步。王星妈妈在这次会上介绍经验后，许多家长受到了启发和鼓舞。在第二星期的家校联系簿上，许多孩子都谈到这次家长座谈会上提到的情况，最突出的是张丽这个女孩子，她在联系簿上写道：

> 今天妈妈把家长座谈会的情况告诉我了。她讲到王星进步的原因，对我很有启发，我决心向王星学习。我们家里已经开了一次家庭会议，提出要和王星一样，每天做一定的家务劳动，晚上七点到八点半认真做作业，不听广播。八点半以后看书、记日记等，九点睡觉，最晚不超过九点一刻。在课堂上要认真听讲，积极举手发言，关心小队的活动，做好小队长的工作，吃饭时彻底克服说话的缺点，并保证说到做到……

张丽的妈妈在这次座谈会上受到很大的启发。过去她强调工作忙没有时间，这次认识到家长不仅要言教，更重要的是身教，决心和学校配合进行教育。在张丽那些话后面她写下了自己的意见：

你有决心向王星同学学习，努力克服缺点，使自己天天向上，很好！妈妈也有决心，向王星妈妈学习，配合学校，帮助你在品德和学习方面取得进步。为了配合学校对你进行教育，妈妈还要经常主动地把你在家的情况告诉老师，也希望老师把你在学校的情况，经常告诉给家长。

我翻阅孩子的联系簿，不只看到了那次家长座谈会的影响，也看到王星妈妈教育子女的经验在家长中广泛传播。由此我想到，作为班主任，通过各种方式加强同学生家长的联系，争取他们在各方面给以帮助，是十分重要且必需的事情。

另外，多年的工作经历也使我深深体会到，家长和老师之间，对孩子的看法是不尽相同的。有些家长总是觉得自己孩子的优点多一些，即使孩子犯了错误，也常常原谅他们，而老师呢，对学生的要求就严格一些。如果老师和家长缺乏联系，就容易使双方出现矛盾，增加教育的难度。所以教师要积极争取家长的配合，对孩子的教育采取一致的看法和措施，如此才能收到更好的效果。

为了把班主任工作做好，我们必须加强学习，不断提高政治觉悟，忠诚党的教育事业，把我们的工作当成事业而不是职业。我们还要努力学习教育理论，要懂得儿童心理、年龄特点，如此才能更有效地进行教育。我们还要努力学习自己所担负学科的业务，不断提高自己的业务能力和教学水平，只有这样才能担负教书育人的重任。我们的工作任重而道远，但只要忠诚党的教育事业，勤勤恳恳、兢兢业业，我们一定能把祖国的广大少年儿童教育好，培养好，使其成长为合格的社会主义现代化事业建设者和接班人。

（本文原载霍懋征《班主任札记》一书，有删改）

世界上最幸福的人

——怀念恩师霍懋征

杨　帆

2010年春节，我在北京第二实验小学五、六年级时的班主任霍懋征老师去世，享年88岁，温总理参加了追悼会并敬献了花圈。霍老师在小学工作60年，培养了数十万小学生，带出了多位颇有成就的徒弟；她参与编写了我国第一部小学教学大纲，主编了我国第一部农村小学语文教材，为全国小学生提供了宝贵的精神财富；她的观点“没有爱就没有教育”“没有兴趣就没有教育”成为基础教育的经典理论……全社会公认，她是新中国60年小学教育第一人，是从小学走出来的一代名师，是和徐特立、吴玉章、成仿吾、马寅初、蒋南翔、苏步青、周培源等齐名的教育大家。

真的能有20倍效率吗

教育界专家曾对霍老师的语文教学进行评估，认为其效率为一般水平的20倍。虽然很多人不相信，但我坚信不疑，因为我就是霍老师教出来的。母语不仅是谋生手段，更是安身立命之本，涉及思想价值信仰，品德修养，技巧能力各个方面。正是小学语文的训练使我终身受益。

在霍老师的教学录像《月光曲》中，短短一节课40分钟有一半时间用于提问，学生踊跃举手，师生互动融为一体。这不是表演，50年前就如此，这也成为北京实验二小的传统，学生们至今抢着发言。

考上北京四中后，我被分入实验班，两年学完三年数学，作文好的，德智体全面发展的可跳级保送高中。我每天预习代数，第二天听课就觉得容易，做作业时再进一步分析题型，便可牢固掌握知识结构。这也是霍老师教给我们的，她从不安排难题怪题，鼓励学生的各种想法和做法，着重培养基本功，抓数学验算，引导学生作文时如何审题、扣题，在语文学习中积累词汇并熟背古诗词。

在“文革”期间停学 10 年的艰苦劳动中，我们这班同学无一不靠自学成材。小学和初中的基本功教育使我们受益终生。50 年后我已是大学教授，还常运用霍老师的教学方法，在我开设的研究生课程中，开展预习和提问，把学生从死记硬背的僵化思维中解放出来，完成从学习课本到研究问题的转换。

培养学习兴趣的前提是去功利心

小学时，学校强调生动活泼主动学习，我们学习负担一直不重。

但这些年学生负担越来越重。为了减轻孩子的负担，我就告诉他不要追求满分，要保持速度和效率。我在大学不教必修课只教选修课，不考试只考勤也是出于这种考虑。

有人说现代社会信息爆炸，课程无法减少。我则认为小学生主要是依靠兴趣，提高学习效率。应试教育功利性太强，依靠死记硬背，谈不上兴趣，考试后就忘得差不多了。就以最近几十年来很多家长对孩子进行钢琴、提琴教育来说，虽然花了很多钱，但大部分都荒废了，甚至大学生、研究生对于音乐的掌握程度还不如我们这一代。学了但不能坚持，这是为什么呢？答案很简单，开始无兴趣，后来无时间，现在大学生艺术能力、体育锻炼和社会公益活动全面滑坡就是这种情况的体现。

要培养孩子学习兴趣，首先要去功利心。我们小学是信仰主义时代，“解放全人类”的理想主义，爱祖国爱领袖爱人民的信仰教育，学习雷锋的集体主义道德模式，都限制了应试的功利主义。对我们来说学习是生活的一部分。如果一定要问为什么学习？我们只能这样回答：是为了掌握知识，消除愚昧，走向文明。只有把学习当做一种兴趣，我们才能在以后否定知识的年代里，在艰苦劳动中坚持自学成材，这是我们最感激不尽的。

减轻负担才能发挥学习积极主动性

把学习负担减下来，关键是提高学生的课堂主动性和学习自觉性。霍老师用课堂时间的二分之一提问，预习过的同学能顺利回答问题便可得到表扬，积极性大大提高。有一个新生跟着大家举手却答不上问题，霍老师发现后就和她约定，会答时举右手，不会答时举左手，只有举右手时才点她的名字，增强的她的自信心和学习积极性。可见，课堂提问不是难为学生，而是激励和赏识，学习效率就是这样提高的。

课堂负担减轻了，学校可以有时间组织各种课外活动，音乐、体育、美术每人均可选两项参加。我选择了乐器、乒乓球、象棋，还自编自演相声和话剧。

霍老师经常讲，学习就像垒金字塔，基础越宽垒得越高。她的学生的共同特点就是基础扎实，知识面宽，有自学能力，人和文章一样实在。

有教无类，培养学生的平等人格

小学时，我班高干子弟甚多，仅家长是政治局委员的就有三人，部长级有十几人。在霍老师倡导下，德智体全面发展是评价学生的标准，平等、博爱的观念很早就深入每个同学心里。我的高干子弟同学，直到现在都比较虚心，这与当时的家庭要求、社会风气和老师教育都有关系。比如，家住中南海的高干子弟们要到学校住宿过集体生活，周末没有小汽车接送，他们在班里一般不做主要干部，如果淘气一样挨批。当时和我同一个班的王伟思同学回忆道：三年级时一个高干子弟学生弄坏了他的钢笔，班主任答应处理，可结果却没了下文。而同班同学薛丽婷在五年级时也遇到了同样的事情，但霍老师坚持要那个淘气的同学赔了笔。可见，即使在同一时代，不同老师的境界和做法也大不相同。

坚持用德智体的标准来评价每一位同学，就是平等，关心后进同学不使他掉队，就是博爱，减轻学生负担才有自由发展的机会。这样的境界在50年前新中国的社会主义教育下，在北京第二实验小学霍老师做班主任的班里一直存在，培养出了一大批不脱离人民群众的优秀学生。

团结互助，为学生营造适宜的教育环境

平等和博爱也体现为关心大多数人民疾苦，培养社会责任感。我们当时的教育，是以培养共产主义革命事业接班人为目标的，我们经常背诵的一句话就是：“只有解放全人类才能最后解放无产阶级自己。”

我记得，当时一个学生干部的父亲被打成了右派，霍老师一如既往地对该同学加以信任和培养。同学的家庭在“文革”中受到冲击，霍老师一直给予爱护和关怀。几个同学都对我讲过，他们因患重病失去了学习的信心，结果准备留级，但是在霍老师的关怀下他们都补上了功课。我们班同

学直到现在都保持着“居庙堂之高则忧其民，处江湖之远则忧其君”的家国情怀，这可能也源于小学时代不让一个同学掉队的氛围，和全班互相帮助的制度。

我记得，《中国少年报》曾刊登过关于我们班集体的报道，许多同学都和全国小朋友通信。霍老师给我们念过一封边远地区小学生的来信，信中说非常羡慕我们，此时我们才意识到，生活在北京本身就是幸福。霍老师经常告诫我们不要“身在福中不知福”，要时刻想到那些生活在贫困农村的孩子们。

“我是世界上最幸福的人”

霍老师出身教育世家，她新中国成立前就从北京师范大学毕业，主动到小学教书。她本是学数学的，后来认为语文在对学生思想和人格的塑造方面更重要，就兼教语文，在教学中获巨大成就。

霍老师并不是不批评学生，但50年后我们回忆时却只有慈祥，还有就是她带病俯身于讲台，坚持给我们讲课的情形。她喜欢孩子，热爱小学教育事业。我在长春上学时，曾亲耳听到当地小学教师绘声绘色地讲述霍老师讲语文观摩课的情景，数千教师听完恩师的课后，发自内心地说，一堂课胜读十年书！

学生，特别是小学生，直接受老师行为和态度的感染最大，他们是出于爱老师，才去爱学习的，凡是他们所尊重和热爱的老师，说什么他们就听什么。霍老师不仅是能教好课程的良师，还是学生的亲人，她逝世后，学生们在北京电视台纪念恩师的节目现场集体朗诵时，称她为“我的第二个母亲”。她以自己全部身心去培养学生，身体力行，无私奉献，这也是她的魅力所在。她退休后多次到贫困地区讲课和培训教师，但从不收讲课费；她经常掏钱帮助学生、教师和邻居，以至于一生艰苦，连自己的居住环境都没舍得改善。她逝世前一年我们班同学去看她，她非常高兴地说：“看到你们个个成才，我感到自己是世界上最幸福的人！”

（作者系北京第二实验小学1964届学生）

深深的怀念

王秀文

敬爱的霍老师，我们一生爱戴的师长，我们最愿以慈母称呼您的和蔼可亲的霍老师：今天又过年了，听着虎年初一凌晨的鞭炮声，我多想跟往年一样，初三到您家和同学们一起给您拜年；多想还能和同学们一起围坐在您身旁，与您一起谈笑风生，身心愉快。可是现在，我只能怀着哀悼的心情，沉浸在与您相处50多年漫漫岁月的回忆里。脑海中浮现着您的音容、笑貌、神态，苦思苦想的心情，使我不时流出悲伤的眼泪。

敬爱的霍老师，能从七岁开始，就接受您在我们孩童时期全面的启蒙教育，使我们度过六年的金色时光，是我们一生的幸事。

您教过我们怎样洗脸才正确，不能像以前一样，脸是白的脖子是黑的；教我们怎样用一个手指顶住毛巾才能把耳朵的凹处擦干净。记得高三毕业体检时，在全班四十多个女生中，医生只对我一个人发出感慨："这个学生的耳朵真干净！"我当时得意地一笑，这是我们老师的功劳。

您教导过我们：做人要讲信用，不要盲从，不要气馁。小孩子总爱尾随别人做错事，过后把责任推给别人，您告诉我们做什么事情要自己先动脑子考虑，该做不该做，不要盲从。告诉我们答应了别人的事就要尽力去做，不能食言，要讲信用。还告诉我们，在人生的道路上，不要怕挫折，不要怕困难，跌倒了再爬起来，永不气馁。这就是您对我们人格培养的谆谆教诲，我们牢记了一辈子，受益终生。

小学知识的学习掌握，同学们都同声肯定，是您为我们打下了坚实的基础。堵"巳"不堵"己"，半堵就是"已"。一写这三个字就想起您教的口诀，永远都不会错。学习算术应用题，您引导我们一步步推理思考，让我们站在全班同学面前，手拿教棍，指着黑板上的题，像您一样为大家讲解，这种方法既培养了我们的分析解题能力，又培养了我们面对大家敢于讲话的勇气。为了国家小学基础教育不断改革、创新，您肩负重任，带领我们做了多种教学实验；把代数从初中移到小学来学，就是从我们班开始。在大礼堂，您带领我们为全国来的老师做大型观摩课总是那么精彩成功。上您的语文算术课，课堂气氛永远轻松、愉快、没有压力，是享受。

从小到大到老，我们和您亲密相处，只要您一出现，我们都会蜂拥在您的身旁，叽叽喳喳，说笑不停，那份感情的依恋，已经分不清是师生还是母亲与子女。

记得过去的柿子椒个不大，偏苦，很多同学只吃酿在里边的肉馅，不吃柿子椒。您劝告我们菜有营养，不要挑食，鼓励我们吃下去，直到我们听话做着鬼脸把菜吃了，您才笑着离开去吃饭。午休时，我们在教室搭桌椅睡觉，您经常坐在讲桌旁边，边看护着我们边批改我们的作业。

小学二年级，您在晨检时发现我精神不振，就让我到校医务室检查，原来发烧了，赶紧让我回家休息。霍老师，您有六个亲生儿女要照料，下班赶紧回家理所当然，可您没这样，您先到了我家，当时我母亲有病长期住院，父亲上班未回，哥哥上学，只有我一个人躺在家里，您一看现状，马上升起了我家的煤球火炉，买来鸡蛋挂面煮给我吃，您当时还高声问我：你家哪瓶是香油？时光过去五十多年了，至今我还清晰地记得老师问话的声调，永生不忘！

还有一位同学的父母调去外地工作，他们不舍得放弃让你教孩子的机遇，把孩子一人留在了北京，于是每到星期天、节假日，您就把他接到您家照顾，为他过生日，疼爱他……

这就是我们的霍老师，这就是我们的慈爱母亲，从那次生病后，我就发了誓：要一辈子爱您，一辈子爱班里的同学们。

受家父教育，从一年级起，每年春节我都一人去给您拜年，小学毕业后，我和班里同学每年正月初三给您拜年，五十多年了，一次没落过。您六十、七十、八十岁时全班同学为您举办生日庆典。大圆桌布满鲜花，生日蛋糕周围点着大红蜡烛，在“祝您生日快乐”的乐曲声中，我们三十多位来自国内外的同学一起向您恭恭敬敬地三鞠躬，有的同学还向您行双膝跪拜礼。我们也已白发斑斑，有的当了爷爷奶奶，可是在您身边我们又像回到了童年，我们为您唱歌，跳舞，为您的健康高寿祝福！您也为我们高歌一曲，师生情谊欢乐融融。这才是我一生追求的“真，善，美”，人与人和睦相处的最高境界。

不幸，您病倒了，您顽强地与病魔抗争。腊月二十二下午五点，我去看您，这次运气好，您昏睡了十几个小时后刚刚睁开眼睛，讲不了话，意识还清晰。我把双手用消毒液冲洗干净，您把手伸向我，我握着您温暖的手，轻轻对您说：“霍老师，又过年了，是虎年来了，我代表同学们先给您拜年了！春天也来了，等您病好了，我们陪您一起去看看春花。”小时候霍老师曾领引我们观察春天，去发现小草什么时候绿了，什么树先开花了，小燕子什么时候飞回来了。我们设“自然角”，写《自然日记》，观察大自然，热爱大自然，热爱生活，热爱生命，这是老师特意从少培养我们的生活情操。我还对您说：“小时候您给我们发还造句本，我们可开心了，为了纠正我们用词不当，语法错误，您面带表情，用幽默的声调，惟妙惟肖地一一朗读给我们听，逗得我们哈哈大笑……”我轻握您的手，向您娓娓诉说着。看您的表情神态，我知道您听懂我的话了，您用手指点点我的鼻子，又指指自己，还在胸前划了一下，我明白您的意思了，霍老师，您是告诉我，我和同学们永远在您心中。我心疼地看着您，您用微睁的眼睛看着我，几十年的情感啊，在此时互相默默地交流着。一会儿，你慢慢闭上眼，累了，又睡了。我轻轻把您的手放在舒适的体位，感谢护理员对您的照顾，慢慢走出病房。原本打算初三和同学再来看您，不幸，噩耗传来，您走了，到天国去了，享年八十八岁。

突然得知您与世长辞的消息，我的眼泪唰地流了下来，同学们都悲痛至极。在英国的同学打来越洋电话，一边哭一边诉说着对您的思念之情；在美国的同学不但打来电话表示哀悼，还从网上发来为您精心编写的挽联和悼念文章；外地同学打电话写悼文，寄托他们的哀思；北京同学哀悼您，为您送上用鲜花制作的花圈，胸前佩戴白色的鲜花，还把您的生平事迹制作成展板带到告别现场。我们集体列队站在您面前，向您悲痛地致悼词，为您深深三鞠躬，一位同学再次为您行了双膝跪拜礼。

敬爱的霍老师，您的一生是光辉的，您爱孩子，爱学生，把毕生的心血献给了国家的教育事业，是国家当代教育界的楷模。您一生从教的体会是：光荣，艰巨，幸福。您留给后人的箴言是：没有爱就没有教育。

敬爱的霍老师，我们心中和蔼可亲的好母亲，您安息吧！我们会永远、永远怀念您！

（作者系北京第二实验小学1960届学生、“老班长”）

爱的思念无尽

赵 萱

2月19日是我最难忘的日子，我怀着极其悲痛的心情和我母亲做最后的告别。2月19日也是我深受感动的日子，胡锦涛总书记委托中央组织部的同志给家属送来了慰问，我们敬爱的温总理在百忙中亲自为我母亲送行，刘延东国务委员也抽出时间为我母亲送行，各级领导为我母亲送行，她深爱的老师和学生为她送行，她的亲人们为她送行……

借此机会，我代表家属向各级领导和社会各界人士表示衷心的感谢！

党和国家领导人历来重视教育事业。温总理日理万机，可心里还时常挂念着一位小学教师，可见总理多么尊师重教，多么渴望出现更多霍懋征式的教师，多么渴望把中国的教育事业搞得更好！

我清晰地记得，2004年在第20个教师节到来之际，温总理来到我家，拉着我母亲的手说，您献身教育事业，特别是退休后仍在努力总结和整理自己在基础教育领域的经验，这将给教育事业留下一笔宝贵的财富。温总理称赞道："您不仅传播经验，还传播精神，这种精神很有感召力，非常值得我们学习！"总理说，如果全国有千千万万像您这样的教师，中国就更有希望了。总理后来还让办公厅的同志给我母亲送来了亲笔题词：把爱献给教育的人。这是总理对我母亲的肯定，也是总理对全国教师的鼓励和希望，体现了总理对教育事业、对教师的深厚感情。

刘延东国务委员在庆祝第25个教师节的讲话中，称我母亲是德高望重的教育大家。在我母亲病重期间，刘延东国务委员代表温总理两次到医院看望，袁贵仁部长也到医院看望。作为子女，我们感到非常温暖，非常感动。

2004年11月，教育部党组发出了向霍懋征等5位教师学习的通知。今年2月20日，又向全国发出了向我母亲学习的通知。民进中央和北京市的相关部门也组织开展了向我母亲学习的活动。我想，这是对我母亲，也是对一位小学教师的最高褒奖！

我母亲用尽一生心血耕耘小学教育讲坛，用生命关爱每一个学生，用高超的教育艺术力争让每个学生成才；她坚持教学改革，教育创新，她的人格魅力、丰富的教育教学经验感染了数以万计的教育工作者；她情系教育，情系农村教育，情系大教育，为我国的教育事业做出了卓越的贡献！

她的一生是一部感人的教育诗篇，她是新中国培养出的教育家，教育大家！我母亲所取得的成就和党和国家几代领导人的关怀、支持密不可分。每次回忆这些往事，我总是为我们领导重视教育、特别是从战略高度重视基础教育而感到钦佩！作为她的子女，作为一名普通教育工作者，我感到我们国家的教育事业大有希望！

母亲是我们学习的榜样，在她的言传身教下，在她爱的教育的熏陶下，在她为教育献身精神的鼓舞下，我们几个子女全部从事教育工作，每个人都在自己的岗位上做出了优异的成绩。至今全家已经有4代共11人从事教育工作，1991年我们被评为“全国优秀教育世家”。

这些成绩的取得是和母亲忘我地工作分不开的。记得小时候，我们经常盼望她周末和寒暑假带我们出去玩，可是她却要到全国各地讲学。几十年里她走遍了祖国的大江南北，去了50多个省市和地区，为各地做了上百节观摩课，而且节节获得好评，产生了巨大的影响。这也说明，没有对祖国、对人民赤诚的爱，没有对教育强烈的责任感，没有丰富的教育教学经验，没有高超的教育艺术，是不会写就她传奇的教育生涯和收获丰硕的教学成果的。

那时候，每当我们深夜醒来，总是看到她在备课，家里安静得连地上掉根针都能听到。她有高深的学养，但她总是不断地学习，不断地充实自己，是学习支撑着她教育教学的生命。她在讲课时总是做到常教常新，即使到了85岁高龄了，外出讲学还时常备课到深夜。她是与时俱进的人，几十年前就按照党的教育方针全面育人；几十年前就做到了减轻学生的负担，给学生营造金色的童年；几十年前就引导学生进行合作探究学习，产生了良好的教育教学效果。

她经常带有困难的孩子在家里吃住，让我们像对待亲兄弟姐妹一样照顾他们。她的学生不管多调皮，不管学习有多差，在她爱的抚育下，在她充满智慧的教育下，一个个都成才了。60年来，她从没丢掉一个学生，她常说，没有教育不好的学生。

看到母亲如此辛苦的工作，我们子女非常心疼，从小就学着操持家务，逐渐养成了热爱劳动、勤俭、独立自主、爱帮助他人的好品质。

我母亲给了学生许许多多的爱。她的爱是无私的，真诚的，一视同仁的，为了大爱甚至牺牲小爱。我风华正茂的姐姐不幸得了红斑狼疮病，才20岁就离开了这个世界。弥留之际她多想再看妈妈一眼，可是妈妈为了不耽误给学生上课，没有见她最后一面。姐姐用纸条写了三个字：我要活。至今我都忘不掉姐姐期盼的眼神和依依不舍的表情。

“文化大革命”期间，我父母受到严重冲击，劳教一年零九个月。我们几个子女都受到牵连，我13岁的小弟弟被红卫兵活活捅死，我妹妹也被吓傻了。我母亲心如刀绞，但即使这样也没动摇她做老师的信念，相反，1978年她从“牛棚”出来后就放弃了喜爱的数学，改教语文，因为她要通过语文教学生做人，避免悲剧再次发生。

母亲有博大的胸怀，能忍受每一次打击，她积极乐观，总是陶醉于学生成长成才给她带来的快乐。这一切都深深影响着我。

“文革”结束后，我从怀柔调到北京156中学工作，教3个班的物理课，还要当一个班的班主任，工作压力很大。那时候班主任很难当，我流露出不愿当的想法。母亲跟我说，当班主任太有意义了，我一辈子都没当够。于是她经常给我传授当班主任的经验。后来，在我的班上，无论出现什么问题我都能应付自如了。

我当了学校校长后，我母亲当了学校的顾问，她说要把一个学校管理好，优良的师资是关键。为此她亲自为我们学校的教师作师德报告，学校的重大活动她都参加。在她的指导下，我把加强教师队伍建设、提高教师素质作为学校工作的重中之重，培养了一大批优秀的青年教师。在她的点拨下，我找准了成长的方向，把提高自身素质放在首位，使自己养成积极向上、无私奉献的人生态度，做个强者；使自己具备锐意进取、开拓创新的品格，做个智者；使自己不断学习、不断完善，做个学者；使自己具有宽广豁达的胸怀，做个乐者。

由于工作努力，我也有升迁的机会，但我从没想过离开学校。我向母亲学习，踏踏实实把学校工作搞好。在我和全体教师的努力下，我们学校由一所普通中学跨入了北京市先进行列，我也被评为北京市先进个人、模范校长。

我和母亲感情极深，我了解她所需，了解她所想。共同的事业把我们连在一起，我们既是母女也是朋友。我退休之后就一直在她身边帮她整理资料，帮她总结经验，和她一起去外地讲学。她把提高教师的素质当成义不容辞的责任。她常说，振兴民族的希望在教育，振兴教育的希望在教师。她到处讲学，从不收讲课费，后来为了筹办一所农村小学，她累病了，得了可怕的癌症。但她从不放弃，一直工作在教育战线上。

世纪之交，党中央国务院提出了开发西部的号召，我母亲知道后兴奋极了，这是她多年的心愿。当时已经80岁高龄的她身体力行，自费组团去西部讲学，没有经费让我和我的女儿筹措。她说，她要为西部教育献出她最后的力量。我们做子女的都劝她，妈妈，你什么都可以忘记，就是不能忘了年龄。她听了呵呵一笑，说，我恰恰就是忘了自己的年龄。

1999年我陪她去了江西。她一直关心农村教材的建设，并亲自担任赣教版“国标”语文教材的主编。2000年她去了宁夏，2001年她又去了重庆，2002年她去了甘肃，给天水市的老师带去了2500本书和学习用具。在天水，她坚持要进贫困山区看看孩子们。我担心她的身体，经过一番争执，最后去了一所农村小学。

回来后，她到处呼吁加大力度支持农村教育，因劳累过度又病倒了，得了脑血栓。积劳成疾的她从此倍加珍惜时间，和我一起加大工作力度，出了4本书，为西部地区送去了宝贵的精神食粮。她为教育事业奔波的脚步一直没有停下，2006年已经85岁高龄的她，不仅去了安徽培训青年教师，还去东北师大二附小作了师德报告。

去年3月26日，她病倒了，病得非常厉害，5大系统都出了问题，最后一直处于昏迷状态。但当刘延东国务委员看望她、袁贵仁部长看望她时，她把眼睛睁开了；当实验二小李烈校长看望她时，她把眼睛睁开了；当她的学生看望她时，她把眼睛睁开了。她的心里放不下教育，放不下学校，放不下她心爱的学生们。

在弥留之际，她用手向我比划，让我把过年给她准备的小老虎送给护士们，让我给照顾她的护工压岁钱。我含着泪一一答应，此时此刻，我的心都碎了，我不止一遍问自己：妈妈，你到底是一个什么样的人呢？你为什么心里唯独没有想到自己呢？

温总理说她是在传播精神。我想，这个精神就是为教育事业献身的精神。她是爱的化身，这个爱是对教育痴情的爱，对学生无私的爱，对教师真诚的爱，对学科执著的爱，对亲朋好友、对周围的人宽广的爱。

今天，她已经离开我们了。我无时无刻不在思念她。很多专家都说她的精神、她的思想、她的经验是挖不完的“富矿”。我要继续完成她未完成的心愿，以此回报母亲对我们的养育之恩，回报各级领导、老师和学生及社会各界对她的厚爱，把她的教育思想传承下去，为发展我国的教育事业贡献一份力量！

（本文系2010年3月17日在教育部召开的“把一生献给教育事业——教育系统深入学习宣传霍懋征同志先进事迹座谈会”上的发言，有删改）

跋

霍老师虽然离开我们了，但她留下的宝贵教育财富永存。从她大量的教学手记、教育案例、演讲报告、档案记录、个人著作、音像资料中可以看出，她的教育思想、教学理念乃至教育艺术随着她60多年的教育生涯不断发展变化，已经形成了一个完整的教育体系，她的教育思想和教学理念不仅没有随着时代的变化而不合时宜，反而历久弥新，处处彰显着超前的意识，闪耀着远见的光辉。

为了满足广大教师向霍老师学习的需要，为了满足广大家长教育子女的需要，为了满足广大学生汲取成长养料的需要，在责任感和使命感的驱使下，我们把霍老师一生教育、引导、关怀、帮助学生学习、成长的案例进行了梳理，并根据时代性、实用性的原则，提炼归纳了相应的教育理念和启示，又收录了部分霍老师的文章，最后完成了这部近二十万字的书稿。

在成书过程中，北京世纪和平国际文化教育交流中心的林蔚会长在策划、出版等重要环节给予了指导，并对编著工作提供了宝贵的支持；中央教育科学研究所程方平研究员、单志艳博士在自己繁忙的工作中，特别抽出时间对这本书的框架进行了梳理和调整，并对部分故事进行了精彩点评。尤其使我们感动的是，程方平研究员在临出差前一个小时还在对书稿进行润色，并一再叮嘱我们需要改进的事项。他的严谨态度和谦逊作风是我们工作的榜样。语文出版社王旭明社长慧眼识金，欣然应允该书在近年来声誉日隆的语文出版社出版。语文出版社小学语文教材部郑伟钟主任为该书出版做了大量沟通、协调工作，他的诚意和热忱为我们的合作奠定了良好的基础。本书的责任编辑章承董老师在较为紧张的出版期限内完成了书稿的加工整理工作，替我们把好了最后一关。在此，对他们的辛勤付出和大力支持，表示由衷的感谢。尤其要提到的是，教育部国家总督学顾问、联合国教科文组织协会世界联合会副主席、中国教育学会副会长、中国民办教育协会会长陶西平在百忙中熬夜作序，为本书增色不少。他的勤劳精神和教育家本色使我们深感钦佩。

此外，在本书的编著过程中，我们也参考了部分有关霍老师的著作，采用了部分霍老师的学生撰写的回忆文章，在此一并对他们表示诚挚的谢意。

霍懋征老师是我国首批特级教师，被周恩来总理称为“国宝”，是温家宝总理题词称赞的“把爱献给教育的人”，是刘延东国务委员在讲话中提到的和“徐特立、吴玉章、成仿吾、马寅初、蒋南翔、苏步青、周培源”齐名的教育大家，是新中国基础教育第一人。挖掘整理这样一位教育大家的材料并将之编著成书，难度是可想而知的。限于我们的学识和能力，本书的纰漏之处在所难免，恳请广大读者批评指正，鞭策我们在今后的工作中加以完善。

我们对霍老师留下的教育财富的挖掘才刚刚开始。这是一项长期性的工作，这本书的出版只是“万里长征走完的第一步”，路漫漫其修远兮，我们祈望和广大教育工作者一道，继承、传播、发扬霍老师的教育思想，挖掘、学习、总结霍老师的教学艺术，为落实《国家中长期教育改革和发展规划纲要》，促进我国基础教育又好又快发展，培养更多优秀人才贡献一己之力量。

1981 年 3 月，霍懋征老师和民进 17 位全国政协委员，提交了设立教师节的议案。经过 5 年努力，1985 年 1 月，第六届全国人大常委会第九次会议做出决议，将每年的 9 月 10 日定为我国的教师节。屈指算来，2010 年 9 月 10 日是我国的第 26 个教师节，这一天也是霍懋征老师去世整整 7 个月的日子。在这个特别的日子，我们用这本书来纪念霍老师，也纪念那些和霍老师一样，为了中华民族的教育事业辛勤耕耘的人们。同时，我们也把这本书作为教师节的礼物，献给全国一千多万工作在基础教育一线的中小学教师们。

2010 年 8 月